国家自然科学基金项目(51378429、51308469、51878565)
国家高技术研究发展计划(2011AA11A103)   联合资助

铁路桥梁结构噪声辐射理论及应用

李小珍　张　迅　著

科学出版社

北　京

内 容 简 介

本书主要基于国家自然科学基金项目（51378429、51308469、51878565）和国家高技术研究发展研究计划（2011AA11A103）的部分研究成果。本书针对铁路桥梁结构噪声的产生机理、预测理论和试验方法开展研究。全书共分7章，第1章对铁路桥梁结构噪声的研究现状进行了简要回顾；第2章扼要介绍了噪声评价方法和标准；第3、4章介绍了铁路典型桥梁结构噪声的预测模型和数值仿真技术；第5章详细介绍了铁路典型桥梁结构噪声的现场试验研究；第6章采用数值方法研究了铁路典型桥梁的声辐射特性；第7章介绍了铁路桥梁结构噪声源的辨识技术。

本书可供从事轨道交通、铁路、桥梁、环境工程及相关领域研究的科研人员和工程技术人员参考，也可作为高等院校研究生教材和高年级本科生的教学参考书。

图书在版编目(CIP)数据

铁路桥梁结构噪声辐射理论及应用 / 李小珍，张迅著. — 北京：科学出版社，2019.8

ISBN 978-7-03-055570-0

Ⅰ.①铁⋯ Ⅱ.①李⋯ ②张⋯ Ⅲ.①铁路桥–桥梁结构–噪声–声辐射–研究 Ⅳ.①U448.13

中国版本图书馆 CIP 数据核字（2017）第 289119 号

责任编辑：华宗琪 朱小刚 / 责任校对：彭 映
责任印制：罗 科 / 封面设计：陈 敬

科学出版社 出版
北京东黄城根北街16号
邮政编码：100717
http://www.sciencep.com

四川煤田地质制图印刷厂 印刷
科学出版社发行 各地新华书店经销
*

2019 年 8 月第 一 版 开本：B5（720×1000）
2019 年 8 月第一次印刷 印张：11 1/2
字数：230 000

定价：148.00元
（如有印装质量问题，我社负责调换）

前　言

列车通过高架桥梁时，振动能量通过轨道结构传递到桥面及其他桥梁构件，激发桥梁振动并向空中辐射噪声，这被称为"桥梁结构噪声"。长期以来，国内外相关研究主要集中在轮轨噪声方面，对桥梁结构噪声研究较少。对于铁路和轨道交通高架结构而言，轮轨噪声往往可采用声屏障等措施进行控制，这样，桥梁结构噪声有可能成为重要的噪声源。因此，研究列车作用下高架桥梁结构产生的噪声问题，具有十分重要的理论意义和工程价值。

作者自 2000 年 9 月博士毕业留校工作以来，一直从事高速铁路桥梁车桥耦合振动理论与工程应用的研究工作。2007 年起，依托"成灌快铁桥梁振动噪声预测理论、仿真分析和试验研究"科研项目，开展铁路桥梁噪声辐射理论与应用方面的研究；之后，先后得到四川省应用基础研究重点项目"高架轨道交通引起的环境振动及减振研究"（2010JY0026）、国家高技术研究发展计划（"863"计划）（2011AA11A103）子课题"高速铁路桥梁结构噪声机理与桥梁减振降噪装置理论研究"、国家自然科学基金面上项目"轨道交通桥梁结构噪声的全频段预测、评价准则及控制策略研究"（51378429）、"敷设阻尼层的轨道交通钢桁架梁桥振动与噪声机理及控制研究"（51878565）和青年项目"基于波动有限元和模态理论的轨道交通混凝土箱梁声辐射机理研究"（51308469，主持人张迅）、"广州轨道交通桥梁结构噪声预测与控制研究"、"深茂高铁箱梁全封闭式声屏障综合降噪效果及对策研究"和"重庆轨道交通十号线南纪门长江大桥轨道结构形式及桥梁噪声研究"等等科研项目支持。针对铁路桥梁噪声辐射理论、减振降噪技术及工程应用进行了全面深入的研究，取得了一系列研究成果。其中许多研究成果已经直接应用到我国铁路、轨道交通的设计和建设中，促进了国民经济的发展。

本书是作者及其研究团队近 10 年研究成果的基础上经补充、完善而成的，其内容结合了作者在国家高技术研究发展计划（"863"计划）（2011AA11A103）、国家自然科学基金等相关科研项目资助下取得的最新研究进展。期盼本书的出版能对读者有所裨益。

本书针对铁路/轨道交通桥梁结构噪声的产生机理、预测理论和试验方法开展研究，全书共分 7 章。第 1 章对铁路桥梁结构噪声的研究现状进行了简要回顾；第 2 章扼要介绍了噪声评价方法和标准；第 3、4 章介绍了铁路典型桥梁结构噪声的预测模型和数值仿真技术；第 5 章详细介绍了铁路典型桥梁结构噪声的现场试验研究；第 6 章采用数值方法研究了铁路典型桥梁的声辐射特性；第 7 章介绍了铁路桥梁结构噪声源的辨识技术。

本书在撰写过程中参考了西南交通大学桥梁结构动力学研究团队的大量研究成果,特向团队成员致以谢意。为了本书的出版,编辑、校对付出了辛勤劳动,在此表示衷心感谢。

由于书中许多内容是最近的研究成果,恐尚欠锤炼,加之作者水平有限,书中难免有疏漏和不足之处,恳请专家和读者批评指正。

目　　录

第1章　绪论 ·· 1
　1.1　轨道交通引起的噪声问题 ··· 1
　　1.1.1　轨道交通的噪声源 ··· 1
　　1.1.2　轨道交通的噪声污染 ·· 1
　1.2　桥梁结构噪声的试验研究 ··· 3
　1.3　桥梁结构噪声的理论研究 ··· 5
　1.4　桥梁结构噪声的控制研究 ··· 9
　参考文献 ··· 15

第2章　噪声的评价与标准 ··· 20
　2.1　一般声学评价量 ··· 20
　　2.1.1　声压和声压级 ··· 20
　　2.1.2　倍频程和1/3倍频程 ··· 21
　　2.1.3　计权网络 ·· 21
　　2.1.4　声强和声功率 ··· 22
　2.2　轨道交通噪声的评价方法与标准 ··· 23
　2.3　低频噪声的评价 ·· 25
　　2.3.1　国内外低频噪声的评价 ·· 25
　　2.3.2　声品质 ··· 27
　参考文献 ·· 28

第3章　桥梁结构噪声理论模型 ··· 30
　3.1　结构声辐射基本理论 ·· 30
　　3.1.1　理想流体介质的3个基本方程 ··· 30
　　3.1.2　波动方程 ·· 31
　　3.1.3　亥姆霍兹方程 ·· 31
　　3.1.4　声场边界条件 ·· 31
　3.2　基于亥姆霍兹方程的边界元法 ·· 32
　　3.2.1　直接边界元法 ·· 32
　　3.2.2　间接边界元法 ·· 33
　3.3　基于强耦合假设的统计能量分析 ··· 34
　　3.3.1　能量平衡方程 ·· 34

		3.3.2 子系统的3个参数	35
		3.3.3 桥梁子系统的振动响应	36
		3.3.4 桥梁声辐射	37
		3.3.5 声反射和声衍射	39
参考文献			39

第4章 桥梁结构噪声仿真技术 ... 40

- 4.1 仿真理论基础 ... 40
  - 4.1.1 基本假设 ... 40
  - 4.1.2 分析频段的划分 ... 41
  - 4.1.3 桥梁结构噪声预测程序 ... 42
- 4.2 程序模块验证 ... 44
  - 4.2.1 边界元模块 ... 44
  - 4.2.2 统计能量模块 ... 46
- 4.3 混凝土箱梁结构噪声验证 ... 46
  - 4.3.1 32m双线箱梁 ... 46
  - 4.3.2 32m单线箱梁 ... 54
- 4.4 钢板结合梁结构噪声验证 ... 55
  - 4.4.1 桥梁振动特性 ... 55
  - 4.4.2 声辐射计算 ... 57

参考文献 ... 58

第5章 桥梁结构噪声的试验研究 ... 59

- 5.1 国内外典型试验成果简介 ... 59
  - 5.1.1 混凝土桥 ... 59
  - 5.1.2 钢桥 ... 66
- 5.2 成灌铁路混凝土箱梁噪声试验 ... 69
  - 5.2.1 工程概述 ... 69
  - 5.2.2 试验平台与测试方案 ... 72
  - 5.2.3 双线箱梁测试结果 ... 81
  - 5.2.4 单线箱梁测试结果 ... 86
  - 5.2.5 实测噪声的评价 ... 87
- 5.3 津秦客运专线混凝土箱梁噪声试验 ... 88
  - 5.3.1 工程概述 ... 88
  - 5.3.2 试验平台与测试方案 ... 89
  - 5.3.3 测试结果分析 ... 90
- 5.4 秦沈客运专线钢板结合梁噪声试验 ... 94
  - 5.4.1 工程概述 ... 94

  5.4.2　试验平台与测试方案 ……………………………………………… 95
  5.4.3　测试结果分析 ………………………………………………………… 97
 参考文献 ……………………………………………………………………………… 99

第6章　典型桥梁的声辐射特性研究 ……………………………………………… 101
 6.1　混凝土箱梁的噪声场分布规律 ……………………………………………… 101
  6.1.1　考察场点 ……………………………………………………………… 101
  6.1.2　跨中横断面声场分布 ………………………………………………… 102
  6.1.3　近轨侧25m纵断面声场分布 ………………………………………… 104
 6.2　混凝土箱梁结构噪声的影响因素 …………………………………………… 106
  6.2.1　常见因素的影响 ……………………………………………………… 106
  6.2.2　扣件刚度和阻尼的影响 ……………………………………………… 111
 6.3　不同混凝土桥梁的声振特性对比 …………………………………………… 114
  6.3.1　箱梁结构设计参数的影响 …………………………………………… 114
  6.3.2　单箱单室和单箱双室箱梁的对比 …………………………………… 117
  6.3.3　箱梁与U梁结构噪声的对比 ………………………………………… 121
 6.4　U梁对轮轨噪声的遮蔽效应 ………………………………………………… 124
  6.4.1　算法验证 ……………………………………………………………… 125
  6.4.2　U梁遮蔽效应数值仿真 ……………………………………………… 126
 6.5　混凝土箱梁空腔共鸣特性 …………………………………………………… 134
  6.5.1　空腔声模态 …………………………………………………………… 134
  6.5.2　结构振动模态 ………………………………………………………… 136
  6.5.3　数值模拟 ……………………………………………………………… 137
  6.5.4　控制措施 ……………………………………………………………… 139
 6.6　钢桥声振特性 ………………………………………………………………… 140
  6.6.1　(32+40+32)m钢板结合梁 …………………………………………… 140
  6.6.2　64m下承式钢桁结合梁 ……………………………………………… 143
 参考文献 …………………………………………………………………………… 150

第7章　桥梁结构噪声的辨识技术 ………………………………………………… 151
 7.1　噪声源辨识方法 ……………………………………………………………… 151
  7.1.1　频谱分析法 …………………………………………………………… 151
  7.1.2　相干分析法 …………………………………………………………… 152
  7.1.3　声强测量法 …………………………………………………………… 153
  7.1.4　声全息法和波束形成法 ……………………………………………… 153
 7.2　噪声源辨识的常相干方法 …………………………………………………… 154
  7.2.1　功率谱密度函数 ……………………………………………………… 154
  7.2.2　相干函数 ……………………………………………………………… 155

  7.2.3 案例分析 ·· 157
 7.3 噪声源辨识的偏相干方法 ··· 160
  7.3.1 最优频率响应函数和重相干函数 ···················· 160
  7.3.2 条件谱函数和偏相干函数 ····························· 162
  7.3.3 算例分析 ·· 164
 7.4 基于偏相干分析的桥梁噪声辨识方法 ······················ 166
  7.4.1 计算模型 ·· 166
  7.4.2 程序编制 ·· 168
  7.4.3 偏相干分析 ·· 171
参考文献 ··· 175

第1章 绪　　论

1.1 轨道交通引起的噪声问题

1.1.1 轨道交通的噪声源

本书所指的轨道交通包括大铁路(干线铁路、高速铁路、客运专线、城际铁路等)和城市轨道交通(地铁、轻轨、有轨电车、中低速磁悬浮交通等)。

轨道交通引起的噪声源包括列车高速运行时走行部的车轮与钢轨产生的轮轨噪声、集电弓与接触网高速摩擦产生的集电系统噪声、高速行车引起的空气动力噪声、行车激励引起桥梁结构振动而产生的结构噪声(图1.1)[1]。结构噪声是本书的研究对象,其产生的原因是,列车通过桥梁时,振动能量通过轨道结构传递到桥面及其他桥梁构件,并激发其振动,振动的各桥梁构件形成一个个"声板",由此形成噪声的"二次辐射"。

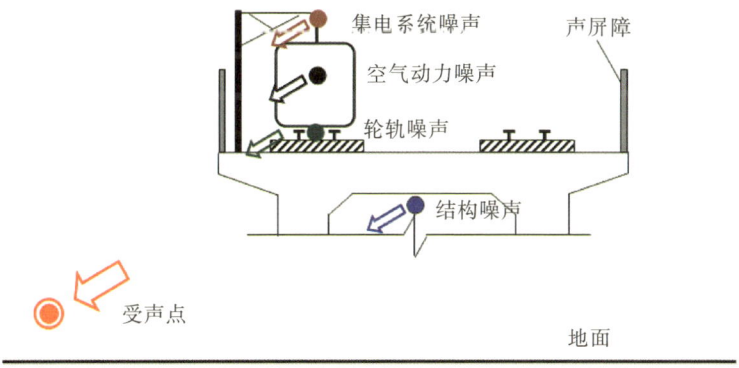

图 1.1 轨道交通的噪声源

1.1.2 轨道交通的噪声污染

与其他交通工具相比,轨道交通能够解决高密度客流出行问题,是一种大容量交通运输工具,在经济发展中起到了不可忽视的作用。但是,轨道交通的噪声污染问题却在某种程度上降低了它的优势，随着生活质量的提高，人们对噪声的容忍度越来越低，并由此引发了不少社会问题。在国外，有些国家走了一条先污染后治理之路，导致不必要人力、物力的浪费，在规划新线路时甚至出现过民众抵制事件[2]。在国内，正在规划、建设及运营中的高速铁路、客运专线、城际铁路等沿线经济发达、人口稠密，而城市轨道交通更是在城市中穿行，噪声问题引起了广泛关注[3-5]。

噪声污染综合治理必须有计划、有步骤地进行，同时，在轨道交通的规划和设计阶段合理地解决噪声问题已是国内外学者的普遍认识。在轨道交通发展的早期，轮轨噪声占总体噪声的比重最大，以日本新干线为例[6]：当列车运行速度为190km/h时，轮轨噪声和桥梁结构噪声的比重分别为63%和13%；当速度提高到240km/h时，二者的比重分别降到50%和10%。所以，近四十年来，轮轨噪声一直是各国研究者关注的焦点，并开展了大量的研究，取得了卓有成效的研究成果[7]。随着新型高速列车和轨道结构的不断发展，集电系统噪声和空气动力噪声上升为主要噪声源，以京津城际铁路为例[8]（CRTS-Ⅱ型板式无砟轨道，车型CRH3，测试车速300～350km/h）：空气动力噪声和集电系统噪声占总体噪声的比例分别是38%和37%，而车辆下部噪声及桥梁结构噪声的比例只占到25%。

随着研究的不断深入，特别是在城市中穿行的地铁、轻轨等城市轨道交通的大量涌现，高架桥梁结构辐射的低频噪声才逐渐被人们重视，一方面是因为桥梁结构噪声对人体的影响不能仅仅通过声压级这一指标衡量（目前的规范均是采用这一指标），另一方面是因为桥梁结构噪声要用高精度的频谱分析仪才能定量监测，但我国目前尚无检测低频噪声的标准和规范。到目前为止，人们对于桥梁振动产生的低频噪声的认识仍然十分欠缺。

人耳能听到的声音的频率范围为20～20000Hz，桥梁结构振动辐射的噪声频率较低，属于低频噪声。在低频噪声中，频率低于20Hz的声音被称为次声波，人耳难以听到，所以声源确定非常困难。低频噪声在空气中传播时，空气分子振动小，摩擦比较慢，能量消耗少，所以传播得比较远，递减得很慢，穿透力很强，能够轻易穿越墙壁、玻璃窗等障碍物。低频噪声对人体健康的危害是一个渐变的过程，长期处于低频噪声环境中的人容易产生莫名其妙的失眠、头痛、耳鸣、不快振感、胸闷、腹部压迫感等心理、生理症状，给人的身心健康带来极大的危害。此外，低频噪声还可以穿透人体腹壁和子宫壁，影响胎儿器官发育，甚至造成胎儿畸形[9-12]。

轨道交通的发展不能孤立而行，在满足人们生产、生活需求的同时，还要创造一个健康的人居环境，如何处理轨道交通发展与人居环境保护的关系已成为我国轨道交通桥梁建设中面临的一个新课题。虽然桥梁区段大多成为噪声地图上的噪声热点，但由于存在桥梁结构形式多样、车（线）桥耦合振动分析复杂、超大型构件声辐射求解难度大等一系列问题，桥梁结构噪声的预测变得异常棘手。因此，开展轨道交通桥梁结构噪声的预测研究具有重要的理论意义。同时，未来几年，轨道交通将成为我国重要的交通工具，而轨道交通在人口密集的市区或郊县常常采用高架桥梁结构。因此，开展轨道交通桥梁结构的减振、降噪措施研究具有十分重要的现实意义。

1.2 桥梁结构噪声的试验研究

人们通过观察发现，列车通过桥梁时的噪声要比普通路基区段大，于是，早先的研究都是基于现场实测，并试图根据大量的实测结果按照不同桥梁结构形式、轨道结构形式等进行简单的噪声分类(类比法[13])。

Stüber[14]最早对列车以80km/h的速度通过两座铁路钢桥时的噪声级进行了对比测试，两座桥结构形式一致，但轨道结构不一样，一个为有砟桥面，另一个的轨道直接扣紧在桥面上。结果表明，列车通过有砟桥面时的总体噪声级要低13dB(A)左右。由于该桥的阻抗低，所以噪声降低似乎不是道砟的隔离效果。为了证实这一点，Stüber[15]先在桥面板上铺上一层沙子，然后进行测试，发现桥下噪声级降低了7dB(A)，由此推断，有砟桥面噪声较低是桥面板的总体质量和阻尼增加的缘故。

在Stüber之后，1966~1971年，国际铁路联盟试验研究所在不同类型的桥梁上进行了噪声测试，并尝试对不同类型桥梁所产生的噪声级进行分类[16-18]。随后，日本国家铁路[19]对新干线的噪声也进行了测试。在对这些测试结果进行汇总后，Kurzweil[20]根据建筑材料、结构形式及扣件系统的不同，将桥梁分为11类。由于每一座桥梁在测试时的车速、车长都不尽相同，Kurzweil使用了一种简单的修正方法，使得每类桥产生的噪声级可以直接进行对比。由于前述实测数据有限，Ungar和Wittig[21]进行了更多的实测，并在路基段上采用相同的车辆进行测试比较，根据列车运行在不同桥梁上时的噪声增加量，将测试结果划分为若干大类和子类(图1.2)。可以看出，不同国家、不同结构类型的桥梁所引起的噪声增加量(极少数是减小)不尽相同，总体而言，钢桥要比混凝土桥噪声大，无砟桥梁要比有砟桥梁噪声大(少数除外)。

Hardy[22]根据实测数据建立了一个经验模型，这个模型利用早先很多类型桥梁的噪声测试数据，通过对桥型和车型进行修正，可以用来预测列车通过桥梁时的声压级时间历程。运用这个模型，当研究对象和数据库中早先测试的桥型相似时，预测和实测结果吻合良好。这个预测模型适用于以下情况：①桥梁概念设计阶段的噪声估计；②通过桥梁建造完成之后的初步噪声测试结果，预测不同车型和车速时的噪声级；③通过类似桥梁的噪声级，预测不同车型和车速时的噪声级。

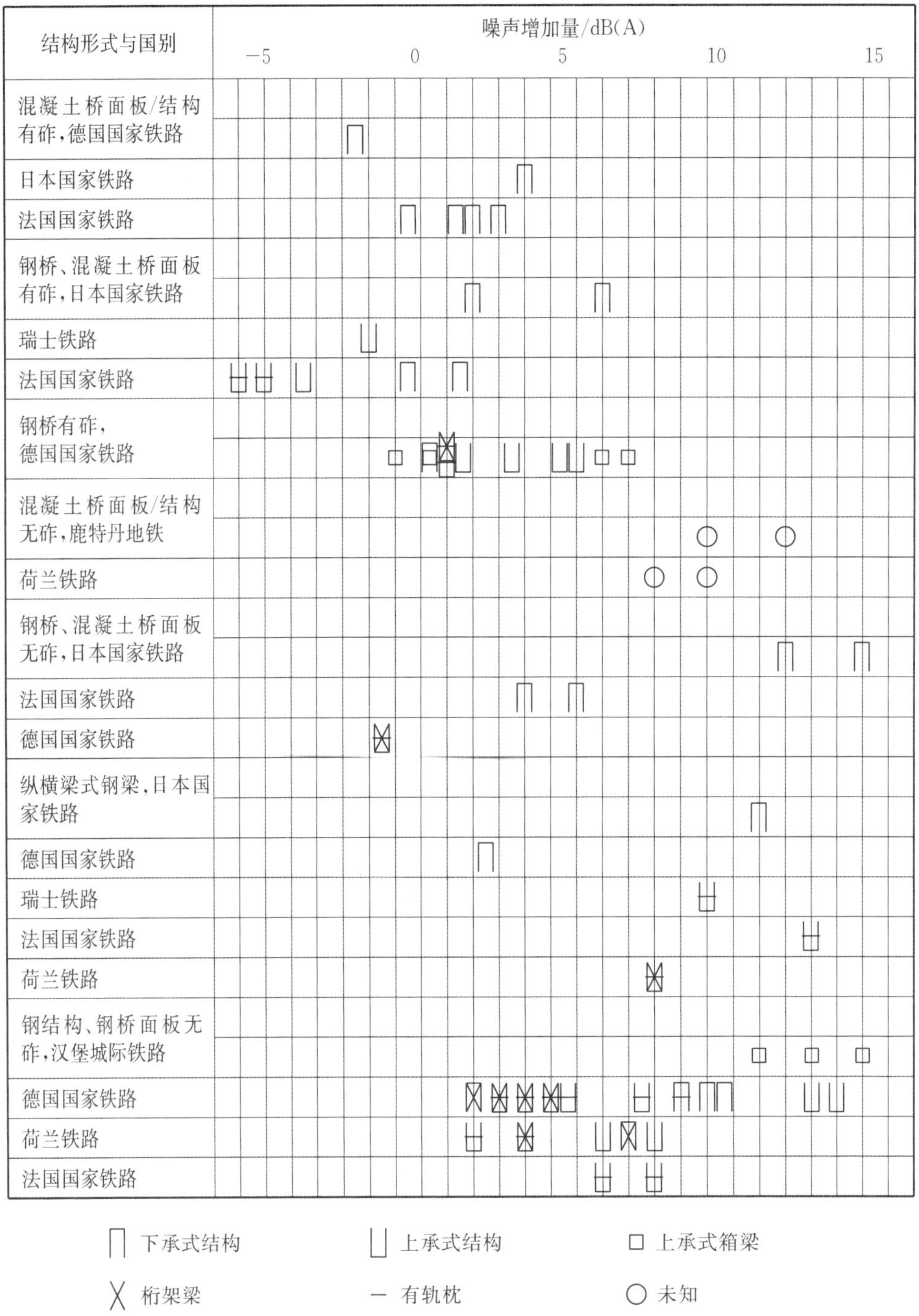

图 1.2 列车通过各类桥梁时的噪声增加量[23]

符号说明：
- ⊓ 下承式结构
- ⊔ 上承式结构
- □ 上承式箱梁
- ✕ 桁架梁
- — 有轨枕
- ○ 未知

综上所述，早期的试验研究大多关注列车通过不同桥梁时所引起的噪声级增加量，而且未将轨道交通噪声细分为不同的噪声源。事实上，仅将列车通过桥梁时的综合噪声级与通过路基时的综合噪声级进行对比，是难以判别桥梁结构噪声的成分或比重的。因为，列车通过桥梁时，综合噪声级的增加或减少，虽然有桥梁结构噪声在起作用，但是轮轨噪声等其他噪声源在两种线路条件下也是不一样的，这一结论可从《铁路建设项目环境影响评价噪声振动源强取值和治理原则指导意见(2010年修订稿)》[24]中得出。

随着测试手段的不断进步，对于轨道交通噪声的测试也越来越精细，并开始注意到轨道交通不同噪声源及其频谱成分。沈锐利等[25]在我国第一条准高速铁路——广深线(设计时速为160km/h)上对石龙特大桥进行了噪声测试。Ngai和Ng[26]对香港西铁一座混凝土高架桥进行了振动和噪声测试。常亮[9]、刘玉华等[27]对武汉市轨道交通1号线跨度25m预应力混凝土梁(单箱单室简支箱梁)的振动与噪声进行了测试。对轨道交通桥梁结构进行噪声试验代价昂贵，国内外的试验均很有限，实测数据不尽齐全、方法也不尽相同。为此，本书将在第5章对这些试验进行汇总分析。此外，作者分别在成灌铁路、秦沈客运专线和津秦客运专线上开展了相关试验研究。

1.3 桥梁结构噪声的理论研究

采用试验方法研究桥梁结构噪声虽然能获得各种因素作用的综合效果，但是难以形成规律，有时需要阻断交通，耗费大量人力、物力，而且无法满足规划、设计阶段的要求，因而对桥梁结构噪声进行理论研究具有重要的意义。

对于结构振动声辐射的计算，可描述为波动方程在一定边界条件下的定解问题[28]。按照分析方法不同，它可归纳为两类：①以波动方程为基础的时域分析法；②以亥姆霍兹方程为基础的频域分析法。时域分析法是在时域内分析声振关系，既可以用来计算稳态声场特性，又可以用来计算瞬态声辐射规律。但是，由于时域分析法相当于在每个时间步上求解一次静态问题，所以计算量极大，累积误差也较大。频域分析法是以简谐声波动为研究对象，由于对任意时间函数的声波动问题，原则上总是可以通过傅里叶分析将其分解为一系列简谐声波动的叠加。因此，频域分析法特别适合于稳态声场的研究。从研究现状来看，频域分析法的应用居多。

对于具有简单、规则形状的声源，其辐射声场一般可用解析式加以描述，但实际声源的形状往往是复杂多样的，如桥梁这种形状复杂的弹性结构体，要用解析方法分析其所辐射的噪声场是十分困难甚至是不可能的。因此，桥梁结构声辐射问题通常用数值方法来研究。用于结构振动声辐射的数值方法主要是离散方法和能量方法。离散方法主要有有限元法(finite element method，FEM)、无限元法(infinite element method，IFEM)和边界元法(boundary element method，BEM)等；能量方法主要有统计能量分析(statistical energy analysis，SEA)和能量有限元法(energy finite element method，EFEM)等。

1. 有限元法

有限元法一经提出，就显示出其巨大的优越性，迅速被应用于声辐射问题的分析计算。应用声辐射分析的有限元法，丁桂保等[29]考虑结构与声介质的辐射条件，导出具有耦合关系的有限元列式，分析计算了高速车辆以250km/h通过48m下承式钢桁梁桥时桥梁结构辐射的低频噪声，其中将高速车辆简化为移动集中力，但未考虑轮轨相互作用。

理论上讲，只要具备性能优越的计算机即可利用有限元法计算任意结构中的振动与声场。但是应用有限元法进行声辐射问题的求解时，需要对时间(瞬态问题)和空间(声场域、振动体)进行离散，如果要保证计算精度，采用线性单元时，单元的长度应为最小分析波长的1/10~1/6，采用等参单元时，单元的长度应为最小分析波长的1/4~1/3。因此，随着计算频率的升高，单元的密度将大大增加，计算量也随之急剧增加。另外，对于工程中常见的在无限域中的外场声辐射问题(如桥梁结构噪声)，有限元法的剖分截止边界难以确定，并会由此带来计算误差(图1.3)。因此，在实际应用中，有限元法主要适用于简单中、低频激励作用下，简单结构声辐射的计算分析。

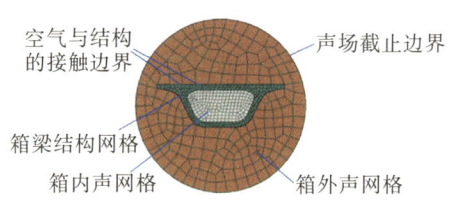

图1.3　有限元法求解结构声辐射问题

2. 统计能量分析

统计能量分析起源于航空航天领域的"声振"问题[30,31]，它包含3个方面的含义："统计"是指把研究对象划分为子系统后，所有子系统参数都是在时间、空间和频率上进行统计处理，因而其声振分析结果是统计意义上的平均值；"能量"是指系统中各子系统关系是以功率流动关系来描述的，外界能量输入及子系统的分析结果分别以输入、输出功率流表示；"分析"是指一种理论预测方法，如同其他的分析方法一样，需要建立模型，确定模型参数，求解系统方程，进而得到所需的解。

英国南安普敦大学声振研究所(Institute of Sound and Vibration Research, ISVR)在欧洲声学和振动研究中处于领导地位,从 20 世纪 80 年代开始,ISVR 开展了大量的研究,并取得了丰硕成果。Remington 和 Wittig[32]将列车过桥时的噪声问题划分为 3 步:车辆过桥时引起钢轨和车轮振动→钢轨振动引起桥梁各部分结构振动→车轮、钢轨和桥梁往外辐射噪声。在这个模型中,外激励为车轮和钢轨的不平顺性之和,运用统计能量分析计算钢轨传递到桥梁的振动,最后使用各部分(钢轨、车轮、桥梁各部件)的辐射效率计算总的辐射声能。他们对一座上承式钢板梁使用弹性扣件进行降噪,并进行了测试,理论计算安装弹性扣件后噪声将降低 2dB(A),实际测试结果为 4dB(A),计算结果比较合理。随后,运用这个模型对一系列降噪措施进行了降噪效果分析,得出弹性钢轨扣件是最有效的措施,最大降噪效果是 10dB(A)。此后,Thompson 等[33,34]对轨道-桥梁振动模型做了大量的研究。首先,将钢轨和桥梁视为无限长欧拉梁,二者之间为连续弹性支承;然后,将连续的弹性支承改为固定间距的等效点支承,或者考虑钢轨和桥梁之间有两层连续弹性支承(中间为轨枕);最后,将钢轨和桥梁之间的连接形式修改为离散的点支承,以此来考虑支承刚度、轨枕间距及梁部质量的随机分布。这期间,Janssens 和 Thompson[35]使用轨道-桥梁等效点支承模型,重新推导了输入桥梁的能量,然后将钢板梁离散为若干较大的工字梁,应用统计能量分析计算出各部件之间振动能量的传递,计算结果包含桥梁结构噪声和轮轨噪声,预测结果与实测结果吻合良好。研究指出,列车过桥时,不仅桥梁结构本身会产生声辐射,钢轨声辐射也有所增加,所以总噪声级会有所增加。Thompson 和 Jones[36]使用前述模型对一些钢桥的声辐射进行了研究,并对应用统计能量分析计算桥梁辐射低频噪声的可行性进行了验证。研究发现,统计能量分析适用于计算桥梁结构 40Hz 以上的声辐射,40Hz 以下桥梁的振动模态将影响计算结果。在大量前期研究的基础上,Thompson 和 Jones[37]使用 MATLAB 软件包编制了一个名为 Norbert 的计算软件,用来预测列车通过铁路桥梁时的噪声。Bewes 等[23,38]为了计算中频范围内钢轨传递到桥梁的振动能量,轨道和桥梁分别采用两个有限长铁摩辛柯梁模拟,二者之间为连续的弹性支承。这种模型可以充分考虑钢轨与桥梁的耦合效应,且能考虑钢轨与有限长桥梁的共振。他们应用有限元法、边界元法和动力刚度法对高工字梁(腹板高)的高频振动特性进行了研究。研究发现,高工字梁在高频时的振动行为主要是腹板面内的运动和翼缘的弯曲运动,并以此改进了桥梁在高频时的运动模型。通过实测数据验证了理论计算模型,并进行了参数研究。参数研究表明,对桥梁噪声辐射影响最大的因素是弹性钢轨扣件系统的动力刚度,并且对于既定的桥梁和噪声考察点,存在一个使得桥梁和轨道噪声辐射最低的最优扣件刚度值。同时,经 Thompson 等的改进,ISVR 推出了 Norbert 2.0 版本[39]。

国内，王重实等[40]首次尝试用统计能量分析预测高速铁路桥梁结构噪声，建立了铁路桥梁子结构能量交换数学模型，用来分析车轮、轨道、枕木和桥梁构件的噪声辐射状况，并指出统计能量分析是预测铁路桥梁噪声辐射的可行方法。段金明等[41]、张旭等[42]、宋雷鸣等[43]先后采用统计能量分析研究了列车通过高架结构时的综合噪声，徐良[44]采用统计能量分析研究了高速铁路简支箱梁的声辐射。张旭等[42]指出，400Hz以下桥梁结构的声辐射和综合声辐射几乎完全吻合，在这个频带范围内，桥梁结构声辐射的贡献量较大；桥梁结构声辐射比综合噪声约小4dB(A)。宋雷鸣等[43]指出，通过优化垫层的刚度和道床的刚度来降低高架结构的声辐射是一种比较有效的方法。

统计能量分析预测结构噪声时的主要问题是需要输入正确的初始数据以便计算。因此，利用统计能量分析分析耦合的复杂结构元件和声学系统的结构问题，很大程度上取决于对3个参数的准确估算：①子系统的模态密度(modal density, MD)，是描述振动系统储存能量能力的物理量，指单位频率带宽内的模态数目；②子系统的阻尼损耗因子(damping loss factor, DLF)，表示子系统阻尼损耗特性，指子系统在单位频率内单位时间损耗能量与平均存储能量之比；③各子系统间的耦合损耗因子(coupling loss factor, CLF)，是描述子系统间耦合作用大小的物理量。对此，Steel和Craik[45]对统计能量分析在复杂结构中的应用做了研究。

3. 边界元法

边界元法首次出现在Brebbia[46]的专著中，它的基本思想是，基于格林公式，把一个区域上的积分转化为该区域边界上的积分。边界元法的显著优点有[47]：①降维性，边界元法将问题的维数降低一维，求解域只存在于边界上，可大大减少单元数量和计算时间；②误差小，边界元法是一种半解析法，在求解域内是解析的，误差主要来源于边界单元的离散，累积误差小；③适于无穷域，由于边界元方程自动满足无穷远的边界条件，所以特别适用于无界声场的求解。鉴于边界元法的优点，其逐渐被应用到声学问题的求解中[48-50]。

虽然边界元法在简单结构、发动机、汽车等结构振动声辐射问题的求解中应用较多，但国外极少将其应用到桥梁结构振动声辐射分析中。国内，朱彦等[51]基于一个简化的二维模型，考虑各种变化因素（两旁建筑物高度、间距等）的影响，应用边界元法对城市高架轨道桥进行了噪声场和频谱的预测。通过与实际测量数据的对比分析得出，噪声的低频成分($f<250$Hz)主要由桥体结构振动辐射产生，而轮轨振动辐射是较高频(250~1000Hz)噪声的重要来源；低频噪声场上、下明显强于两侧，而随频率的增高，声场混响特征增强。研究认为，高架桥两侧声屏障可以取得5~10dB的隔声效果，为防止上部出现噪声过大的情况，两侧建

筑物需要适当的高度/距离比。此外，胡新伟等[52]、林龙[53]和吴国强[54]采用声学计算软件 SYSNOISE 对桥梁结构噪声进行了仿真分析；张鹤等[55]结合汽车-桥梁耦合振动理论和声传播理论，建立了汽车-桥梁耦合振动辐射低频噪声问题的边界元法求解体系，研究了公路钢桥面板连续梁桥的振动声辐射问题。

近年来，有人提出用有限元求解结构的振动响应(瞬态或稳态)、边界元求解声场的混合有限元-边界元联合方法，两种方法取长补短，相得益彰。因此，将两者有机结合起来的混合有限元-边界元法成为目前工程中最为常用的数值方法，该方法理论上可以求解具有任意表面形状复杂弹性结构的振动和声辐射问题。

4. 其他

对于桥梁结构噪声分析，除以上典型分析方法外，国内外学者还尝试采用其他方法进行求解：崔喆[56]利用有限元法结合基于快速多极展开的虚边界元最小二乘法研究了封闭箱形结构的内、外部声辐射问题；Ouelaa 等[57]采用波动方程求解桥梁振动引起的声辐射，将桥梁的振动加速度作为噪声源，并将其视为单极子；谢旭等[10,58]、丁勇等[59]忽略声固耦合作用，将桥面板离散为无限多个小面元，采用点声源法求解公路钢桥的低频声辐射；孙亮明等[60,61]基于齐次扩容精细积分法和复数矢径虚拟边界谱方法，通过傅里叶积分变换和稳相法来研究空气中无限长简单混凝土箱形结构的声辐射问题。

1.4 桥梁结构噪声的控制研究

总体而言，噪声的控制可以从噪声源、传播途径和接受者 3 个方面入手[62]。噪声控制的一般技术主要有隔振、减振、吸声处理(包括使用吸声材料和吸声结构来吸收声能)、隔声处理(隔声罩、隔声屏、隔声窗等)等，这些方法被称为无源/被动噪声控制。随着技术的进步，有源/主动噪声控制也逐渐被用于噪声控制，主要包含有源声控制和有源力控制，前者施加次级声源，后者施加次级力源[63]，但是其在桥梁结构噪声控制中的应用暂未见文献报道。就桥梁结构噪声而言，不同类型(材料、结构形式等)的桥梁具有不同的噪声特点，其采用的减振、降噪方法也不一样，以下就国内外的降噪措施进行汇总。

1. 建筑材料

从建筑材料来说，国内外一致的认识是混凝土桥梁要比钢结构桥梁噪声低(如 Ungar 和 Wittig[21]的汇总结果)，这主要是由于混凝土桥梁的振动响应以结构的整体振动为主，响应幅度要比钢结构桥梁小得多，且混凝土结构的辐射效率也比钢结构的辐射效率小得多。但是，必须认识到，大量采用混凝土桥梁后，虽然综合噪声级得到控制,但是混凝土桥梁的低频噪声问题仍未得到有效解决,一味地回避使用钢结构桥梁也是不合适的。

2. 声屏障

声屏障实质上就是一个明显干涉声波传播的阻挡物或部分阻挡物,它可以阻挡声波的传播而形成一个声影区,声影区越大降噪效果越好,而且声波的绕射必然造成衰减。此外,声屏障还会对声波产生透射、反射现象。声屏障声影区的大小与噪声频率的高低有关,频率越高声影区的范围越大,频率越低声影区的范围越小。因此,声屏障主要对较高频率噪声起降噪作用,而对于低频噪声,由于声波波长较长很容易从声屏障上方绕射过去。同时,声屏障大多安装在桥面两侧(或单侧)上方,虽然能有效隔断轮轨噪声(高频),但对于桥梁结构噪声的控制效果有待进一步研究。

为了更有效地控制轨道交通噪声,可采用隔声罩(全封闭式声屏障)对整个高架结构及行进中的列车进行包裹,但这样做的代价无疑是极其昂贵的(图 1.4)。较为折中的方法是,利用隔声罩将桥梁的下部包裹起来,以切断结构噪声的传播路径,并可在隔声罩内部敷设吸声材料。

(a)芝加哥轻轨[64]　　　　　　　　(b)武汉轻轨[65]

图 1.4　隔声罩(全封闭声屏障)

3. 隔振与减振

国内外,轨道交通的减振、降噪技术主要体现在轨道结构系统上,包括降低扣件垫板刚度和采用低刚度的新型轨道结构[66],如弹性支承块、弹性长枕轨道、浮置板轨道[67]结构(浮置板、复合弹簧浮置板)、梯形轨枕轨道[68]等(图 1.5),其工作原理是通过降低传递到桥梁结构的振动能量,进而降低其辐射的噪声。

日本国家铁路[19]对桥上使用道砟层的降噪效果进行了试验研究,对于钢桥面,道砟层可以使桥侧的噪声降低 8dB(A)。Ban 和 Miyamoto[69]对混凝土高架桥使用道砟层的降噪效果进行了研究,实测桥下噪声可以降低 7dB(A)。

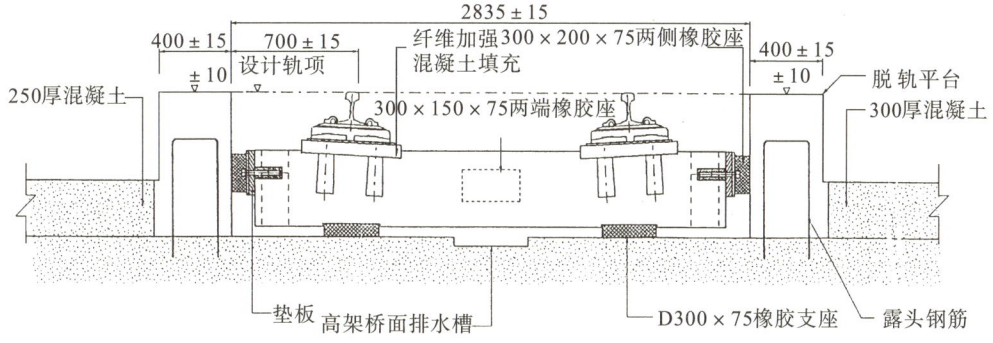

(a) 浮置板轨道(单位：mm)

(b) 梯形轨枕轨道

图 1.5 两种减振型轨道结构

Nelson[70]对 5 种弹性扣件的降噪效果进行了室内、现场测试，研究对象是一座双主梁钢板梁桥，桥上轨枕为木枕，明桥面布置。室内试验是为了测量阻抗频响函数；对于不同的扣件动力刚度，现场实测噪声级和振动级的变化不超过 6dB(A)，弹性扣件的隔振效果可能会由于该类桥的高导纳性而降低。Walker 等对一座分别安装了弹性扣件系统和声屏障的钢-混凝土组合高架桥进行了噪声和振动测试，发现二者都能有效降低噪声，并确定低频时桥梁结构噪声是主要成分，但由于主要噪声源是轮轨噪声，使用弹性扣件系统降噪的效果稍差。Wang 等[71]在对某钢桥进行测试后指出，当车辆以 65km/h 的速度行驶时，枕木上安置刚性垫板的桥梁，在距离轨道中心线 5.5m 处噪声水平是 90dB(A)，主要的频率范围为 200～1000Hz；而对枕木上安置弹性垫板的桥梁，总体噪声水平较之减小 6dB(A)左右，并且主梁在垂直方向的振动降低 10dB(A)，横向振动降低 5dB(A)。Harrison 等[72]研究认为，有砟轨道并不一定是最好的降噪措施，通过使用弹性扣件来降低轨道传递到桥梁的振动可以达到更好的降噪效果。

Crockett 和 Pyke[73]在对香港西铁某高架铁路进行降噪及建模过程的研究中，

将总噪声分为直接噪声（来自轨道、机车）和桥体结构辐射噪声。研究指出，对直接噪声，仅在轨道旁边安装声屏障不能达到有关的噪声规定；采用了一系列声屏障同时放在临近轨道边和机车下，降噪效果要比仅在轨道边安装吸声屏障好12~17dB(A)。对于桥体结构辐射的噪声，采用浮置板轨道结构能够充分发挥降噪作用，桥体结构的形式会改变低频噪声，但不会消除浮置板轨道结构对噪声的影响。咨询专家Wilson对香港西铁某箱梁结构辐射噪声进行分析后指出，最有效的噪声控制解决方法是减少结构能量输入，通过各种轨道结构及扣件匹配分析，得出浮置板轨道结构与高弹性扣件相结合是解决结构噪声辐射的最有效方案[74]。高飞等[75]、齐琳等[76]对北京地铁5号线某高架桥进行了现场噪声测试，对比分析了列车通过梯形轨枕轨道和普通板式轨道时桥梁周围的噪声。测试结果表明，梯形轨枕轨道的噪声值比普通板式轨道低；在1~4Hz和30~1000Hz频率范围内，梯形轨枕轨道的噪声比普通板式轨道平均低6dB(A)。

此外，也可以通过安装调谐吸振装置来达到减振的目的（图1.6）。Poisson和Margiocchi[77]通过在一座下承式钢桁梁桥桥面上安装调谐吸振器，使得30~40Hz频率范围内的噪声级降低了4~6dB(A)。他们还采用了两种钢轨降噪措施：一种是在钢轨上安装调谐吸振器，可以使噪声级降低3~4dB(A)；另一种是在钢轨两个侧面安装一种多孔材料结构，这种结构可视为紧贴在钢轨上的声屏障，可以使噪声级降低1~2dB(A)。

(a)桥面上[7]　　　　　　　　　(b)钢轨上[77]

图1.6　两种调谐吸振装置

调谐质量阻尼器是一种有效的抑振装置，依系统是否需额外施力，可分为主动和被动调谐质量阻尼器。调谐质量阻尼器的控制效果会随着结构振动频率的漂移而严重降低[78]，为了解决这一问题，Igusa和Xu[79]提出了一种利用多重调谐质量阻尼器来控制频率变化的结构振动控制方法，其基本思路是采用许多频率在结构自振频率附近分布的调谐质量阻尼器来组成更具有鲁棒性的调谐质量阻尼器系统。

近十年来，调谐质量阻尼器系统逐渐被用于桥梁在列车或汽车荷载作用下的振动控制。Kwon 等[80]将调谐质量阻尼器安装在高速铁路三跨连续梁中跨的跨中，用来控制桥梁的第一阶竖向振动模态。Wang 等[81]研究了采用调谐质量阻尼器控制台湾高速铁路简支箱梁振动的可行性，分别将车辆模拟为移动力、移动质量及移动质量-弹簧-阻尼系统，比较计算了设置调谐质量阻尼器的桥梁振动控制效果。研究结论是，调谐质量阻尼器可以有效减小桥梁竖向位移、绝对加速度、梁端转角和车体加速度。随后，Lin 等[82]采用同样的方法研究了高速铁路桥梁多重调谐质量阻尼器控制的可行性，得出了同样的结论。Yau 和 Yang[83]研究了高速铁路斜拉桥在列车通过时的多重共振控制，采用的是一个混合的调谐质量阻尼器系统，每个子系统的质量调谐对应一个共振频率，使用 Den Hartog 优化准则将每个反映峰值最小化。研究表明，该振动控制策略简单且稳定，可用于多重共振的控制问题。韩西等[84]研究了多重调谐质量阻尼器控制公路拱桥的竖向振动，利用有限元确定受控模态、质量比、多重调谐质量阻尼器的安装位置，并制作了模型拱桥进行试验。结果表明，在移动荷载作用下模型拱桥的竖向位移最大控制效果可达到 36.03%。万信华[85]以一座大跨度公路斜拉桥为例，研究了多重调谐质量阻尼器控制下斜拉桥在移动荷载作用下的竖向振动，在随机不平顺桥面条件下，多重调谐质量阻尼器能够有效减小结构在移动荷载激励下的竖向动力响应。

以上研究表明，通过在桥梁上安装多重调谐质量阻尼器装置，可以有效降低结构的振动响应；但随之而来的一个问题是，桥梁结构辐射的噪声是否也可一并降低，国内外文献中暂无这方面的报道。

4. 黏弹性阻尼材料

在结构上敷设阻尼结构，增加结构的阻尼性能，被广泛应用于梁、板、壳等结构的减振、降噪中。根据阻尼层是否能承受拉伸或剪切变形，主要有自由阻尼层(free layer damping, FLD)和约束阻尼层(constrained layer damping, CLD)[86]，前者直接将黏弹性材料粘贴在需要减振、降噪的结构表面上，阻尼层随结构做弯曲振动，承受拉压变形；后者在阻尼层外再加一层约束层(多为金属材料)，由于约束层在变形中限制了阻尼层的变形，阻尼层内部产生剪切变形，从而消耗机械振动能量，将其转化为热能。自由阻尼层降噪效果有限，约束阻尼层在较宽频带范围内有很好的减振效果，而且不会显著改变结构自身的质量和刚度。

Hanel 和 Seeger[87]对两座使用约束阻尼层处理的铁路钢箱梁桥进行了实测，距桥 25m 处的噪声级降低了 13~18dB(A)，但桥梁的总体质量增加了 25%。Odebrant[88]使用多种方法来降低两座钢桥的空气传播的噪声(air-borne noise)和结构传播的噪声(structure-borne noise)。为了降低空气传播的噪声，在桥梁上部两侧建造了高声屏障，且内侧具有吸声材料，并对轨枕之间的缝隙进行填充；为了降低桥梁结构噪声，使用弹性垫板来隔离钢轨的振动，使其不能传递到桥梁结构，并将桥梁表面覆盖了阻尼材料，综合降噪效果达到 10dB(A)。Wilson 和 Kirschner[89]研究了在钢-混凝土组合结构(钢箱梁、混凝土桥面板)中使用黏弹性材料的降噪效果，其中在修建旧金山海湾地区快速交通(Bay Area Rapid Transit，BART)中，将钢箱梁表面全部粘贴自由阻尼层时，可以使得总体噪声降低 9dB(A)，并在低频段获得 5~9dB(A)的降噪效果；在亚特兰大都市快速运输局(Metropolitan Atlanta Rapid Transit Authority，MARTA)负责的高架桥中，在钢箱梁表面部分粘贴约束阻尼层可以使其在低频段和高频段辐射的噪声与混凝土结构相似，并在低频段获得 9dB(A)的降噪效果。

5. 桥梁结构形式

不同结构形式的桥梁，其振动辐射特性应是不一样的，由此可以考虑通过桥梁结构形式的改变，来达到减振、降噪的目的。通过理论分析找出最优的桥梁结构及截面形式等，这是桥梁工程师最乐意看到的结果。

日本曾对不同形式的混凝土桥梁结构噪声的特点进行了研究[25]，根据测试结果得出：①预应力混凝土工字梁、预制梁和钢筋混凝土 T 形梁的结构噪声较大，尤以前两种梁的噪声最大，一般认为是这两种梁的主梁较薄导致的；②按主梁的厚度排序，预应力混凝土工字梁 8 片主梁＜预应力混凝土工字梁 4 片主梁＜钢筋混凝土 T 形 6 片主梁＜钢筋混凝土 T 形 4 片主梁，噪声依次降低，即主梁越薄，结构噪声越大；③预应力混凝土下承式板梁、钢筋混凝土空心式钢架桥和预应力混凝土箱梁的结构噪声较低，原因分别是，下承式板梁的两片主梁(两侧)起到了声屏障的作用，空心式钢架桥梁部的空心孔起到了吸声作用，箱梁的整体性较强。

Janssens 等[90]对一座 Ⅱ 形钢梁(一块桥面板、两块腹板)进行了优化设计，通过调整板厚、截面尺寸，将 Ⅱ 形梁改为箱形截面使内部声辐射被掩盖等方法，最终可将噪声级降低 7dB(A)以上。他们还进行了 3 个 1∶4 的比例模型试验，测试结果与计算结果吻合良好。

在香港西铁的降噪研究中[7,73,91]，研究者对某箱形混凝土梁进行了优化设计，通过将箱梁的两个腹板置于钢轨中心线下，降低了箱梁的导纳，使得传递到桥梁的能量降低，从而降低了桥梁结构声辐射。最终优化设计方案使得箱梁质量降低 30%，同时噪声级满足既定目标(图 1.7)。

张博[92]通过"短接刚性"(梁端上部通过 20cm 厚、76cm 长的后浇钢筋混凝土板带连接)的方法，将三跨简支梁变成三跨连续梁，错开激励频率与箱梁自振频率，并使箱梁自振频率落在幅度较小的激励区间，以减小箱梁的辐射噪声。林龙[53]对 30m 简支、25m 简支和 25m 固支的槽形梁、单箱双室箱梁、单箱单室箱梁 3 种梁的辐射声压级进行了对比研究。

第1章 绪论

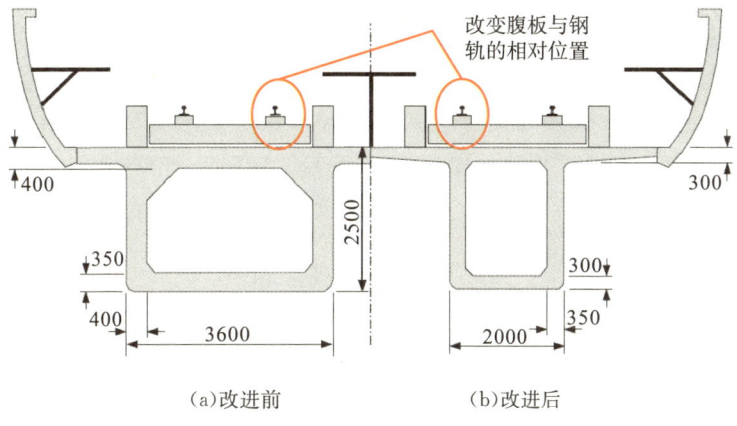

图 1.7 香港西铁某箱梁[7]（单位：mm）

6. 其他

陈乐[93]、谢伟平等[94,95]、潘支明[96]、陈无平等[97]将城市轨道交通混凝土箱梁比拟为混凝土圆柱壳，研究了其在简谐激励下的减振、降噪措施。研究得出，采取合理的加肋措施可降低结构的辐射声压级；在不影响结构承载力的前提下，通过对封闭类混凝土壳体结构在适当位置上开孔，使结构形状发生微小改变，可有效改变此类结构的噪声频谱范围，提高降噪效果。

参 考 文 献

[1] 焦大化. 铁路环境噪声控制[M]. 北京：中国铁道出版社，1990.
[2] 高军，许国平. 350km/h 铁路客运专线噪声检测验收与评价探析[J]. 铁道技术监督，2008，36(12)：19-21.
[3] 辜小安. 我国城市轨道交通环境噪声振动标准与减振降噪对策[J]. 现代城市轨道交通，2004(1)：42-45.
[4] 责令改正违法行为决定书(胶济铁路客运专线有限责任公司)[DB/OL]. http://www.mep.gov.cn/gkml/hbb/qt/201011/t20101119_197753.htm. 2014.11.26
[5] 委员关注沪杭高铁噪音扰民，建议轨道边安"消声墙"[EB/OL]. http://zjnews.zjol.com.cn/05zjnews/system/2011/01/24/017257511.shtml. 2014.11.26
[6] 永田保久. 東北新幹線の 240km/h 化と環境対策[J]. 鉄道土木，1985，27(12)：770-772.
[7] Thompson D J. Railway Noise and Vibration: Mechanisms, Modeling and Means of Control[M]. Amsterdam: Elsevier Science Ltd., 2009.
[8] 张曙光. 京津城际高速铁路系统调试技术[M]. 北京：中国铁道出版社，2008.
[9] 常亮. 箱形梁结构的振动和噪声辐射研究[D]. 武汉：武汉理工大学，2007.
[10] 谢旭，张鹤，山下幹夫. 桥梁振动辐射低频噪声评估方法研究[J]. 土木工程学报，2008，41(10)：53-59.
[11] 张鹤. 交通荷载作用下桥梁振动与噪声问题研究[D]. 杭州：浙江大学，2010.

[12] 低频噪音[EB/OL]. http://baike.baidu.com/view/1946336.htm.2014.11.26

[13] 焦大化. 铁路噪声预测计算方法[J]. 铁道劳动安全卫生与环保, 2005, 32(3): 101-107.

[14] Stüber C. Geräuschentwicklung beim befahren stählerner eisenbahnbrücken und abwehrmaßnahmen[R]. Verein Deutscher Ingenieure(VDI), 1963.

[15] Stüber C. Air and structure-borne noise of railways[J]. Journal of Sound and Vibration, 1975, 43 (2): 281-289.

[16] Office for Research and Experiments. Noise abatement on bridges report 1: Noise development in steel railway bridges[R]. International Union of Railways(UIC), 1966.

[17] Office for Research and Experiments. Noise abatement on bridges report 2: Noise measurement on the Rosenheim bridges[R]. International Union of Railways(UIC), 1969.

[18] Office for Research and Experiments. Noise abatement on bridges report 3: Final report[R]. International Union of Railways(UIC), 1971.

[19] Japanese National Railways. Shinkansen noise[R]. Japanese National Railways(JNR), 1975.

[20] Kurzweil L G. Prediction and control of noise from railway bridges and tracked transit elevated structures [J]. Journal of Sound and Vibration, 1977, 51(3): 419-439.

[21] Ungar E E, Wittig L E. Wayside noise of elevated rail transit structure: Analysis of published data and supplementary measurements[R]. US Department of Transportation, 1980.

[22] Hardy A E J. Noise from railway bridges[J]. Proceedings of the Institution of Mechanical Engineers, Part F: Journal of Rail and Rapid Transit, 1999, 213(3): 161-172.

[23] Bewes O G. The calculation of noise from railway bridges and viaducts[D]. Southampton: University of Southampton, 2005.

[24] 中华人民共和国铁道部. 铁路建设项目环境影响评价噪声振动源强取值和治理原则指导意见(2010年修订稿)(铁计[2010]44号)[Z]. 2010-5-27.

[25] 沈锐利, 高淑英, 王重实. 高速铁路线桥降噪措施及设计方案研究[R]. 成都: 西南交通大学, 1998.

[26] Ngai K W, Ng C F. Structure-borne noise and vibration of concrete box structure and rail viaduct[J]. Journal of Sound and Vibration, 2002, 255(2): 281-297.

[27] 刘玉华, 葛起宏, 左鹏飞. 高架桥箱梁结构振动与噪声的测试分析[J]. 武汉工业学院学报, 2007, 26 (3): 58-59.

[28] 何祚镛. 结构振动与声辐射[M]. 哈尔滨: 哈尔滨工程大学出版社, 2002.

[29] 丁桂保, 郑史雄. 高速铁路桥梁的低频噪声研究[J]. 西南交通大学学报(自然科学版), 1998, 33 (2): 127-131.

[30] Keane A J, Price W G. Statistical Energy Analysis[M]. Cambridge: Cambridge University Press, 1994.

[31] 姚德源, 王其政. 统计能量分析原理及其应用[M]. 北京: 北京理工大学出版社, 1995.

[32] Remington P J, Wittig L E. Prediction of the effectiveness of noise control treatments in urban rail elevated structures[J]. Journal of the Acoustical Society of America, 1985, 78(6): 2017-2033.

[33] Thompson D J. An analytical model for the vibration isolation for a rail mounted on a bridge[R]. Southampton: Institute of Sound and Vibration Research(ISVR), 1992.

[34] Carlone L, Thompson D J. Vibrations of a rail coupled to a foundation beam through a series of discrete elastic supports[R]. Southampton: Institute of Sound and Vibration Research(ISVR), 2001.

[35] Janssens M H A, Thompson D J. A calculation model for the noise from steel railway bridges[J]. Journal

of Sound and Vibration, 1996, 193(1): 295-305.

[36] Thompson D J, Jones C J C. Thames link 2000 metropolitan junction to London bridge noise and vibration studies[R]. Southampton: Institute of Sound and Vibration Research(ISVR), 1997.

[37] Thompson D J, Jones C J C. Norbert-Software for predicting the noise of railway bridges and elevated structures[R]. Southampton: Institute of Sound and Vibration Research(ISVR), 2002.

[38] Bewes O G, Thompson D J, Jones C J C, et al. Calculation of noise from railway bridges and viaducts: Experimental validation of a rapid calculation model[J]. Journal of Sound and Vibration, 2006, 293(3-5): 933-943.

[39] Thompson D J, Jones C J C, Bewes O G. Norbert—Software for predicting the noise of railway bridges and elevated structures—Version 2.0[R]. Southampton: Institute of Sound and Vibration Research (ISVR), 2005.

[40] 王重实, 王凤勤, 高淑英. 高速铁路桥梁噪声预测方法的探讨[J]. 西南交通大学学报, 2001, 36(2): 166-168.

[41] 段金明, 周敬宣, 李艳萍. 统计能量分析在轻轨交通噪声预测中的应用[J]. 华中科技大学学报(城市科学版), 2002, 19(3): 57-60.

[42] 张旭, 宋雷鸣. 列车通过高架桥结构时的运行噪声统计能量分析(SEA)研究[J]. 噪声与振动控制, 2008(2): 77-79.

[43] 宋雷鸣, 孙守光. 铁路高架结构线路噪声预测[J]. 北京交通大学学报, 2009, 33(4): 42-45.

[44] 徐良. 高速铁路简支箱梁结构噪声的SEA方法[D]. 成都: 西南交通大学, 2011.

[45] Steel J A, Craik R J M. Statistical energy analysis of structure-borne sound transmission by finite element methods[J]. Journal of Sound and Vibration, 1994, 178(4): 553-561.

[46] Brebbia C A. The Boundary Element Method for Engineers[M]. London: Pentech Press, 1978.

[47] 赵志高. 结构声辐射的机理与数值方法研究[D]. 武汉: 华中科技大学, 2005.

[48] Ciskowski R D, Brebbia C A. Boundary Element Methods in Acoustics[M]. Berlin: Springer, 1991.

[49] Kirkup S. The Boundary Element Method in Acoustics[M]. Yorkshire: Integrated Sound Software, 2007.

[50] Liu Y J. Fast Multipole Boundary Element Method: Theory and Applications in Engineering[M]. Cambridge: Cambridge University Press, 2009.

[51] 朱彦, 陈光冶, 林常明. 城市高架轨道桥辐射噪声的计算与分析[J]. 噪声与振动控制, 2005(3): 37-41.

[52] 胡新伟, 黄醒春. 高架轨道梁振动与结构噪声的数值模拟[J]. 低温建筑技术, 2007(2): 54-56.

[53] 林龙. 地铁齿轮箱与高架桥梁振动声辐射特性仿真分析[D]. 上海: 上海交通大学, 2007.

[54] 吴国强. 基于边界元法的高速铁路混凝土箱梁振动声辐射研究[D]. 成都: 西南交通大学, 2011.

[55] 张鹤, 谢旭, 山下幹夫. 桥梁交通振动辐射的低频噪声声场分布研究[J]. 振动工程学报, 2010, 23(5): 514-522.

[56] 崔喆. 复杂箱形结构辐射声场的理论预估及噪声控制方法研究[D]. 西安: 西安交通大学, 2003.

[57] Ouelaa N, Rezaiguia A, Laulagnet B. Vibro-acoustic modelling of a railway bridge crossed by a train[J]. Applied Acoustics, 2006, 67(5): 461-475.

[58] 谢旭, 张鹤, 张治成. 桥梁振动辐射低频噪声的数值评估[C]. 第16届全国结构工程学术会议, 2007: 503-508.

[59] 丁勇, 布占宇, 谢旭. 考虑桥面板振动的桥梁结构低频噪声分析[J]. 土木建筑与环境工程, 2011(2): 58-64.

[60] 孙亮明. 箱形梁结构噪声的理论研究[D]. 武汉：武汉理工大学，2008.
[61] 谢伟平，孙亮明. 箱形梁声辐射问题的半解析方法[J]. 武汉理工大学学报，2008，30(12)：165-169.
[62] 周新祥. 噪声控制技术及其新进展[M]. 北京：冶金工业出版社，2007.
[63] 陈克安. 有源噪声控制[M]. 北京：国防工业出版社，2003. [DB/OL]
[64] 芝加哥高架轻轨全封闭式隔音屏障[EB/OL]. http://www.sooooob.cn/case/196.htm. 2014.11.26
[65] 武汉轻轨全封闭式隔音屏[EB/OL]. http://www.sooooob.cn/gallery/2208.htm. 2014.11.26
[66] 韩义涛. 城市轨道交通减振降噪分析及工程措施[J]. 铁道工程学报，2010(2)：85-88.
[67] 董国宪. 高架轨道交通浮置板轨道减振降噪性能研究[D]. 上海：同济大学，2007.
[68] 纵向轨枕轨道系统. http://www.beijingik.com/a/jishuzhanshi/2011/0105/32.html. [DB/OL]2014.11.26
[69] Ban Y, Miyamoto T. Noise control of high-speed railways[J]. Journal of Sound and Vibration, 1975, 43(2): 273-280.
[70] Nelson J T. Steel elevated structure noise reduction with resilient rail fasteners at the NYCTA[C]. INTER-NOISE 90, Gothenburg, 1990: 395-400.
[71] Wang A, Cox S J, Gosling D, et al. Railway bridge noise control with resilient baseplates[J]. Journal of Sound and Vibration, 2000, 231(3): 907-911.
[72] Harrison M F, Thompson D J, Jones C J C. The calculation of noise from railway viaducts and bridges[J]. Proceedings of the Institution of Mechanical Engineers, Part F: Journal of Rail and Rapid Transit, 2000, 214(3): 125-134.
[73] Crockett A R, Pyke J R. Viaduct design for minimization of direct and structure-radiated train noise[J]. Journal of Sound and Vibration, 2000, 231(3): 883-897.
[74] 沈坚，张俊峰，耿传智. 香港西线铁路噪声控制技术[J]. 城市轨道交通研究，2005(3)：65-67.
[75] 高飞，夏禾，安宁. 北京地铁5号线高架结构的辐射噪声分析与实验研究[J]. 中国铁道科学，2010，31(5)：134-139.
[76] 齐琳，战家旺，夏禾. 城市轨道交通高架桥梯形轨枕轨道降噪性能试验分析[J]. 中国铁道科学，2011，32(1)：36-40.
[77] Poisson F, Margiocchi F. The use of dynamic dampers on the rail to reduce the noise of steel railway bridges[J]. Journal of Sound and Vibration, 2006, 293(3-5): 944-952.
[78] 余钱华，胡世德，范立础. 桥梁结构MTMD被动控制的理论研究和实桥分析[J]. 世界地震工程，2001，17(3)：105-108.
[79] Igusa T, Xu K. Vibration reduction characteristics of distributed tuned mass dampers[C]. Proceeding of the 4th International Conference on Recent Advances in Structural Dynamics, Southampton, 1991: 596-605.
[80] Kwon H, Kim M, Lee I. Vibration control of bridges under moving loads[J]. Computer & Structure, 1998, 66(4): 473-480.
[81] Wang J F, Lin C C, Chen B L. Vibration suppression for high-speed railway bridges using tuned mass dampers[J]. International Journal of Solids and Structures, 2003, 40(2): 465-491.
[82] Lin C C, Wang J F, Chen B L. Train-induced vibration control of high-speed railway bridges equipped with multiple tuned mass dampers[J]. Journal of Bridge Engineering, 2005, 10(4): 398-414.
[83] Yau J D, Yang Y B. Vibration reduction for cable-stayed bridges traveled by high-speed trains[J]. Finite Elements in Analysis and Design, 2004, 40(3): 341-359.
[84] 韩西，李磊，钟厉. MTMD参数设计控制拱桥竖向振动方法研究[J]. 振动与冲击，2008，27

[85] 万信华. 大跨斜拉桥在移动荷载作用下的振动控制[J]. 华中科技大学学报(城市科学版), 2010, 27(1): 40-45.

[86] 刘棣华. 粘弹阻尼减振降噪应用技术[M]. 北京: 中国宇航出版社, 1990.

[87] Hanel J J, Seeger T. Schalldämpfung großversuch an zwei stählemen eisenbahn-hohlkastenbrücken[J]. Der Stahlabau, 1978, 47(12): 353-361.

[88] Odebrant T. Noise from steel railway bridges: A systematic investigation on methods for sound reduction [J]. Journal of Sound and Vibration, 1996, 193(1): 227-233.

[89] Wilson G P, Kirschner F. Reduction of noise from composite steel-concrete aerial structures by damping steel plates[J]. The Journal of the Acoustical Society of America, 2008, 123(5): 3383.

[90] Janssens M H A, Thompson D J, Verheij J W. Application of a calculation model for low noise design of steel railway bridges[C]. INTER-NOISE 97, Budapest, 1997: 1621-1624.

[91] Cooper J H, Harrison H F. Development of an alternative design for the west rail viaducts[C]. Proceedings of the Institution of Civil Engineers, London, 2002: 87-95.

[92] 张博. 都市高架轨道箱梁的声学优化[D]. 上海: 上海交通大学, 2006.

[93] 陈乐. 圆柱壳体的振动与声辐射[D]. 武汉: 武汉理工大学, 2007.

[94] 谢伟平, 陈西德. 钢筋混凝土圆柱壳声辐射特性的有限元研究[J]. 声学技术, 2008, 27(5): 769-774.

[95] 谢伟平, 陈西德, 潘支明. 空气中钢筋混凝土圆柱壳声辐射特性研究[J]. 噪声与振动控制, 2008(3): 109-112.

[96] 潘支明. 开孔钢筋混凝土圆柱壳声辐射特性研究[D]. 武汉: 武汉理工大学, 2007.

[97] 陈无平, 谢伟平, 王勇. 混凝土圆柱壳声辐射数值模拟[J]. 华中科技大学学报(城市科学版), 2008, 25(1): 39-41.

第 2 章 噪声的评价与标准

2.1 一般声学评价量

在声学理论中有声压、声压级、倍频程、1/3 倍频程、声强、声功率、计权声压级等声学物理量[1]。

2.1.1 声压和声压级

声压是目前普遍采用的描述声波性质的物理量,存在声压的空间称为声场,声场中某一时刻的声压值称为瞬时声压。在一定时间间隔中最大的瞬时声压称为峰值声压,在一定时间间隔内,瞬时声压对时间取均方根后称为有效声压,即

$$p_e = \sqrt{\frac{1}{T}\int_0^T p^2 \mathrm{d}t} \tag{2.1}$$

由于人耳对声音强弱刺激的反应不是按线性规律变化的,而是呈对数比例关系变化,因此在声学中普遍采用对数标度来度量声压,称为声压级(sound pressure level,SPL),单位为分贝(dB):

$$\mathrm{SPL} = 20\lg(p_e/p_{\mathrm{ref}}) \tag{2.2}$$

式中,p_e 为待测声压的有效值;p_{ref} 为参考声压。

在空气中,$p_{\mathrm{ref}}=2\times 10^{-5}\mathrm{Pa}$,这个数值是正常人对 1kHz 纯音(人耳最为敏感的声音)刚刚觉察其存在的声压值,也就是 1kHz 纯音的听阈声压。为了便于对比,表 2.1 给出了典型的临界声压。

表 2.1 典型的临界声压

声压/Pa	声压级/dB	感受
2×10^{-5}	0	1kHz 时的听阈
1	94	校准声压级
20	120	痛阈

2.1.2 倍频程和1/3倍频程

一般把声频范围分为几个频带，每个频带称为一个频程，频带的划分采用恒定带宽比(constant percentage bandwidth, CPB)，即保持频带的上、下限之比为一常数。若使每一频带的上限频率比下限频率高1倍，即频率之比为2，则这样划分的每一个频程称1倍频程，简称倍频程。如果在一个倍频程的上、下限频率之间再插入两个频率，使4个频率之间的比值由小到大，依次排列，这样将一个倍频程划分为3个频程，称这种频程为1/3倍频程。1/3倍频程谱能够很好地体现噪声带宽的能量分布情况，应用广泛，详见表2.2。

表2.2 1/3倍频程中心频率及其频率范围 （单位：Hz）

中心频率	频率范围	中心频率	频率范围	中心频率	频率范围	中心频率	频率范围
1	0.89~1.12	10	8.9~11.2	100	89.1~112	1000	891~1122
1.25	1.12~1.41	12.5	11.2~14.1	125	112~141	1250	1122~1413
1.6	1.41~1.78	16	14.1~17.8	160	141~178	1600	1413~1778
2	1.78~2.24	20	17.8~22.4	200	178~224	2000	1778~2239
2.5	2.24~2.82	25	22.4~28.2	250	224~282	2500	2239~2818
3.15	2.82~3.55	31.5	28.2~35.5	315	282~355	3150	2818~3548
4	3.55~4.47	40	35.5~44.7	400	355~447	4000	3548~4467
5	4.47~5.62	50	44.7~56.2	500	447~562	5000	4467~5623
6.3	5.62~7.08	63	56.2~70.8	630	562~708	6300	5623~7079
8	7.08~8.91	80	70.8~89.1	800	708~891	8000	7079~8913

2.1.3 计权网络

计权网络是根据人耳对声音的频率响应特性而设计的滤波器。常见的计权网络有线性、A、B、C和D共5种，分别记为dB(或dB(L))、dB(A)、dB(B)、dB(C)、dB(D)，5种计权网络的计权曲线如图2.1所示。由于A计权声压级基本符合人耳听觉特性且可直接测量，因此应用最广。但是，从图2.1可以看出，A计权对噪声的低频成分衰减极大，而我国环境噪声限值中正是采用A计

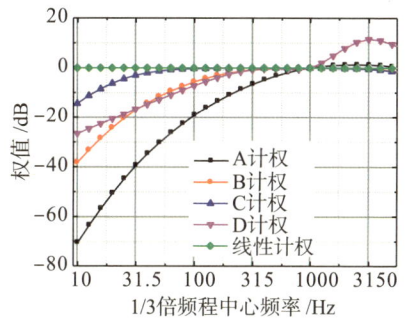

图2.1 计权网络权值曲线

权,这样仪器测量的分贝数往往符合现行的有关噪声标准,显示没有超标,但却忽视了低频噪声的危害。

桥梁结构噪声以低频为主,采用 A 计权声压级并不能反映人对低频噪声的主观感受,虽然桥梁结构噪声的 A 计权声压级较低,但是其沉闷的"嗡嗡"声仍然使人感到非常烦躁。图 2.2 所示为人体各器官的自振频率,各器官的自振频率均处于低频范围,可见对低频噪声不能仅通过 A 计权声压级来衡量其对人体的危害。

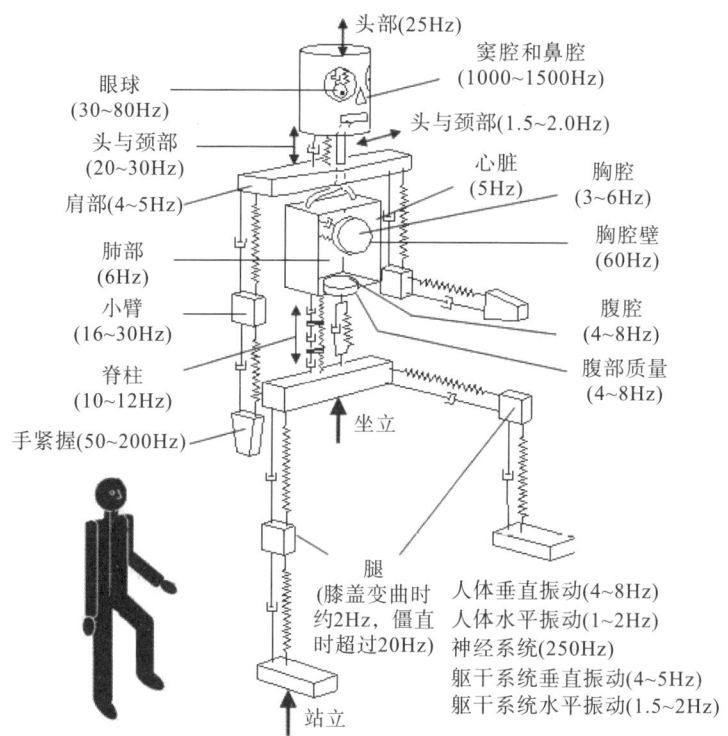

图 2.2 人体各器官的自振频率[2-4]

2.1.4 声强和声功率

在声场中的某一点处,垂直于声传播方向单位面积上、单位时间内通过的平均声能量称为平均声能量密度或声强 I_n。声压或声强用于描述空间中某点的声学特性,不能代表声源本身的大小,而某一声源在单位时间内辐射的总声能,即声功率是一定的。因此,声功率表示了声辐射系统(噪声源)向外辐射噪声的能力。声功率和声强的关系为

$$W = \oint_S I_n \mathrm{d}S \qquad (2.3)$$

式中，W 为声功率，W；S 为包围声源的封闭曲面。

声功率通常采用声功率级（sound watts level，SWL）（dB）来表示：

$$\text{SWL} = 10\lg(W/W_{\text{ref}}) \tag{2.4}$$

式中，W_{ref} 为参考基准声功率，$W_{\text{ref}} = 10^{-12}$ W。

声功率表示了声源声辐射能力的大小，与离声源的距离无关。因此，将声功率作为桥梁主梁截面声学优化的评价指标具有一定的优势。

2.2 轨道交通噪声的评价方法与标准

轨道交通噪声评价体系包括3个方面的内容：运输设备（机车、车辆、动车组等）噪声排放标准、边界受声点噪声入射标准和声环境质量标准。其中，运输设备噪声排放标准不在本书的研究范围之内；边界受声点噪声入射标准是指在单一轨道交通噪声影响下，某一特定边界点的噪声限值；声环境质量标准是指不同声环境功能区，在多个噪声源（含轨道交通噪声）共同影响下的噪声限值。

铁路边界受声点噪声入射标准在《铁路边界噪声限值及其测量方法》（修改方案）（GB 12525—1990）[5]中进行了规定，采用的评价量为昼间等效声级（L_d）、夜间等效声级（L_n），等效声级均取相应时段不低于平均车流密度的1h进行测量，特定边界点为距铁路外侧轨道中心线30m、高于地面1.2m处，噪声限值标准见表2.3。但是，我国暂无城市轨道交通（地铁、轻轨、有轨电车等）边界受声点噪声入射标准。

表2.3 铁路边界噪声限值（等效声级 L_{eq}） ［单位：dB(A)］

时段	既有铁路	新建铁路
昼间（6:00~22:00）	70	70
夜间（22:00~6:00）	70	60

声环境质量标准在《环境影响评价技术导则：声环境》（HJ 2.4—2009）[6]中进行了规定，对0、1、2、3、4a和4b类声功能区的环境质量评价量为昼间等效声级（L_d）、夜间等效声级（L_n），噪声限值见表2.4。可见，铁路干线两侧区域（4b类）的噪声限值与表2.3一致，但噪声测量点（传声器位置）包含一般户外、噪声敏感建筑物户外和噪声敏感建筑物室内3种。

综上所述，轨道交通边界受声点噪声入射标准与声环境质量标准存在一定的差异，即使是边界受声点噪声（铁路边界噪声）也是包含轮轨噪声、结构噪声等在内的综合噪声，而且二者采用的评价指标均是等效A计权声压级，无法用于指导桥梁结构辐射的低频噪声控制，这对于桥梁结构噪声的研究是不利的，将导致"投诉无门"的困境。

表 2.4　声环境功能区噪声限值(等效声级 L_{eq})

声功能区		昼间/dB(A)	夜间/dB(A)	备注
0 类		50	40	指康复疗养区等特别需要安静的区域
1 类		55	45	指以居民住宅、医疗卫生、文化教育、科研设计、行政办公为主要功能,需要保持安静的区域
2 类		60	50	指以商业金融、集市贸易为主要功能,或者居住、商业、工业混杂,需要维护住宅安静的区域
3 类		65	55	指以工业生产、仓储物流为主要功能,需要防止工业噪声对周围环境产生严重影响的区域
4 类	4a 类	70	55	高速、一级和二级公路;城市快速路、主干路和次干路;城市轨道交通(地面段);内河航道两侧区域
	4b 类	70	60	铁路干线两侧区域

为了考虑结构传播的低频噪声(如安装在大楼中的风机引起建筑物的振动噪声),我国《社会生活环境噪声排放标准》(GB 22337—2008)[7] 和《工业企业厂界环境噪声排放标准》(GB 12348—2008)[8] 规定:当社会生活噪声、固定设备排放的噪声通过建筑物结构传播至噪声敏感建筑物室内时,噪声限值如图 2.3 所示。其中,0/1/2/3/4 类区的划分与表 2.4 相同。A 类房间是指以睡眠为主要目的,需要保证夜间安静的房间,包括住宅卧室、医院病房、宾馆客房等;B 类房间是指主要在昼间使用,需要保证思考与精神集中、正常讲话不被干扰的房间,包括学校教室、会议室、办公室、住宅中卧室以外的其他房间等。这是我国首次在规范中明确低频噪声的控制标准,包含 31.5Hz、63Hz、125Hz、250Hz 和 500Hz 共 5 个倍频程频带。

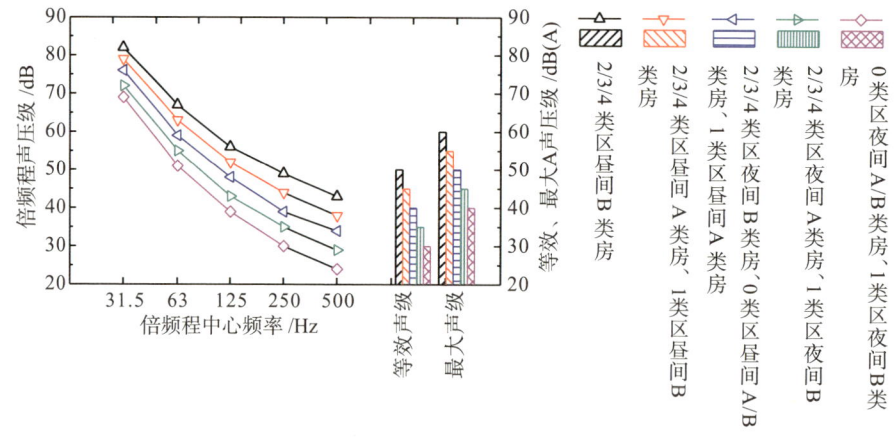

图 2.3　结构传播固定设备室内噪声排放限值

我国《城市轨道交通引起建筑物振动与二次辐射噪声限值及其测量方法标准》(JGJ/T 170—2009)[9] 规定,城市轨道交通列车运行引起沿线建筑物振动与室内二次辐射噪声的控制与测量时，二次辐射噪声的频率范围为 16～200Hz。振动噪声影响区域分类及建筑物室内二次辐射噪声限值见表 2.5。

表 2.5 振动噪声影响区域分类及建筑物室内二次辐射噪声限值

区域分类	适用范围	昼间/dB(A)	夜间/dB(A)
0 类	特殊住宅区	38	35
1 类	居住、文教区	38	35
2 类	居住、商业混合区、商业中心区	41	38
3 类	工业集中区	45	42
4 类	交通干线两侧	45	42

此外，北京市地方标准《城市轨道交通上盖建筑环境噪声与振动控制规范》（征求意见稿）[10]对上盖建筑室内结构噪声限值的规定见表 2.6。该限值适用于建筑物各层需要安静的房间；噪声频率范围为 20～20000Hz。

表 2.6 上盖建筑室内结构噪声限值

建筑物属性	L_{Aeq}/dB(A)		L_{max}/dB(A)
	昼间	夜间	夜间
住宅、文教、科研设计、行政办公等建筑物	40	30	40
商业、写字楼、酒店等建筑物	45	35	45

2.3 低频噪声的评价

2.3.1 国内外低频噪声的评价

虽然各国公认 20～20000Hz 是声音的可听阈，但对于低频噪声的频段范围却存在争议。对于低频噪声的评价，国内外使用的方法及标准也不统一。低频噪声的评价一般与烦扰度结合起来。研究表明[11-14]，在相同的 A 声级下，低频噪声的烦扰度要大于高频噪声的烦扰度；对于相同的等效 A 声级，低频成分占主导的噪声更让人感到烦扰。

国外学者对低频噪声的评价方法主要有声级计计权[15]、低频噪声曲线[16]和低频 A 计权[17,18]。图 2.4 给出了波兰、德国、丹麦、瑞典和国际标准化组织（international organization for standardization，ISO）的室内低频噪声评价曲线。

1. 波兰

频段范围为 10~250Hz，图 2.4 中的曲线称为 L_{A10}，$L_{A10}=10-k_A$，k_A 为实测的 A 计权 1/3 倍频程噪声谱，经 10dB 的修正量后得到 L_{A10}。评价指标有两个：ΔL_1（实测噪声级与 L_{A10} 的差值）和 ΔL_2（实测噪声级与背景噪声的差值）。当同时满足两个条件：①$\Delta L_1>0$；②$\Delta L_2>10$dB(A)（对于有调噪声）或 $\Delta L_2>6$dB(A)（对于宽带噪声）时，就认为该噪声是有害的[19]。

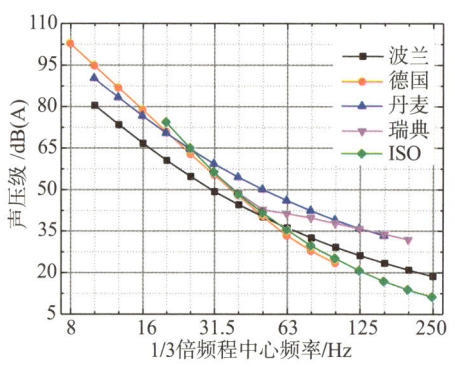

图 2.4　室内低频噪声评价曲线[14]

2. 德国

DIN 45680：1997[20]将 dB(C)−dB(A)>20dB 作为是否出现低频噪声的标准，将任意一个频段（某 1/3 倍频程中心频率）比相邻的两个频段的噪声级高 5dB 及以上作为区分噪声是否有调的标准。低频噪声的频段范围为 8~100Hz。噪声限值曲线如图 2.4 所示，白天在 8~63Hz、80Hz 和 100Hz 频段的容许超限量分别为 5dB、10dB 和 15dB，夜间的容许超限量均降低 5dB。

3. 丹麦

对于 10Hz 以下的次声采用 G 计权，对于 10~160Hz 的频段采用低频 A 计权[21]，对于 160Hz 以上的频段采用正常的 A 计权，并给出了不同区域（住所、办公室等）、不同时段（白天、晚上和深夜）、不同频段（次声、低频和正常）的限值。同时，将测得的 1/3 倍频程低频噪声谱与图 2.4 中的曲线进行对比（图中表示的是住所在晚上和深夜的限值曲线）。

4. 瑞典和 ISO

前者的频段范围为 31.5~200Hz，后者为 20~250Hz，将任意一个频段的噪声级超过图 2.4 所示的曲线作为噪声有害的判断依据。

5. 其他

日本在桥梁振动、噪声方面的研究较早,自20世纪70年代初首次接到投诉后,日本公路管理部门对桥梁结构辐射的低频噪声进行了大量的现场试验研究[22-24],指出平板的振动是产生低频噪声的主要原因[25],并采取了一系列措施来降低桥梁结构噪声,如减少桥梁的伸缩缝、改善路面平顺性、提高桥面板的刚度等。2000年,日本环境厅大气保全局出台了《低频噪声测试与评价指南》[26],并发布了《典型的低频噪声案例集》[25,27]。

日本针对低频噪声的评价包含两个方面的内容:拍击振动("咔嗒咔嗒"声)和身心舒适度。前者主要指可能引起门、窗等建筑附属物振动的噪声,给出的参考限值如图2.5所示。对于拍击振动指标,测点位于建筑物外,距建筑物1~2m、地面以上1.2~1.5m处;对于身心舒适度指标,测点位于建筑物的相关房间内,测试时需关闭所有窗户。评判指标包括1/3倍频程声压级和G计权声压级,将测得的1/3倍频程声压级与图2.5中的限值曲线对比,以此来判断是否出现引起建筑附属物振动或引起身心不适的低频噪声,后者的总体G计权声压级限值为92dB(G)。此外,还须充分考虑可能由地面振动引起的误判。

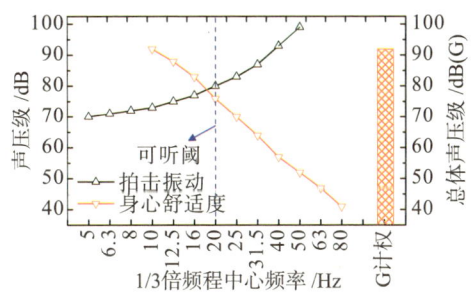

图2.5 日本低频噪声评价参考值

由以上可以看出,虽然目前已有不少低频噪声的评价标准,但大多数均是针对室内的声环境质量进行评价,仅日本同时采用了室内和室外声环境质量的双重评价标准,考虑的因素也相对全面。目前,对于轨道交通桥梁结构辐射的低频噪声,缺乏一个明确的测试方法和评价标准(类似于铁路边界受声点噪声入射标准),这就使得在桥梁降噪设计中缺乏可操作性。

2.3.2 声品质

由于人耳听觉系统非常复杂,迄今为止人类对它的生理结构和听觉特性还不能从生理解剖角度完全解释清楚。因此,随着对声学研究的不断深入,人们开始从心理声学角度来评价低频噪声对人体的危害，并引出了声品质(sound quality，SQ)的概念[28,29]。

声品质描述了声音具有相同或相近的声压级时人体的不同主观感受，其评判标准是人的主观烦扰度(psychoacoustic annoyance，PA)，虽然这种主观感受不能用现有的仪器和设备直接测量，但是可以用某些客观参量来描述。许多心理声学指标，如响度、尖锐度、粗糙度、波动度、音调度等逐渐被运用到声品质评价中，这些参量可以定量地描述噪声激励与人耳听觉之间的相互关系。国内，21世纪初才开始在空调设备、汽车等产品中开展声品质研究，因为这些产品辐射的噪声中也有很大一部分是低频成分，以往的评价指标难以达到产品声学特性与人的主观感受之间的一致性。

桥梁结构噪声的评价涉及的问题比较复杂，声品质的研究也还不够成熟，但采用声品质的研究方法来对桥梁结构辐射的低频噪声进行评价，并进行桥梁声学特性的改良，将会是一个极大的突破。

参 考 文 献

[1] 杜功焕，朱哲民，龚秀芬. 声学基础[M]. 南京：南京大学出版社，2002.

[2] Rasmussen G. Technical Review NO. 1-1982：Human Body Vibration Exposure and Its Measurement[M]. Denmark：Brüel & Kjær，1982.

[3] 赵树卿，郭泉，杨亦春. 环境次声波对人体健康的模拟实验研究[J]. 噪声与振动控制，2009(S2)：22-25.

[4] 闻邦椿，李凌轩，宋桂秋. 基于 ANSYS 分析客运列车固有振动特性对人的影响[J]. 振动与冲击，2011，30(1)：121-123.

[5] 中华人民共和国环境保护部. 铁路边界噪声限值及其测量方法(2008 年修改方案)(GB 12525-1990)[S]. 北京：中国环境科学出版社，2008.

[6] 中华人民共和国环境保护部. 环境影响评价技术导则：声环境(HJ 2.4-2009)[S]. 北京：中国环境科学出版社，2009.

[7] 中华人民共和国环境保护部. 社会生活环境噪声排放标准(GB 22337-2008)[S]. 北京：中国环境科学出版社，2008.

[8] 中华人民共和国环境保护部. 工业企业厂界环境噪声排放标准(GB 12348-2008)[S]. 北京：中国环境科学出版社，2008.

[9] 中华人民共和国住房和城乡建设部. 城市轨道交通引起建筑物振动与二次辐射噪声限值及其测量方法标准(JGJ/T 170-2009)[S]. 北京：中国建筑工业出版社，2009.

[10] 关于征求北京市地方标准《城市轨道交通上盖建筑环境噪声与振动控制规范》(征求意见稿) 意见的通知. http://www.bjepb.gov.cn/bjepb/413526/413560/413590/451157/index.html.

[11] Kjellberg A, Goldstein M, Gamberale F. An assessment of dB(A) for predicting loudness and annoyance of noise containing low frequency components[J]. Journal of Low Frequency Noise and Vibration, 1984(4)：10-16.

[12] Persson K, Björkman M, Rylander R. An experimental evaluation of annoyance due to low frequency

noise[J]. Journal of Low Frequency Noise and Vibration, 1985(4): 145-153.
[13] Persson K, Björkman M. Annoyance due to low frequency noise and the use of the dB(A)scale[J]. Journal of Sound and Vibration, 1988, 127(3): 491-497.
[14] Leventhall G, Pelmear P, Benton S. A review of published research on low frequency noise and its effects[R]. London: Consultant in Noise, Vibration and Acoustics, 2003.
[15] Inukai Y, Taua H, Utsugi A, et al. A new evaluation method for low frequency noise[C]. INTER-NOISE 90, Gothenburg, 1990: 1441.
[16] Broner N, Leventhall H G. Low frequency noise annoyance assessment by low frequency noise rating (LFNR)curves[J]. Journal of Low Frequency Noise and Vibration, 1983, 2(1): 20-28.
[17] Vercammen M L S. Setting limits for low frequency noise[J]. Journal of Low Frequency Noise and Vibration, 1989, 8(4): 105-109.
[18] Vercammen M L S. Low frequency noise limits[J]. Journal of Low Frequency Noise and Vibration, 1992, 11(1): 7-13.
[19] Mirowska M. Evaluation of low frequency noise in dwellings: New polish recommendations[J]. Low Frequency Noise, Vibration and Active Control, 2001, 20(2): 67-74.
[20] Deutsches Institut Fur Normung. Messung and bewertung tieffrequenter gerauschimmissionen in der nachbarschaft(DIN 45680: 1997)[S]. Berlin: Deutsches Institut Fur Normung, 1997.
[21] Piorr D, Wietlake K H. Assessment of low frequency noise in the vicinity of industrial noise sources[J]. Journal of Low Frequency Noise and Vibration, 1990(9): 116-119.
[22] Tokunaga N, Hino Y, Nushimura T. Study on the traffic vibration around elevated road and factor of associated complaints[J]. Bridges and Foundations, 1998, 98(3): 51-56.
[23] Murai I. The low frequency noise problem about the road project[J]. Journal of INCE of Japan, 1999, 23(5): 319-323.
[24] Murai I. Handling of low frequency noise in case of environmental assessment by road project[J]. Journal of INCE of Japan, 2000, 24(4): 242-247.
[25] 環境省環境管理局大気生活環境室. 低周波音防止対策事例集[Z]. 東京: 環境管理局大気生活環境室, 2000.
[26] 環境庁大気保全局. 低周波音の測定方法に関するマニュアル[S]. 東京: 環境庁大気保全局, 2000.
[27] 環境省水、大気環境局大気生活環境室. 低周波音対応事例集[Z]. 東京: 環境省水. 大気環境局大気生活環境室, 2008.
[28] 乔宇锋. 板结构辐射声的声品质基础理论研究[D]. 武汉: 华中科技大学, 2007.
[29] David M H, Jamie A S A. Acoustic and Psychoacoustics[M]. 4th ed. Oxford: Focal Press, 2009.

第 3 章 桥梁结构噪声理论模型

对于具有简单、规则形状的声源，其辐射声场一般可用解析式加以描述，但实际声源的形状往往是复杂多样的，用解析方法分析其所辐射的声场是十分困难甚至是不可能的。因此，复杂结构声辐射问题通常是用数值方法来研究。用于结构振动声辐射的数值方法比较多，但如何根据轨道交通桥梁结构振动、噪声的机理，将各种声辐射分析方法整合起来，推广应用到桥梁结构噪声预测中去，是一个具有重要理论意义的难题。本章将综合应用边界元法和统计能量分析，根据两种分析方法的差异性，提出桥梁结构噪声的预测方法，并通过数值仿真分析实现桥梁结构噪声的预测。

3.1 结构声辐射基本理论

3.1.1 理想流体介质的 3 个基本方程

声振动作为一个宏观的物理现象，必然要满足 3 个基本的物理定律：牛顿第二定律、质量守恒定律及描述压强、温度与体积等参数关系的物态方程。为了使问题简化，对声波传播过程和介质做如下假设[1,2]：

(1)介质为理想流体，即介质不存在黏滞性，声波在这种理想介质中传播时没有能量损耗。

(2)没有声扰动时，介质在宏观上是静止的，即初速度为零。同时，介质是均匀的，静态压强 p_0、静态密度 ρ_0 都是常数。

(3)声波传播时，介质中稠密和稀疏的过程是绝热的。

(4)介质中的声波是小振幅声波，各声学变量都是一级微量。

理想介质中声波的运动方程、连续性方程及物态方程如下：

$$\nabla p = -\rho_0 \frac{\partial \boldsymbol{v}}{\partial t}, \quad \frac{\partial \rho'}{\partial t} = -\rho_0 \nabla \boldsymbol{v}, \quad \frac{\partial p}{\partial t} = c^2 \frac{\partial \rho'}{\partial t} \qquad (3.1)$$

式中，∇^2 为拉普拉斯算子；p 为瞬时声压，$p - p(x, y, z, t)$；ρ_0 为介质的静态密度，标准大气压下，温度为 20℃时，空气的静态密度 $\rho_0 = 1.21 \text{kg/m}^3$；$\boldsymbol{v}$ 为介质质点振动速度，$\boldsymbol{v} = v_x \boldsymbol{i} + v_y \boldsymbol{j} + v_z \boldsymbol{k}$，$v_x$、$v_y$ 和 v_z 为介质质点振动速度沿 x、y 和 z 方向的分量；ρ' 为介质密度变化量；c 为声波在介质中的传播速度，空气中声速 $c = 344 \text{m/s}(20℃)$；t 为时间。

3.1.2 波动方程

消去式(3.1)中的 v、ρ',即可得理想介质中声波的波动方程:

$$\nabla^2 p = \frac{1}{c^2}\frac{\partial^2 p}{\partial t^2} \tag{3.2}$$

式(3.2)是在忽略了二级以上微量后得到的,故称为线性声学波动方程。

3.1.3 亥姆霍兹方程

根据傅里叶变换,任意随时间变化的振动都可以看作多个简谐振动的叠加。对于简谐振动,设声压为

$$p(x,y,z,t) = p(x,y,z)e^{j\omega t} \tag{3.3}$$

将式(3.3)代入波动方程,有

$$\nabla^2 p + k^2 p = 0 \tag{3.4}$$

式中,$k = \omega/c$,k 为波数。

式(3.4)即线性声学的亥姆霍兹方程。

3.1.4 声场边界条件

声场一般有下列一种或几种边界条件:

1. 介质分界面上

$$p_1 = p_2, \quad v_{1n} = v_{2n} \tag{3.5}$$

式中,p_1、p_2 分别为两侧的声压;v_{1n}、v_{2n} 分别为两侧质点的法向振动速度。即在分界面上,声波的声压和法向速度必须连续。

2. 狄利克雷边界条件

对于刚性边界,按下式计算:

$$\frac{\partial p}{\partial \boldsymbol{n}} = \boldsymbol{0} \tag{3.6}$$

式中,$\boldsymbol{n}$ 为 S 的外法向单位矢量。

3. 诺依曼边界条件

振动结构外场声辐射问题为诺依曼边界条件(弹性边界),即流固交界面条

件，按下式计算：

$$\frac{\partial p}{\partial \boldsymbol{n}} = -\mathrm{j}\rho_0 \bar{\omega} \boldsymbol{v}_\mathrm{n} \tag{3.7}$$

式中，v_n 为流体（声场）与结构交界面处结构的法向振速；j 为虚数单位，j $= \sqrt{-1}$。

4. 罗宾边界条件

对于具有声吸收材料的表面，按下式计算：

$$\frac{\partial p}{\partial \boldsymbol{n}} = -\mathrm{j}\rho_0 \boldsymbol{v}_\mathrm{n} \frac{p}{Z_\mathrm{S}} \tag{3.8}$$

式中，Z_S 为吸声材料的声学阻抗。

此外，对于外场声辐射问题，声压 p 还必须满足无穷远处索末菲辐射条件：

$$\lim_{r \to \infty}\left[r\left(\frac{\partial p}{\partial r} - \mathrm{j}kp\right)\right] = 0 \tag{3.9}$$

式中，$r = |\boldsymbol{Q} - \boldsymbol{P}|$，$Q$ 为结构表面 S 上任意点，P 为空间中任意点。

3.2 基于亥姆霍兹方程的边界元法

3.2.1 直接边界元法

采用边界元法求解结构的声辐射问题时，按求解方法可以分为直接边界元法和间接边界元法[3,4]。直接边界元的网格要求是封闭的（可以计算封闭网格内部或外部的声场，但不能同时计算），间接边界元的网格可以封闭，也可以不封闭。典型的桥梁结构，如混凝土箱梁、U 梁，采用边界元法求解其声辐射问题时，其边界网格不是封闭的（两端开口），这时就要采用间接边界元法。

对于具有封闭表面 S 的振动结构，外部流体域记为 V，其外场声辐射问题为诺依曼边界条件(3.7)，且满足索末菲辐射条件(3.9)，使用加权残值法并采用其基本解自由空间格林公式：

$$G(Q,P) = \frac{\mathrm{e}^{-\mathrm{j}kr}}{4\pi r} \tag{3.10}$$

式中，$r = |\boldsymbol{Q} - \boldsymbol{P}|$，$Q$ 为结构表面 S 上任意点，P 为空间中任意点。

则可得亥姆霍兹积分方程：

$$C(P)p(P) = \int_S \left[p \frac{\partial G(Q,P)}{\partial \boldsymbol{n}} - G(Q,P) \frac{\partial p}{\partial \boldsymbol{n}}\right] \mathrm{d}\boldsymbol{S} \tag{3.11}$$

$$C(P) = \begin{cases} 1, & P \in V \\ 1 - \int_S \dfrac{\cos\beta}{4\pi r^2} dS, & P \in S \\ 0, & P \notin (V \cup S) \end{cases} \quad (3.12)$$

$$\frac{\partial p(Q)}{\partial \boldsymbol{n}} = -\mathrm{j}\tilde{\omega}\rho_0 \boldsymbol{v}_\mathrm{n}(Q) \quad (3.13)$$

$$\frac{\partial G(Q,P)}{\partial \boldsymbol{n}} = -\frac{\mathrm{e}^{-\mathrm{j}kr}}{4\pi r}\left(\mathrm{j}k + \frac{1}{r}\right)\cos\beta \quad (3.14)$$

式中，β 为结构表面 Q 点的法向矢量与矢径 r 的夹角；$\boldsymbol{v}_\mathrm{n}(Q)$ 为 Q 点的法向振速。

振动体表面 S 经过划分后，在边界上形成 M 个单元，N 个节点，每个单元的节点数为 L，设单元上任意点 (x,y,z) 的局部坐标为 (ξ,η)，则

$$p(x,y,z) = \sum_{l=1}^{L} N_l(\xi,\eta) p_l, \quad v_\mathrm{n}(x,y,z) = \sum_{l=1}^{L} N_l(\xi,\eta) v_{\mathrm{n}l} \quad (3.15)$$

式中，$N_l(\xi,\eta)$ 为插值形函数。

依次将边界上每个节点作为源点，对亥姆霍兹积分方程 ($P \in S$) 进行离散，可得

$$\boldsymbol{A}\boldsymbol{p} = \boldsymbol{B}\boldsymbol{v}_\mathrm{n} \quad (3.16)$$

式中，$\boldsymbol{A}$、$\boldsymbol{B}$ 均为 $N\times N$ 阶矩阵，为对称复数满秩矩阵，与结构表面形状、尺寸及插值形函数有关，是激励频率的函数；$\boldsymbol{p}$ 和 $\boldsymbol{v}_\mathrm{n}$ 为 N 维复列向量。

$$\boldsymbol{p} = \boldsymbol{Z}\boldsymbol{v}_\mathrm{n} \quad (3.17)$$

式中，$\boldsymbol{Z} = \boldsymbol{A}^{-1}\boldsymbol{B}$，为振动结构的声阻抗矩阵，其任意一个元素 z_{ij} 表示的是节点 j 的单位速度对节点 i 处声压的贡献量。

在已知 $\boldsymbol{p}$、$\boldsymbol{v}_\mathrm{n}$ 的情况下，即可用亥姆霍兹积分方程 ($P \in V$) 求得声场中任意一点的辐射声压：

$$p(P) = \boldsymbol{a}^\mathrm{T}\boldsymbol{p} + \boldsymbol{b}^\mathrm{T}\boldsymbol{v}_\mathrm{n} \quad (3.18)$$

式中，$\boldsymbol{a}$、$\boldsymbol{b}$ 为插值函数列向量，与结构表面形状和任意点 P 的位置有关，由式(3.11)确定。

3.2.2 间接边界元法

由于间接边界元计算的网格是在边界元网格的两侧，因此需要确定边界两侧的速度差和声压差。间接边界元法可以从直接边界元法推导出来，将亥姆霍兹积分方程应用于边界表面的两侧，然后将两方程相减，可以得到任意观测点的声压：

$$p(P) = \int_S \left(G(Q,P)s(Q) - \mu(Q)\frac{\partial G(Q,P)}{\partial \boldsymbol{n}}\right) \mathrm{d}S \quad (3.19)$$

式中，$s(Q)$、$\mu(Q)$ 分别为 Q 点表面两侧的速度差和声压差，分别表示为

$$\begin{cases} s(Q) = -\mathrm{j}\rho_0\bar{\omega}(v_n(Q_1) - v_n(Q_2)) \\ \mu(Q) = p(Q_1) - p(Q_2) \end{cases} \quad (3.20)$$

式中，$p(Q_1)$、$p(Q_2)$ 分别为结构表面 Q 点两侧的压力；$v_n(Q_1)$、$v_n(Q_2)$ 分别为结构表面 Q 点两侧的法向振动速度。

将结构表面用边界单元离散，则表面边界上各节点两侧的速度差和声压差由下式确定：

$$\begin{Bmatrix} s(Q) \\ \mu(Q) \end{Bmatrix} = \boldsymbol{A}^{-1}\boldsymbol{f} \quad (3.21)$$

式中，$\boldsymbol{A}$ 为对称复数满秩矩阵，与结构表面形状、尺寸及插值形函数有关，是激励频率的函数；$\boldsymbol{f}$ 为外激励向量，取决于结构表面的振动速度。

对于结构表面外部任意观测点 P，由式(3.19)得

$$p(P) = \boldsymbol{B}\begin{Bmatrix} s(Q) \\ \mu(Q) \end{Bmatrix} = \boldsymbol{B}\boldsymbol{A}^{-1}\boldsymbol{f} \quad (3.22)$$

式中，$p(P)$ 为任意观测点的声压；$\boldsymbol{B}$ 为插值矩阵，由式(3.19)确定。

3.3 基于强耦合假设的统计能量分析

3.3.1 能量平衡方程

对于具有 N 个子系统的线性耦合振动系统，其能量平衡方程如下：

$$\bar{\omega}\boldsymbol{L}\boldsymbol{E} = \boldsymbol{W} \quad (3.23)$$

其中，

$$\boldsymbol{L} = \begin{bmatrix} (\eta_1 + \sum_{i\neq 1}^{N}\eta_{1i})n_1 & -\eta_{12}n_1 & -\eta_{13}n_1 & \cdots & -\eta_{1N}n_1 \\ -\eta_{21}n_2 & (\eta_2 + \sum_{i\neq 2}^{N}\eta_{2i})n_2 & -\eta_{23}n_2 & \cdots & -\eta_{2N}n_2 \\ \vdots & \vdots & \vdots & & \vdots \\ -\eta_{N1}n_N & -\eta_{N2}n_N & -\eta_{N3}n_N & \cdots & (\eta_N + \sum_{i\neq N}^{N}\eta_{Ni})n_N \end{bmatrix}$$

$$(3.24)$$

$$\boldsymbol{E} = \left(\frac{\overline{E}_1}{n_1}, \frac{\overline{E}_2}{n_2}, \cdots, \frac{\overline{E}_N}{n_N}\right)^{\mathrm{T}}, \quad \boldsymbol{W} = (\overline{W}_1, \overline{W}_2, \cdots, \overline{W}_N)^{\mathrm{T}} \quad (3.25)$$

式中，$\boldsymbol{W}$ 为能量输入向量；$\boldsymbol{L}$ 为子系统包含内损耗因子和耦合损耗因子的矩阵；$\boldsymbol{E}$ 为子系统能量向量。

假设在中心频率 $\bar{\omega}$ 的 $\Delta\bar{\omega}$ 带宽内，子系统 i 具有 N_i 个振动模式，模态平均损耗因子 η_i、模态平均耦合损耗因子 η_{ij} 及模态密度 n_i 按下式计算：

$$\eta_i = \frac{\sum_{\alpha=1}^{N_i}\eta_{i\alpha}}{N_i}, \quad \eta_{ij} = \frac{\sum_{\alpha=1,\beta=1}^{N_i,N_j}\eta_{i\alpha j\beta}}{N_j}, \quad n_i(\bar{\omega}) = \frac{N_i}{\Delta\bar{\omega}} \quad (3.26)$$

式中，$\eta_{i\alpha}$ 是第 i 个子系统中第 α 个振动模式的损耗因子；$\eta_{i\alpha j\beta}$ 是第 i 个子系统中第 α 个振动模式对第 j 个子系统中第 β 个振动模式的耦合损耗因子。

3.3.2 子系统的3个参数

1. 模态密度

对于简单子结构(梁、板等)的模态密度计算方法及理论公式，相关文献中均有详细介绍[5]，此处不再赘述。

2. 内损耗因子

式(3.23)给出了子系统间功率流平衡方程的普遍形式，能量损耗矩阵 $\boldsymbol{L}$ 包含了子系统的内损耗因子和子系统间的耦合损耗因子。内损耗因子(也称阻尼损耗因子)是指由系统阻尼特性所决定的那部分能量损耗，形成阻尼的机理很多，如界面摩擦、流体黏性、紊流、声辐射、涡流、磁滞后、机械滞后等，然而对于某一具体的子系统只有1~2种，至多3种阻尼机理是主要的。组合结构中，一个子系统 i 的内损耗因子 η_i 是由3种彼此独立的阻尼机理构成的，即

$$\eta_i = \eta_{is} + \eta_{ir} + \eta_{ib} \quad (3.27)$$

式中，η_{is} 为子系统本身材料内摩擦构成的结构损耗因子；η_{ir} 是子系统振动声辐射阻尼形成的损耗因子；η_{ib} 是子系统边界连接阻尼构成的损耗因子。

虽然一个系统的响应估计在一定程度上取决于阻尼损耗因子的大小，但当阻尼损耗因子 $\eta \leqslant 0.1$ 时，不同阻尼机理引起的系统响应的差别非常小。经验表明，损耗因子10%的误差将导致响应估计1dB的误差；损耗因子100%的误差将导致响应估计3dB的误差[5]。

本书在对材料损耗因子的取值方面，参照一般的取值方法，对于混凝土箱梁、轨道板和底座板等，其内损耗因子取为0.04(临界阻尼比一般为2%)。对于钢轨的损耗因子，图3.1给出了美国科罗拉多Pueblo轨道测试中心(TTC)、德国Naake和Pullman标准试验轨道测试数据的对比结果。可以看出，TTC实测钢轨振动损失因子大于Naake和Pullman测试结果。由于TTC测试数据对应的频带更宽，且应用较多，因此本书的计算将采用这个测试结果[6]。

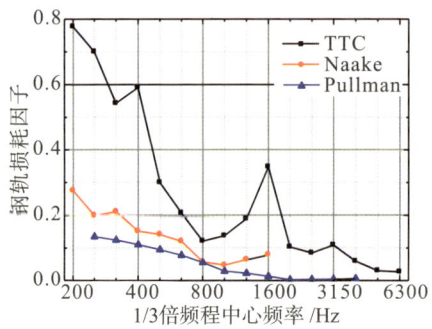

图 3.1　钢轨损耗因子

3. 耦合损耗因子

工程结构均是由各种各样的结构元件组合在一起的，结构之间的连接形式、连接工艺等多种多样，使得理论上确定结构与结构间耦合损耗因子的难度很大。目前，统计能量分析中耦合损耗的理论大多是建立在弱耦合假设的基础之上，计算难度很大，耦合损耗因子的求解过程也极其复杂。为此，3.3.3 节将强耦合理论引入桥梁结构声辐射中，以降低求解难度。

3.3.3　桥梁子系统的振动响应

对于某一桥梁子系统，其功率流平衡方程可写为

$$W_{\text{in}} = W_{\text{diss}} + W_{\text{rad}} \approx W_{\text{diss}} \tag{3.28}$$

式中，W_{diss} 为子系统内损耗功率；W_{rad} 为子系统辐射声功率。

式(3.28)表示，子系统的输入功率等于内损耗功率与辐射声功率之和，右边的"≈"是由于结构的辐射声功率是很小的一部分。内损耗功率可写为

$$W_{\text{diss}} = \bar{\omega}\eta E = \bar{\omega}\eta M \langle \overline{v^2} \rangle \tag{3.29}$$

假设两子系统是强耦合的，那么它们的平均模态能量将相等。在某频率带宽内，两子系统的模态个数可能会不相等，两子系统的振动能量成比例：

$$E_2 = \frac{n_1}{n_2} E_1 \tag{3.30}$$

式中，$n_i (i=1,2)$ 是子系统 i 的模态密度。

板的模态密度为

$$n(f) = \frac{\sqrt{3}S}{hc'_L} \tag{3.31}$$

式中，$c'_L = \sqrt{E/\rho(1-v^2)}$ 为板的纵向波速；S 为板的面积；h 为板的厚度。

当两块板具有相同的材料时，有

$$E_2 = \frac{S_2 h_1}{S_1 h_2} E_1 \tag{3.32}$$

因此，两块板的均方速度成比例，即

$$\frac{\langle \overline{v_2^2} \rangle}{\langle \overline{v_1^2} \rangle} = \frac{S_1 h_1 E_1}{S_2 h_2 E_2} = \frac{h_1^2}{h_2^2} \tag{3.33}$$

式(3.33)表明，薄板比厚板具有更高的振动级。将这种模型扩展为任意数目板的集合，板 i 的均方速度谱 $\langle \overline{v_i^2} \rangle$ 用输入系统中的总功率 W_{in} 表示为

$$\langle \overline{v_i^2} \rangle = \frac{W_{in}}{\tilde{\omega} \eta \rho h_i^2 \sum_j \frac{S_j}{h_j}} \tag{3.34}$$

3.3.4 桥梁声辐射

对于均方速度为 $\langle \overline{v_i^2} \rangle$ 的板子系统 i，其辐射声功率为

$$W_i = \rho_0 c \sigma_i S_i \langle \overline{v_i^2} \rangle \tag{3.35}$$

式中，ρ_0、c 分别为空气密度和空气中的声速；σ_i、S_i 分别为板 i 的辐射效率和表面积。

桥梁各子系统实际上可以看作 $a \times b$ 的矩形声板（$a < b$），d 为观测点 P 到矩形平板中心的距离，观测点 P 的声压计算可分为以下 3 种情形：

（1）若 $d \leqslant a/\pi$，即观测点在面声源附近，则声源发射的是平面波，声压级随距离的衰减量为 0。

（2）若 $a/\pi < d < b/\pi$，矩形声板可以简化为有限长线声源，观测点 P 的均方声压可表示为

$$\langle \overline{p_i^2} \rangle = \frac{\rho_0 c W_i}{4 d_0} \tag{3.36}$$

式中，d_0 为观测点 P 到线声源的垂直距离。

（3）若 $d \geqslant b/\pi$，矩形声板可以简化为点声源，观测点 P 的均方声压可表示为

$$\langle \overline{p_i^2} \rangle = \frac{\rho_0 c W_i}{4 \pi d^2} \tag{3.37}$$

按上述简化方法，根据桥梁各子系统与观测点 P 的距离关系，可将其视为一系列点声源。对于线性系统，可利用叠加原理计算多个子系统对声学空间的声辐射。观测点 P 的总声压可表示为

$$\langle \overline{p^2} \rangle = \sum \frac{\rho_0 c W_i}{4 \pi d_i^2} \tag{3.38}$$

辐射效率 σ 提供了结构振动和辐射噪声之间的联系纽带，其计算一直是研究

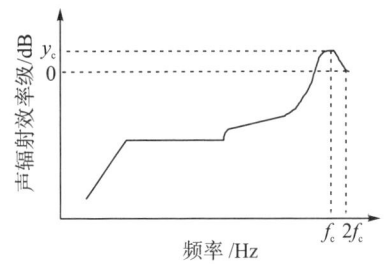

图 3.2 有限平板声辐射效率的设计曲线

的热点和难点。图 3.2 所示为有限平板的辐射效率近似设计曲线[7]。可以看出,声辐射效率在频率 f_c 处达到最大值,f_c 称为吻合频率,是一个重要的参数。y_c 为吻合频率 f_c 对应的声辐射效率级。

结构中传播的弯曲波是噪声的主要来源,弯曲波的传播速度 c_B 与频率有关,可写成如下形式:

$$c_B = \sqrt[4]{\frac{D\bar{\omega}^2}{m}} \tag{3.39}$$

式中,D 为板的弯曲刚度,$D = Eh^3/12(1-v^2)$,E、v 和 h 分别为板的弹性模量、泊松比和厚度;m 为板的面密度,$m = \rho h$,ρ 为板的密度。

当弯曲波速 c_B 与声速 c 相等时,此时的频率即吻合频率:

$$f_c = \frac{c^2}{2\pi}\sqrt{\frac{\rho h}{D}} \approx \frac{0.55c^2}{h}\sqrt{\frac{\rho}{E}} \tag{3.40}$$

从式(3.40)可见,吻合频率仅与弹性模量、密度和板厚有关,而与平板的尺寸无关;对于同种材料的平板,板厚越薄,临界频率越高。

在 Norton[7] 之后,不少学者对有限板的声辐射效率进行了修正。对幅面尺寸为 $a \times b$ 的矩形板,其声辐射效率 σ 的修正式如下[8,9]:

$$\sigma = \begin{cases} \dfrac{4S}{c^2}f^2, & f < f_{1,1} = \dfrac{\pi}{2}\left(\dfrac{1}{a^2} + \dfrac{1}{b^2}\right)\sqrt{\dfrac{D}{\rho h}} \\ \dfrac{4\pi^2}{c^2 S}\dfrac{D}{\rho h}, & f_{1,1} < f < f_e = \dfrac{3c}{2(a+b)} \\ \dfrac{(a+b)c}{2\pi^2 S f_c}\dfrac{(1-\alpha^2)\ln\left(\dfrac{1+\alpha}{1-\alpha}\right) + 2\alpha}{(1-\alpha^2)^{3/2}}, & f_e < f < f_c = \dfrac{c^2}{2\pi}\sqrt{\dfrac{\rho h}{D}}, \quad \alpha = \sqrt{\dfrac{f}{f_c}} \\ \dfrac{1}{\sqrt{1-\dfrac{f_c}{f}}}, & f > f_c \end{cases}$$

$$\tag{3.41}$$

在吻合频率 f_c 附近,式(3.41)的第 3、4 式将趋于无穷大,这是不符合实际的。因此,在吻合频率 f_c 附近,辐射系数的经验取值为 $\sigma \leqslant 0.45\sqrt{2(a+b)f_c/c}$。本书在统计能量分析中将采用式(3.41)进行桥梁结构辐射效率的求解。

3.3.5 声反射和声衍射

声波在传播过程中遇到地面、声屏障等障碍物时，会产生声波的反射、衍射现象。以地面对声波的反射作用为例（声屏障对声波的反射作用与此类似），沿桥梁轴线方向地面的声反射能力千差万别。例如，对于土质松软、植被丰富的地面，其吸声效果较好，对声波的反射不强；对于混凝土地面，则近似为刚性表面，对声波的反射很强。为了简化分析，本书采用几何声学理论的方法来描述声波的反射作用，假定声波像光线一样沿直线传播，在边界上满足反射定律（图3.3），本书考虑地面对声波的反射为全反射。

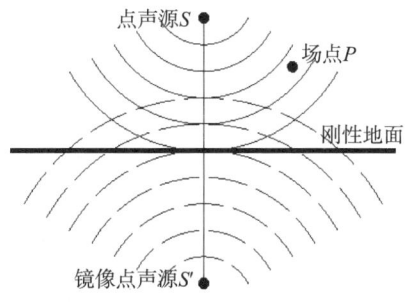

图3.3 地面对声波的反射作用

如图3.3所示，声屏障的衍射损失不仅与噪声的频率有关，还与波程差有关。相关的计算在声屏障设计规范中均有详细介绍[10]，此处不再赘述。

参 考 文 献

[1] 杜功焕，朱哲民，龚秀芬.声学基础[M].南京：南京大学出版社，2002.
[2] 何琳.声学理论与工程应用[M].北京：科学出版社，2006.
[3] Kirkup S. The Boundary Element Method in Acoustics[M]. Yorkshire：Integrated Sound Software，2007.
[4] Gernot B, Lan S, Christian D. The Boundary Element Method with Programming：For Engineers and Scientists[M]. New York：Springer，2008.
[5] 姚德源，王其政.统计能量分析原理及其应用[M].北京：北京理工大学出版社，1995.
[6] 雷晓燕，圣小珍.现代轨道理论研究（第二版）[M].北京：中国铁道出版社，2008.
[7] Norton M P. Fundamentals of Noise and Vibration Analysis for Engineers[M]. New York：Cambridge University Press，1989.
[8] Thompson D J. Railway Noise and Vibration：Mechanisms, Modeling and Means of Control[M]. Yorkshire：Elsevier Science Ltd.，2009.
[9] Stván L V, Beranek L L. Noise and Vibration Control Engineering：Principles and Applications[M]. 2nd ed. New Jersey：John Wiley & Sons Inc.，2005.
[10] 国家环境保护总局.声屏障声学设计和测量规范（HJ/T 90-2004）[S].北京：中国环境出版社，2004.

第4章 桥梁结构噪声仿真技术

4.1 仿真理论基础

4.1.1 基本假设

本书在对桥梁结构噪声分析的过程中，除前述的理想介质假定外，还做了如下假设。

1. 不考虑空气对桥梁结构的反作用力

严格来讲，结构的振动引起空气分子的运动，空气分子同样会对结构产生反作用。但是，空气这种介质相对于桥梁结构来说，密度极小，属于轻质流体，从而可以忽略二者的相互作用，即忽略流固耦合作用[1]。

2. 声源的唯一性

列车通过桥梁时产生的噪声，除桥梁结构振动产生的噪声外，还有其他诸多噪声源（如轮轨噪声、空气动力噪声等），其与桥梁结构噪声一起叠加成为通常意义上（人耳实际听到）的噪声，而这并非本书的研究内容，即本书所指的噪声仅指桥梁结构振动所引起的噪声。

3. 桥梁周围无影响声波传播的构筑物

一般来讲，高架桥梁通过城市区域时，周围必定会有各种构筑物、高低起伏的地形及其他复杂环境因素，这些均会成为声波在空气中传播的障碍，会产生衍射、反射等声学现象，这一过程是极其复杂的。为了便于分析，本书假定桥梁周围无影响声波传播的构筑物（声屏障除外）。

4. 不考虑声屏障的振动声辐射及吸声特性

声屏障是一个明显阻碍声波传播的障碍物，声屏障主要对频率较高的声波起作用，而低频噪声由于波长长，很容易从声屏障上方绕射过去。但是，安装在桥梁上的声屏障会随着桥梁结构的振动而运动,从而产生声辐射,但声屏障的振动大小难以确定;同时,声屏障内侧通常会敷设各种吸声材料,对不同频段的噪声有不同的吸收作用。本书在对装有声屏障的桥梁进行结构噪声分析时,不考虑声屏障对声波的吸收作用,也不计入声屏障本身的振动声辐射,而仅考虑其对桥梁结构噪声的衍射、反射影响。

5. 不考虑声波的干涉效应

一般来说,从桥梁结构上不同部位发射出的两列声波在空气中合成时,可能会产生干涉效应,但这一过程是极其复杂的。对于桥梁结构噪声,可看做各种杂乱无章的声源形成的噪声场,在这种情况下,可将其视为不相干波,合成声能量等于各列声波的声能量的简单叠加。

6. 结构噪声的稳态分析

列车通过桥梁的整个过程中,结构噪声是一个随时间迅速变化的物理量,人耳感受到的实际效果只是迅速变化的瞬时声压。本书在进行桥梁结构噪声分析时,将任意时间函数的波动问题分解为一系列简谐声波的叠加,视列车通过桥梁的整个过程中引起的噪声为稳态声场,即分析结果为时平均的有效声压。

4.1.2 分析频段的划分

以往的研究成果表明,桥梁结构形式多种多样,难以采用单一的方法实现对桥梁结构噪声的分析。对于边界元法,为了达到理想的计算精度,要求在最小波长内有 6 个单元,也就是说,单元的最大边长要小于最短波长的 1/6,假设分析的最高频率 $f_{max}=250Hz$,则单元长度要不大于 $1/6\lambda_{min}(=c/(6f_{max})=0.22m)$。以 32m 单线混凝土简支箱梁为例,边界网格数将会达到 6000 以上,计算效率很低。如果计算频率继续增大或进行多频计算,边界元法将显得力不从心甚至无法完成。

根据统计能量分析模型中每个子系统模态密度 $n(f)$ 的大小或带宽 Δf 内振型数 $N(=n(f)\Delta f)$ 的多少,可把所研究对象的频率范围划分为低频区、高频区和中频区:当 $N \leqslant 1$ 时,定义为低频区;当 $N \geqslant 5$ 时,定义为高频区;当 $1 < N < 5$ 时,定义为中频区。采用统计能量分析计算桥梁结构低频段辐射噪声时,由于模态数过少,不能满足统计平均要求,共振模态之间也可能出现模态能量、阻尼不相同等特性,不符合相似的子系统划分原则,因而在低频段存在精度差的问题,故计算结果仅能保证在中、高频区的有效性[2-4]。

图 4.1 给出了 32m 单线混凝土简支箱梁各子系统的弯曲模态数。在 125Hz 以下,桥梁各子系统的弯曲模态数均小于 5;在 25Hz 以下,桥梁各子系统的弯

曲模态数均小于1。因为该结构为混凝土材料，板的纵向波速较低，且板厚较大，所以子系统的模态数较低。可见，如果采用统计能量分析将难以得到低频范围的结构声辐射结果。但是，对于钢结构桥梁而言，由于受到分析频段的限制，如采用边界元法，计算规模是极大甚至是无法完成的，而统计能量分析却能够很好地解决这个问题，计算效率也较高。

需要指出的是，图4.1所示的弯曲模态数仅具有统计意义，对于弯曲模态数为1的情况（频率较低时），并不具有对应的物理意义。

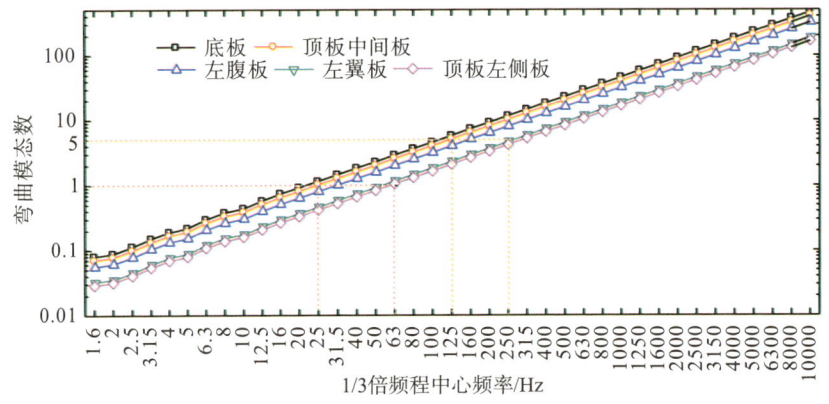

图4.1 32m单线混凝土简支箱梁各子系统的弯曲模态数

鉴于此，可综合运用边界元法和统计能量分析分析桥梁结构噪声。经过现场试验、前期的试算与比较，对于轨道交通常见的混凝土箱梁、U梁等进行结构噪声分析时，结构噪声主要集中在200Hz以内，这时采用边界元法分析即可；对于钢桁梁、钢板梁等，结构噪声主要集中在1000Hz以内，这时可采用边界元法分析。

4.1.3 桥梁结构噪声预测程序

本书利用数值分析软件MATLAB，分别采用边界元法和统计能量分析编制了桥梁结构噪声预测程序（structure-borne noise prediction system，SNPS）。SNPS可以分别采用边界元法和统计能量分析进行结构噪声的预测，为两个相互独立的分析模块。其中，边界元模块利用MIDAS/Civil、Hypermesh、ANSYS等软件进行边界元网格划分，采用有限元分析软件（ANSYS、MSC.Nastran、ABAQUS、列车-轨道-桥梁耦合振动分析软件）的时域或频域振动分析结果作为结构声辐射的边界条件，在频域内进行结构声辐射分析。统计能量模块需要事先确定能量在子系统中的传递过程，根据相似模态振型群原理，将所研究的问题划分为若干个子系统，根据外激励情况，建立能量平衡方程，在频域内进行结构声辐射分析。图4.2~图4.4给出了桥梁结构声辐射全频段预测程序SNPS的流程图。

第 4 章 桥梁结构噪声仿真技术

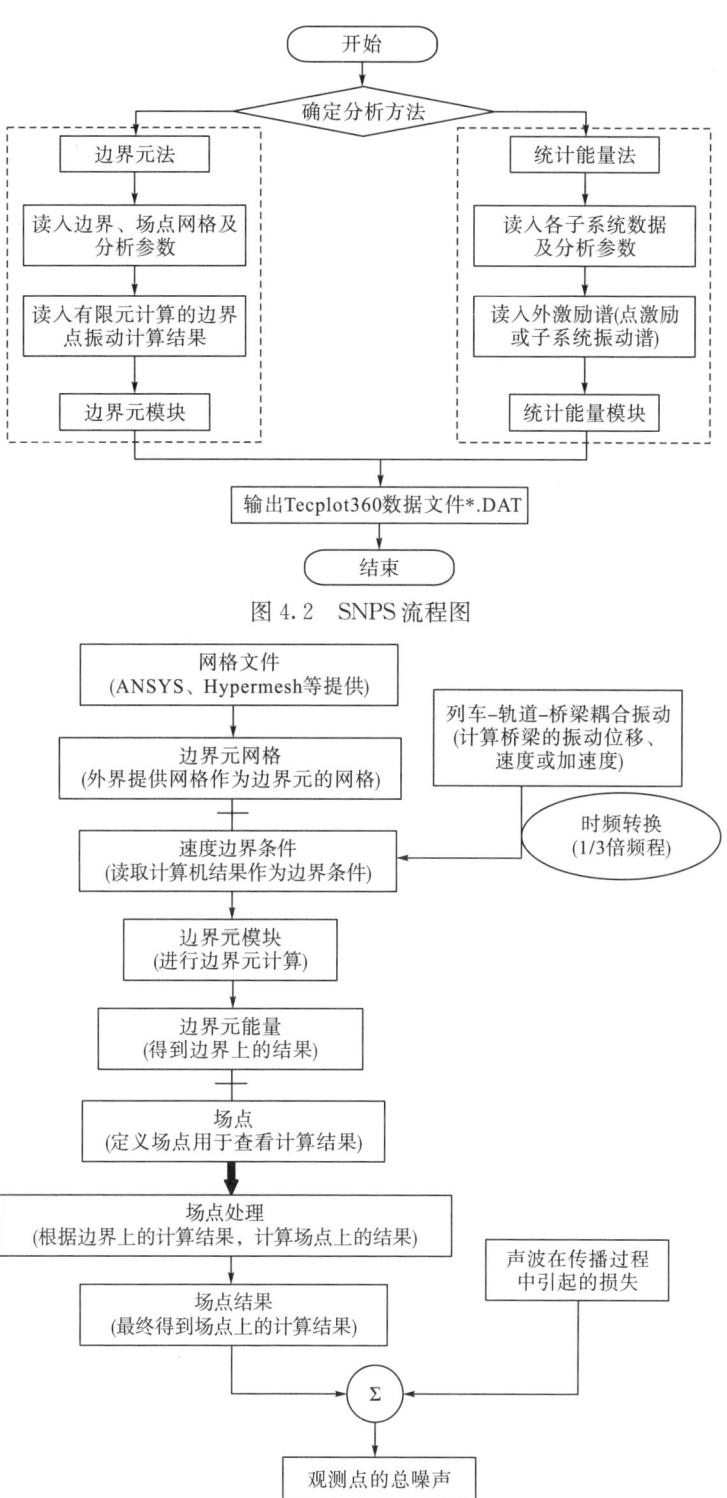

图 4.2　SNPS 流程图

图 4.3　边界元模块计算流程

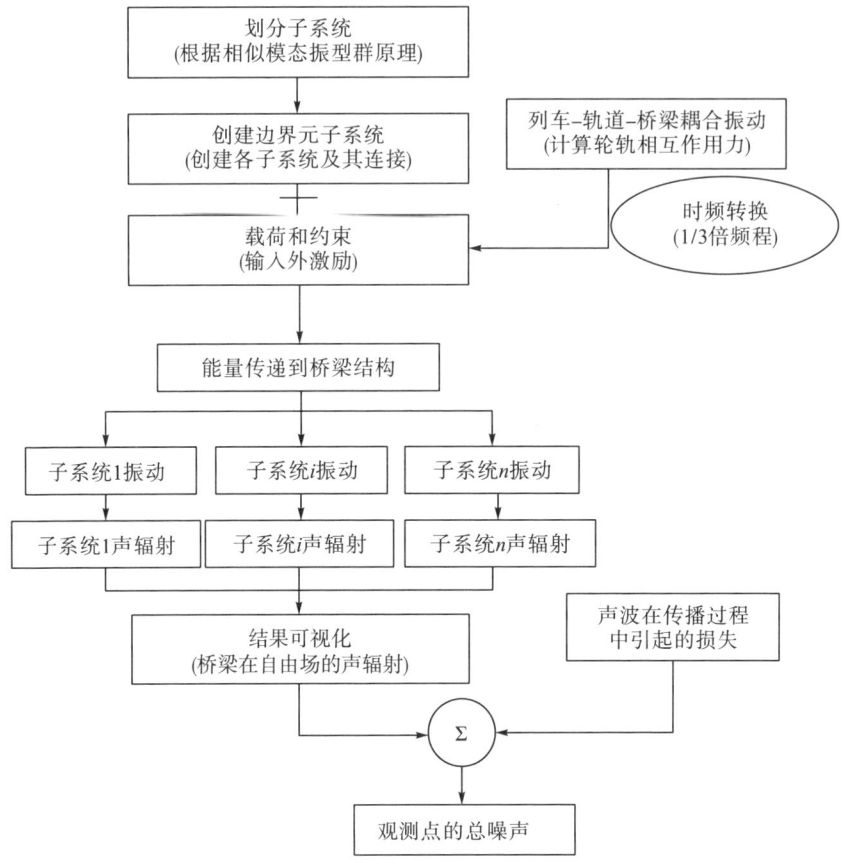

图 4.4 统计能量模块计算流程

数值仿真分析的结果可视化方法很多，常见的有等值线图、曲面图、切面图、彩色云图。彩色云图直观，能反映较多信息量，故广泛使用。在此，本书使用 Tecplot 360 软件对数值仿真分析结果绘制彩色云图[5]。桥梁结构声辐射全频段预测程序 ASAPS 将分析结果采用 Tecplot 360 可识别的 *.DAT 格式输出，从而在 Tecplot 360 中进行声压云图绘制。

4.2 程序模块验证

4.2.1 边界元模块

采用具有解析解的脉动球源振动声辐射问题作为算例，对 SNPS 程序中边界元模块的可靠性进行简单验证。

脉动球源是进行均匀胀缩振动的球面声源，球源表面上各点沿着径向作同振幅、同相位的振动。设脉动球源的半径 $a=1\mathrm{m}$，表面振动速度幅值 $v_\mathrm{n}=1\mathrm{m/s}$，空气密度 $\rho_0=1.21\mathrm{kg/m^3}$，声速 $c=344\mathrm{m/s}$，其辐射声压的理论解为[6]

$$p(r) = \rho_0 c v_\mathrm{n} \frac{a}{r} \frac{\mathrm{j}ka}{1+\mathrm{j}ka} \mathrm{e}^{-\mathrm{j}k(r-a)} \qquad (4.1)$$

式中，r 表示场点到脉动球源中心的距离；波数 $k=\omega/c$。

采用 4 节点线性单元对脉动球源进行离散，共 216 个单元、218 个节点；环形场点(内半径为 1.0m，外半径为 10m)共 1600 个单元、1680 个节点。二者的网格划分如图 4.5 所示。

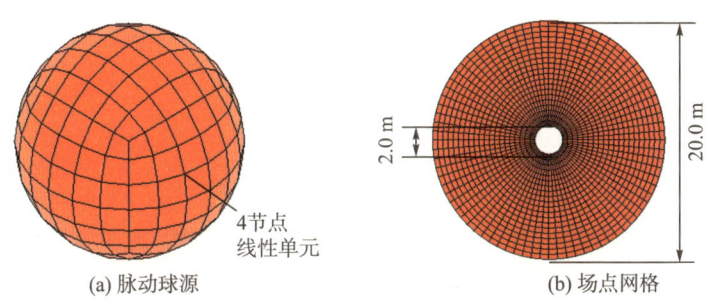

(a) 脉动球源　　　　　　　(b) 场点网格

图 4.5　边界网格与场点网格划分

图 4.6 给出了脉动球源表面处的声压实部及虚部计算结果的对比，随着波数的增加(频率增大)，其声压实部逐渐增加，在 $k=4$ 后增加缓慢；声压虚部在 $k=1$ 时达到峰值，随后呈指数衰减。波数 $k=10$ 时，利用 Tecplot 360 绘制的场点声压级云图进行对比，如图 4.7 所示。可以看出，仿真分析结果与解析值几乎完全一致，说明了边界元分析模块的准确性。

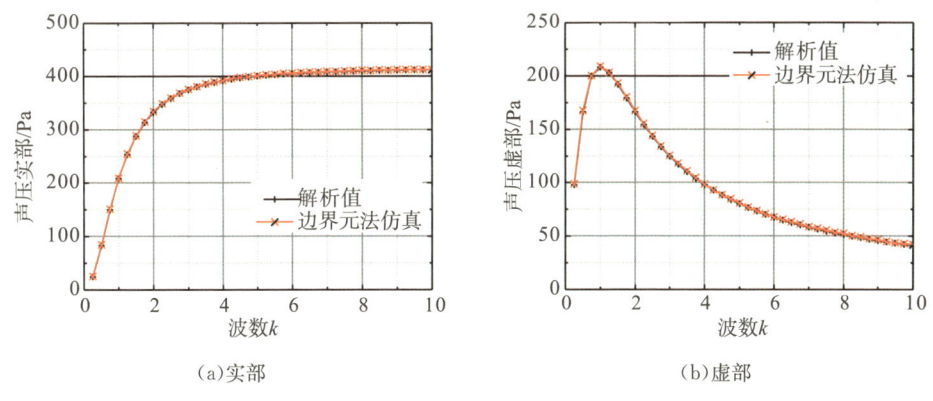

(a) 实部　　　　　　　　(b) 虚部

图 4.6　$r=a$ 处辐射声压对比

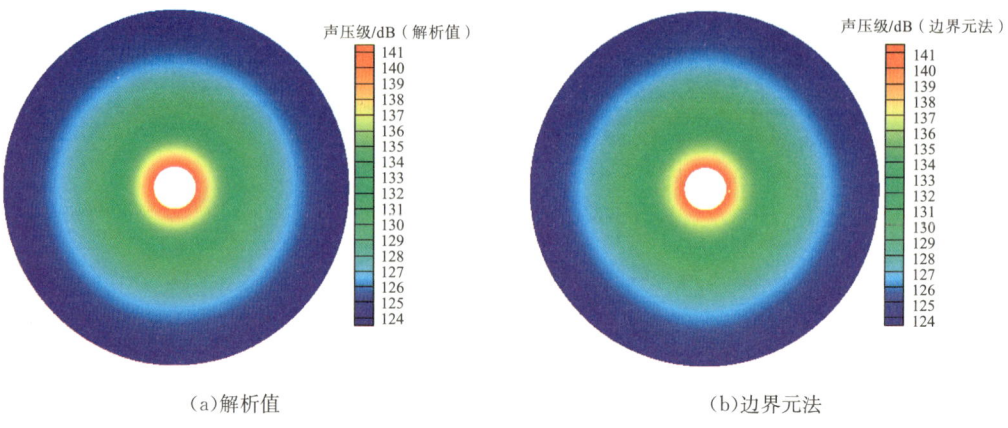

(a) 解析值　　　　　　　　　　　　　　(b) 边界元法

图 4.7　$k=10$ 时场点声压级对比

4.2.2　统计能量模块

以文献[7]中的经典算例验证统计能量模块的正确性。图 4.8 给出了统计能量模块验证模型，横截面为 20mm×20mm 的梁长 2m，焊接在 3m×3m 的钢板中心，钢板厚 20mm；钢板安装在边长为 5m 的立方体声腔的一个面上，声腔的 Sabine 吸声系数为 0.07。

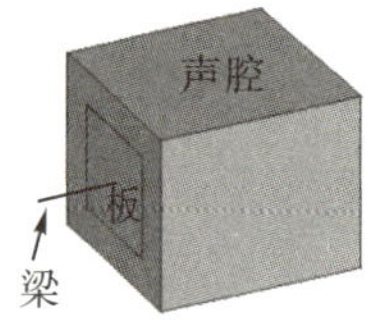

分析过程中，梁和钢板的损耗因子取 0.15，分析频率范围为 63~2000Hz。在梁子系统施加单位功率作为输入。表 4.1 列出了声腔声压级的计算结果。可以看出，本书计算结果与文献[7]的解析计算值吻合良好，这验证了统计能量分析的有效性。

图 4.8　统计能量模块验证模型

表 4.1　声腔声压级对比

声压级/dB(A)	中心频率/Hz					
	63	125	250	500	1000	2000
文献[7]结果	71	68	69	74	74	68
本书结果	70.2	69.6	69.2	74.4	74.5	69.8

4.3　混凝土箱梁结构噪声验证

4.3.1　32m 双线箱梁

以 32m 双线混凝土箱梁开展计算程序验证，采用的计算方法为边界元法。

1. 车-线-桥动力分析模型

根据列车-轨道-桥梁耦合振动分析理论，求解桥梁的振动响应，如位移、速度或加速度等，采用西南交通大学桥梁振动研究室开发的车-线-桥耦合动力分析软件 BDAP 2.0 进行求解[8,9]。

BDAP 2.0 采用的车-线-桥空间耦合振动分析模型是由车辆计算模型、轨道计算模型和桥梁计算模型按一定的轮/轨运动关系和线/桥作用关系组成的系统，如图 4.9 所示。运用车辆动力学、轨道动力学和桥梁动力学的研究方法，将车辆、轨道和桥梁看做一个耦合动力体系，分别建立车辆、轨道和桥梁的运动方程，以轮/轨关系、线/桥关系为联系纽带，运用数值仿真方法来求解车-线-桥系统的动力响应，评价其行车安全性。

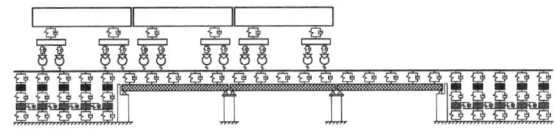

图 4.9 车-线-桥动力分析模型(含路桥过渡段)

列车-轨道-桥梁系统动力学方程由车辆系统、轨道系统、桥梁系统 3 部分的运动方程组成：

$$\boldsymbol{M}_\mathrm{v}\ddot{\boldsymbol{u}}_\mathrm{v}+\boldsymbol{C}_\mathrm{v}\dot{\boldsymbol{u}}_\mathrm{v}+\boldsymbol{K}_\mathrm{v}\boldsymbol{u}_\mathrm{v}=\boldsymbol{R}_\mathrm{v} \tag{4.2}$$

$$\boldsymbol{M}_\mathrm{t}\ddot{\boldsymbol{u}}_\mathrm{t}+\boldsymbol{C}_\mathrm{t}\dot{\boldsymbol{u}}_\mathrm{t}+\boldsymbol{K}_\mathrm{t}\boldsymbol{u}_\mathrm{t}=\boldsymbol{R}_\mathrm{t} \tag{4.3}$$

$$\boldsymbol{M}_\mathrm{b}\ddot{\boldsymbol{u}}_\mathrm{b}+\boldsymbol{C}_\mathrm{b}\dot{\boldsymbol{u}}_\mathrm{b}+\boldsymbol{K}_\mathrm{b}\boldsymbol{u}_\mathrm{b}=\boldsymbol{R}_\mathrm{b} \tag{4.4}$$

式中，$\boldsymbol{M}_\mathrm{v}$、$\boldsymbol{M}_\mathrm{t}$、$\boldsymbol{M}_\mathrm{b}$ 分别为车辆、轨道、桥梁系统的质量矩阵；$\boldsymbol{C}_\mathrm{v}$、$\boldsymbol{C}_\mathrm{t}$、$\boldsymbol{C}_\mathrm{b}$ 分别为车辆、轨道、桥梁系统的阻尼矩阵；$\boldsymbol{K}_\mathrm{v}$、$\boldsymbol{K}_\mathrm{t}$、$\boldsymbol{K}_\mathrm{b}$ 分别为车辆、轨道、桥梁系统的刚度矩阵；$\boldsymbol{R}_\mathrm{v}$、$\boldsymbol{R}_\mathrm{t}$、$\boldsymbol{R}_\mathrm{b}$ 分别为车辆、轨道、桥梁系统的广义荷载向量；$\boldsymbol{u}_\mathrm{v}$、$\boldsymbol{u}_\mathrm{t}$、$\boldsymbol{u}_\mathrm{b}$ 分别为车辆、轨道、桥梁系统的广义位移向量；$\dot{\boldsymbol{u}}_\mathrm{v}$、$\dot{\boldsymbol{u}}_\mathrm{t}$、$\dot{\boldsymbol{u}}_\mathrm{b}$ 分别为车辆、轨道、桥梁系统的广义速度向量；$\ddot{\boldsymbol{u}}_\mathrm{v}$、$\ddot{\boldsymbol{u}}_\mathrm{t}$、$\ddot{\boldsymbol{u}}_\mathrm{b}$ 分别为车辆、轨道、桥梁系统的广义加速度向量。

以上方程构成一个大型复杂非线性动力学系统，其中含有车辆悬挂非线性、轮轨接触几何非线性及轮轨蠕滑非线性等强非线性因素。求解这样的动力系统，目前只能采用时间数值积分方法。

2. 桥梁自振特性

边界元法求解结构声辐射问题，需要获知结构辐射表面任意位置处的振动情况。为此，本书采用 4 节点板单元建立桥梁结构动力分析模型，考虑到桥墩为实体墩，其振动响应较小，声辐射也很小，此处将桥墩以三维梁单元考虑，且不计入声辐射效应。图4.10给出了采用板、梁混合单元得到的桥梁典型振型图。梁体一阶竖弯频率为3.357Hz，但并不是第一阶自振频率，第一阶自振频率为梁体侧倾($f=2.203$Hz)。

(a) 一阶竖弯($f=3.357$Hz)　　(b) 梁体侧倾($f=2.203$Hz)

(c) 顶板局部振动($f=7.178$Hz)　　(d) 顶、底板局部振动($f=10.108$Hz)

(e) 顶板局部振动($f=49.978$Hz)　　(f) 顶、底板局部振动($f=50.380$Hz)

图4.10　32m双线简支箱梁典型振型图(板、梁混合单元)

3. 桥梁动力响应

采用BDAP 2.0计算上述动力分析模型在列车作用下的桥梁动力响应，采用CRH2动力车，8节编组，车速为200km/h。图4.11给出了跨中截面振动响应考察点示意图。其中，近轨侧表示行车侧(单线行车)。

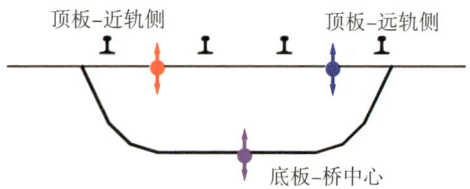

图4.11　跨中截面振动响应考察点示意图

图 4.12～图 4.14 分别给出了跨中截面考察点的振动位移、速度和加速度响应，包括时域结果和经过快速傅里叶变换后的频域结果。分析可知，对于竖向位移，顶板-近轨侧＞底板-桥中心＞顶板-远轨侧；对于竖向速度，顶板-近轨侧＞顶板-远轨侧＞底板-桥中心；对于竖向加速度，顶板-近轨侧＞顶板-远轨侧＞底板-桥中心，这些都反映出单线行车时桥梁结构的局部振动特性。竖向振动位移峰值出现在低频区域，直流分量较大，表明振动位移主要在某一平衡位置上下波动。竖向振动速度峰值出现在低频区域，且峰值频率较为明显，振动速度在 10～100Hz 较为密集。相对于振动速度峰值而言，竖向振动加速度峰值出现在较高的频率范围，低频范围内峰值也较大，但是振动加速度在 10～100Hz 特别密集。

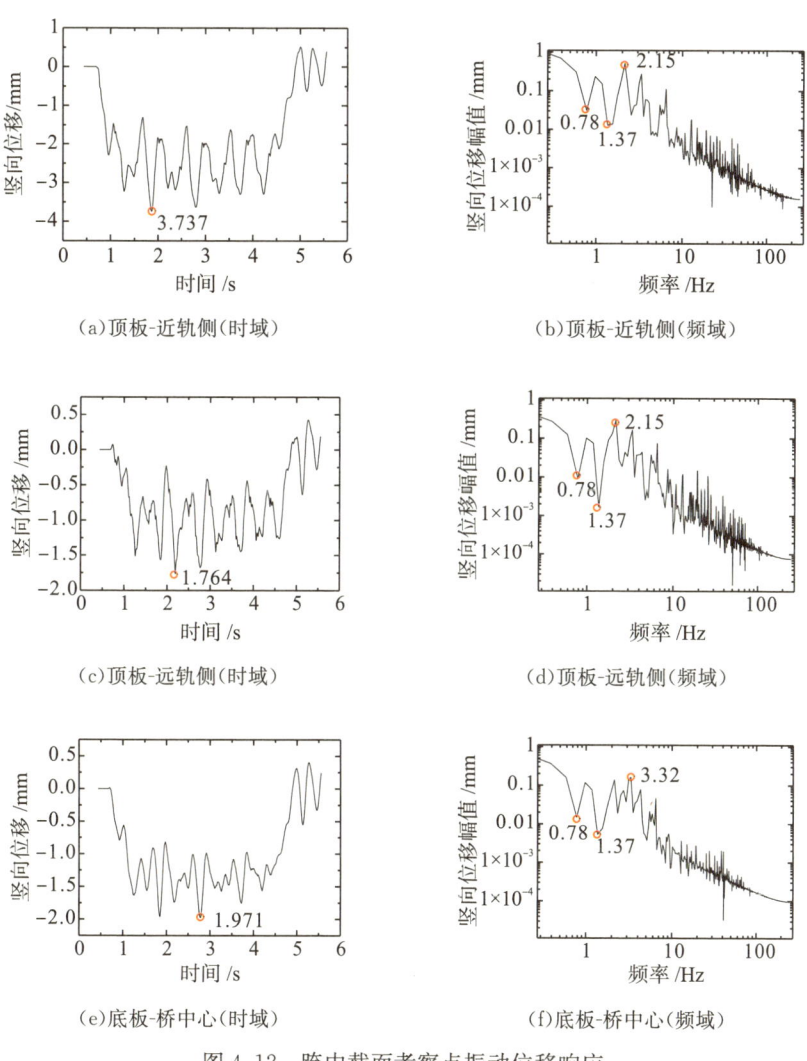

图 4.12　跨中截面考察点振动位移响应

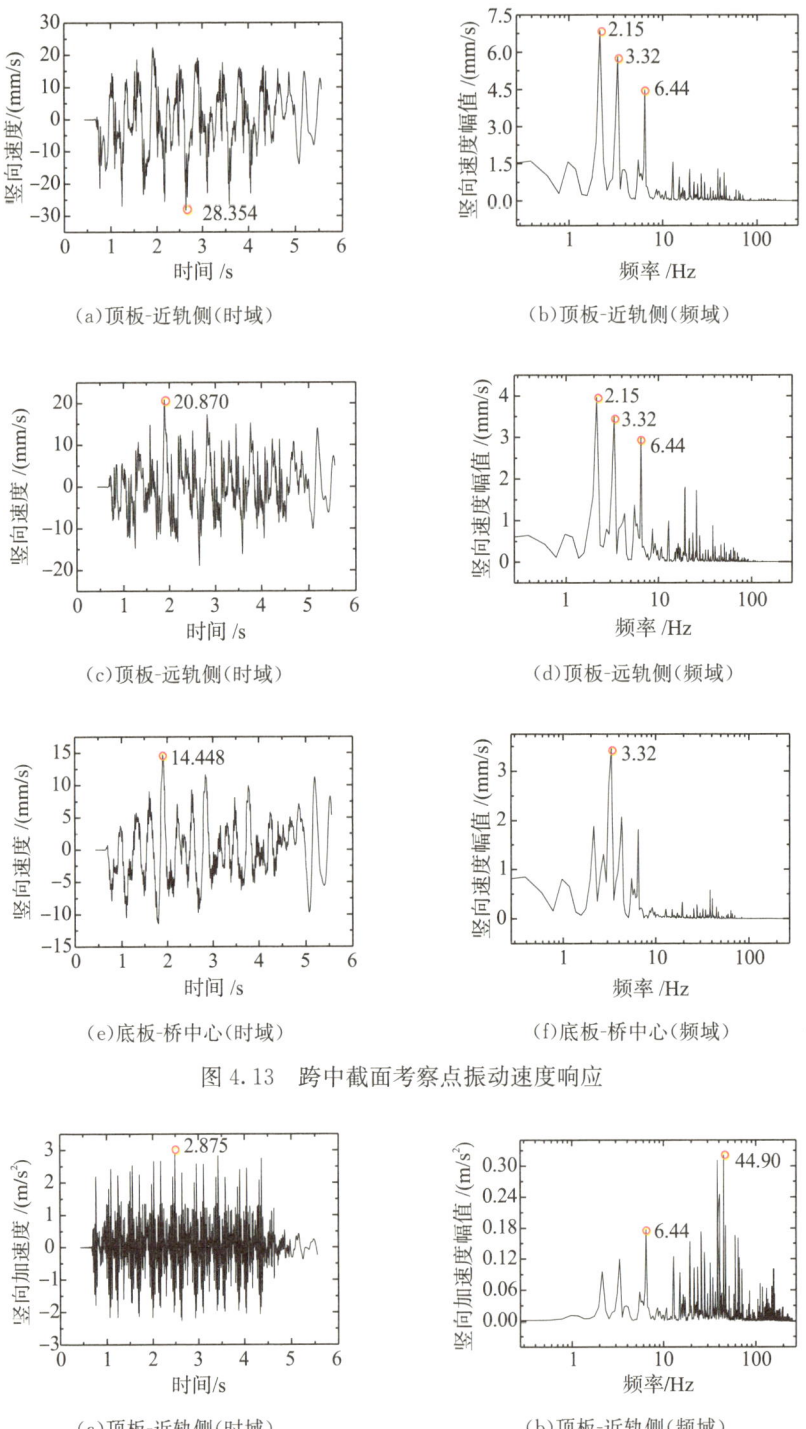

图 4.13 跨中截面考察点振动速度响应

第 4 章 桥梁结构噪声仿真技术

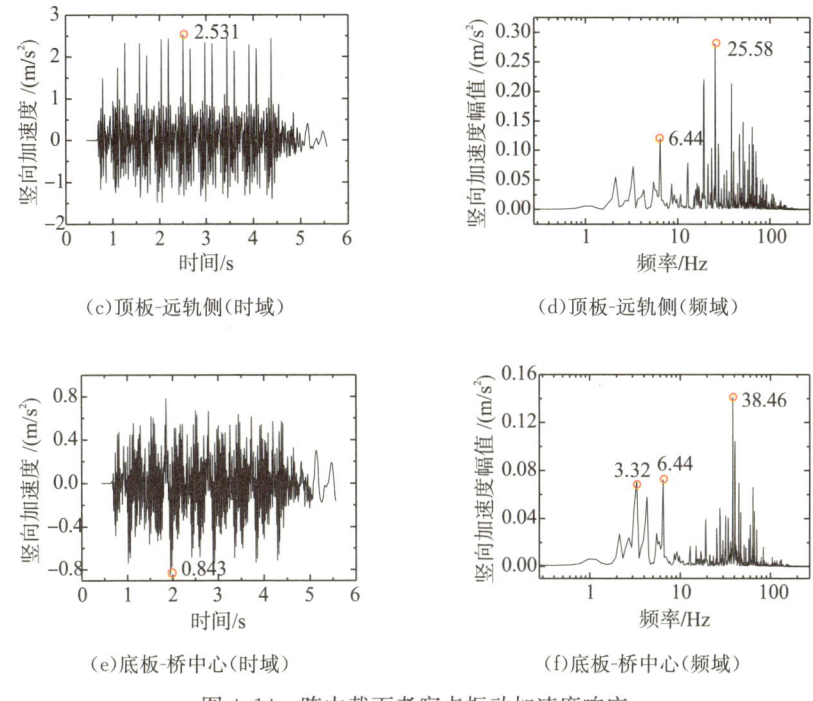

(c) 顶板-远轨侧(时域)　　(d) 顶板-远轨侧(频域)

(e) 底板-桥中心(时域)　　(f) 底板-桥中心(频域)

图 4.14　跨中截面考察点振动加速度响应

4. 边界元分析模型

采用边界元法进行桥梁结构噪声分析时，为了达到理想的计算精度，要求在最小波长内有 6 个单元，这时就需要根据分析频段，确定最大边界单元的尺寸。由于本书在进行列车-轨道-桥梁耦合振动分析时已采用 4 节点板单元对桥梁进行了离散，并考虑到了单元尺寸，故可直接利用此结构网格作为桥梁结构的表面离散网格(线性单元)。

图 4.15 给出了 32m 双线简支箱梁边界网格及场点网格示意图。边界网格为桥梁结构边界的离散，根据分析频段的需要，必须按照合适的尺寸大小划分；而场点网格，仅是描述声场域中某一位置与振动结构的相对关系，网格尺寸越小，由 4 个节点构成的矩形网格内部任意区域的声压值等声学参数越精细，由此绘制出的云图越匀顺。刚性地面表示其对声波是全反射的。

利用边界元法求解桥梁结构声辐射时，需要获知结构辐射表面任意位置处的振动情况。经过列车-轨道-桥梁耦合振动分析，获得的桥梁结构振动响应时域内结果，需要转化到频域内，进行边界元求解。一般来说，时频转化之后，获得的是每个频率点的振动响应(频率点的数量及分辨率由采样频率及采样点数确定)，如果直接进行边界元求解，计算规模极大且极耗时，这一问题被称为多频计算。多频计算问题的求解效率极低，这是边界元法的一个缺陷。

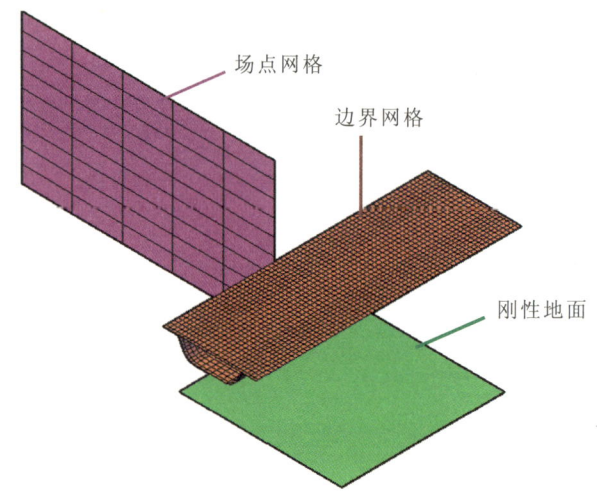

图 4.15　32m 双线混凝土简支箱梁边界网格及场点网格示意图

事实上，对于桥梁结构噪声问题，采用连续频率分析（多频计算）是没有必要的。1/3 倍频程是一种频域分析方法，它具有谱线少、频带宽的特点，并且能够很好地体现能量的分布情况。在此，对桥梁结构振动响应进行快速傅里叶变换及滤波处理，求取结构每一处的 1/3 倍频程振动响应，作为边界元的振动边界条件施加，操作步骤简述如下。

第 1 步，进行列车-轨道-桥梁耦合振动响应，输出桥梁结构每一处的时域振动响应并进行离散傅里叶变换，得到连续频率点的振动响应。

第 2 步，对上述连续频率点的振动响应在每一个 1/3 倍频程频带范围进行离散傅里叶逆变换，得到对应于每一个 1/3 倍频程频带范围内的振动时程，这一过程称为滤波处理。

第 3 步，计算每一个 1/3 倍频程频带范围内振动时程的均方根值（即有效值），作为 1/3 倍频程中心频率处的振动响应输出。

第 4 步，根据结构表面的法线方向，将每一个节点各自由度方向的振动响应投影到结构法线方向，作为结构边界元网格的振动边界条件。

5. 实测结果与数值仿真对比

提取箱梁底板、腹板和翼板的振动加速度级，以及 3 个位置附近的声压级，考察近轨运行工况，车速为 120～162km/h，平均速度为 137.4km/h，标准差为 11.8km/h。图 4.16 给出了实测结果与数值仿真结果的对比，图中曲线 A~H 为实测值，曲线 M 为仿真计算值。可以看出：

第 4 章 桥梁结构噪声仿真技术

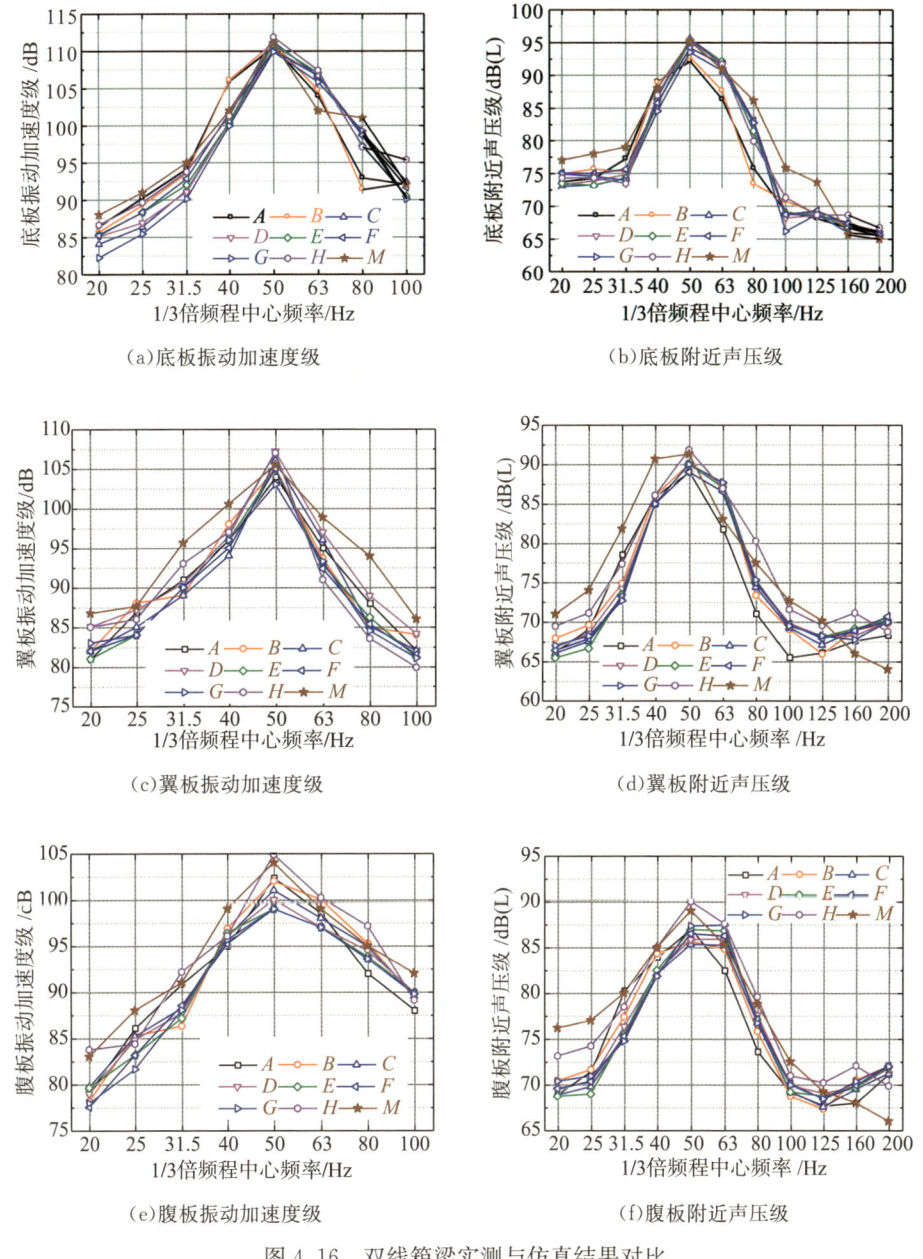

图 4.16 双线箱梁实测与仿真结果对比

(1)箱梁底板、翼板和腹板的实测振动加速度级,以及 3 个位置附近的实测声压级优势频段相同,均为中心频率 40~63Hz。不同位置的振动加速度级、声压级在 20~200Hz 频段对应曲线均为"上凸"型,与文献[10]中给出的经验公式相符。

(2)实测振动加速度级的大小关系是底板>翼板>腹板,实测声压级的大小关系是底板＞翼板＞腹板，即底板的法向振动和声辐射最大，腹板的法向振动和声辐射最小。

(3)箱梁底板、翼板和腹板的实测振动加速度级，以及3个位置附近的实测声压级均在中心频率50Hz处达到最大值，这主要是由于该中心频率处的轮轨相互作用力最大。

(4)车速在(137.4±11.8)km/h变化时，3个位置的振动加速度级、声压级变化不大，即车速在20km/h范围内波动时，不会显著改变箱梁的振动声辐射特性。

(5)不管是板件振动加速度级，还是板件附近的噪声级，仿真分析结果与实测数据均吻合良好，说明边界元法计算箱梁振动和噪声具有足够的精度。

4.3.2　32m单线箱梁

进一步地，以32m单线混凝土箱梁开展计算程序验证，采用的计算方法为边界元法。

图4.17给出了实测结果与数值仿真结果的对比，图中实测值包含了多组测试工况，车速为144～160km/h。可以看出，底板振动加速度级出现了63Hz、160Hz两个峰值中心频率；各测点的声压级频谱曲线理论值与实测值比较接近，吻合良好；单线箱梁的结构噪声主要分布在中心频率40～63Hz；总体而言，底板附近的声压级最大，翼板次之，腹板最小；腹板与翼板附近的声压级频谱曲线比较相似，这是由于声波在此范围可以自由传播，而底板附近的声压级则完全由底板的振动引起；底板附近在63Hz处的声压级最大，主要原因是振动与辐射效率均较高；虽然在中心频率160Hz处的振动比较大，但由于声辐射效率较低，故在该频率的辐射噪声仅出现了局部小峰值。

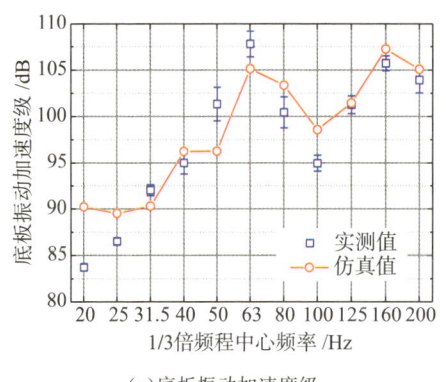

(a)底板振动加速度级

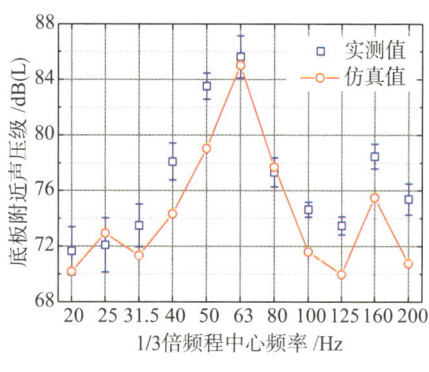

(b)底板附近声压级

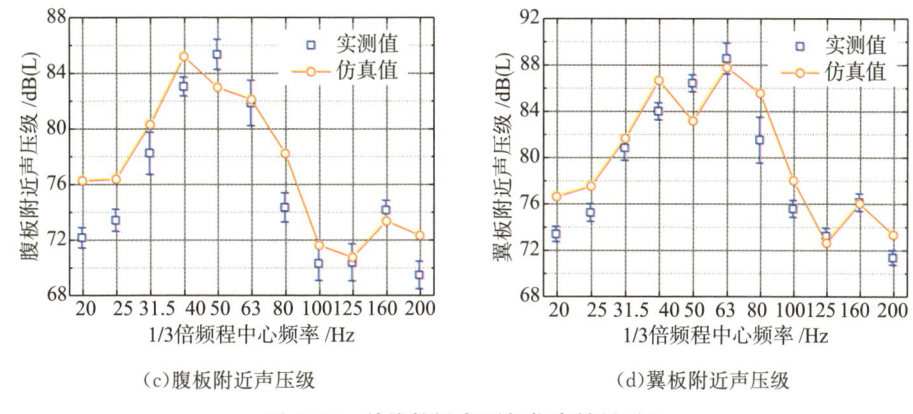

(c) 腹板附近声压级　　　　　　　　(d) 翼板附近声压级

图 4.17　单线箱梁实测与仿真结果对比

4.4　钢板结合梁结构噪声验证

本节以(32+40+32)m 双线钢-混凝土结合梁开展计算程序验证，采用的计算方法为统计能量分析。

4.4.1　桥梁振动特性

1. 自振特性

根据车-线-桥耦合振动理论计算桥梁的动力响应。在 BDAP 2.0 中，桥梁模型采用板-梁混合有限元法建立，混凝土桥面板采用板单元进行模拟，H 型钢纵梁和桥墩用梁单元进行模拟，采用一致质量矩阵。采用主从约束模拟钢梁与桥面板的连接，不考虑混凝土桥面板与钢梁的滑移。桥梁模型有 362 个单元、423 个节点。

采用通用有限元程序 ANSYS 建立桥梁精细化模型验证 BDAP 2.0 桥梁模型，桥梁上部结构均采用板单元进行模拟，只有桥墩采用梁单元，在承台底进行固结。桥梁模型有 7594 个单元、8263 个节点。二者计算结果对比详见表 4.2。对于前两阶固有频率，本书计算结果略大于商业有限元程序 ANSYS 的计算结果，但相差小于 5%，验证了 BDAP 2.0 桥梁模型的正确性。

表 4.2　(32+40+32)m 双线钢-混凝土结合连续梁基频计算结果对比

振型描述	ANSYS 模型	BDAP 2.0 模型	误差/%
一阶纵漂	2.039	2.109	3.4
一阶竖弯	3.015	3.110	3.2

图4.18给出了桥梁一阶纵漂、竖弯振型图。可以看出，低阶振动为桥梁的整体振动，难以辐射噪声。图4.19给出了第78阶振型，其反映出桥面板及H型纵梁的局部振动，$f_{78}=15.058\mathrm{Hz}$，即第78阶自振频率仍然较低。

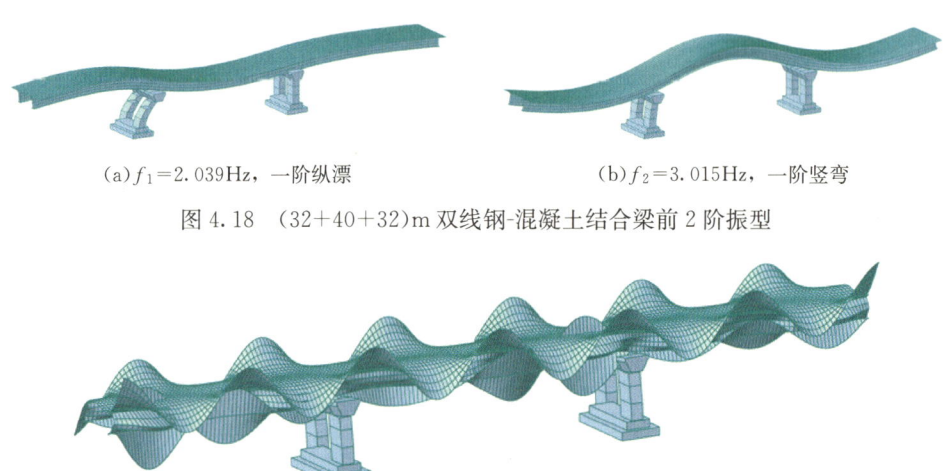

(a) $f_1=2.039\mathrm{Hz}$，一阶纵漂　　　　(b) $f_2=3.015\mathrm{Hz}$，一阶竖弯

图4.18　(32+40+32)m双线钢-混凝土结合梁前2阶振型

图4.19　(32+40+32)m双线钢-混凝土结合梁第78阶振型

2. 车致振动响应

由于钢梁辐射噪声达到上千赫兹，要得到各构件的高频振动，需要很小的单元尺寸。虽然车-线-桥能够直接得到桥梁各部分的振动响应，当桥梁单元过大时，计算工作量巨大甚至不能实现。由于混凝土桥面板的振动频率比钢梁低得多，不是很精细的网格也可以得到相对准确的混凝土桥面板的振动，因此本书提出以桥面板的振动响应作为统计能量的输入，进行全桥的振动和声辐射分析。

对于车-线-桥耦合振动得到的桥面板动力响应计算结果，先通过快速傅里叶变换转化到频域内，再进行空间平均。为便于与实测结果进行对比，理论计算速度取178km/h。桥面板典型位置振动速度计算结果如图4.20所示。

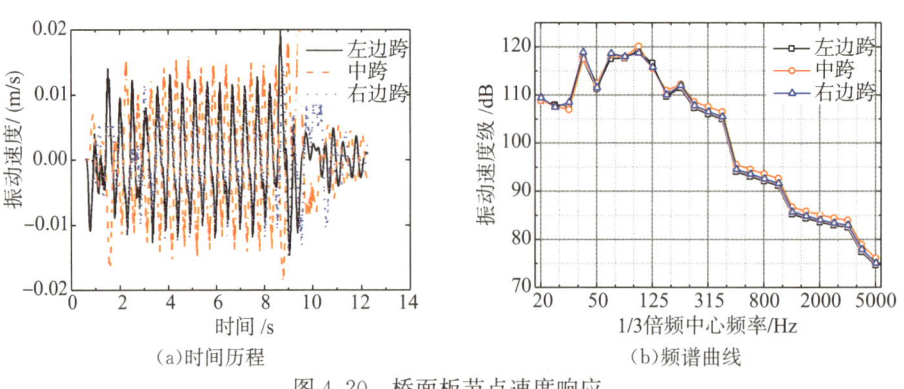

(a) 时间历程　　　　　　　　　　(b) 频谱曲线

图4.20　桥面板节点速度响应

4.4.2 声辐射计算

建立该桥声辐射计算统计能量模型,共含有 42 个子系统,如图 4.21 所示。由于 H 型钢纵梁的上翼缘与混凝土桥面板直接连接在一起,故不考虑上翼缘的声辐射。

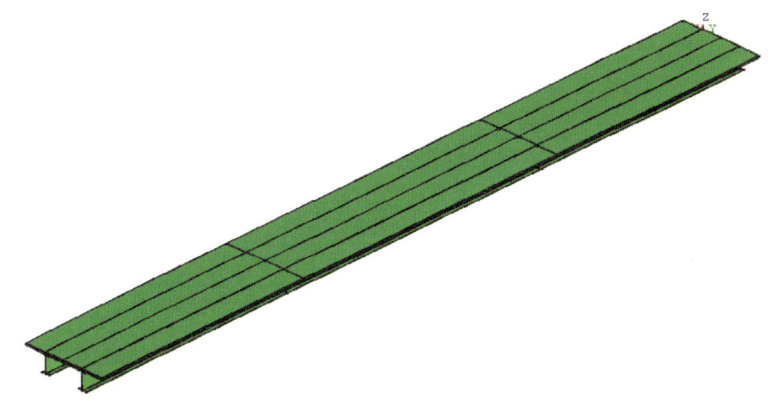

图 4.21 (32+40+32)m 双线钢-混凝土结合梁统计能量模型

提取图 5.52 中的测点 S3、S4 实测值进行分析,采用线性计权,图 4.22 给出了实测与仿真结果对比。S3、S4 噪声实测声压级总计 92.8dB(L)、92.7dB(L),理论计算结果分别为 92.0dB(L)、90.3dB(L)。梁下噪声在频域和总声级对比吻合较好,验证了理论分析模型的正确性。路旁噪声比梁下噪声吻合差一点,这是因为轮轨噪声不容易传递到梁下,梁下噪声没有轮轨噪声的干扰,而路旁噪声则受到轮轨噪声影响。

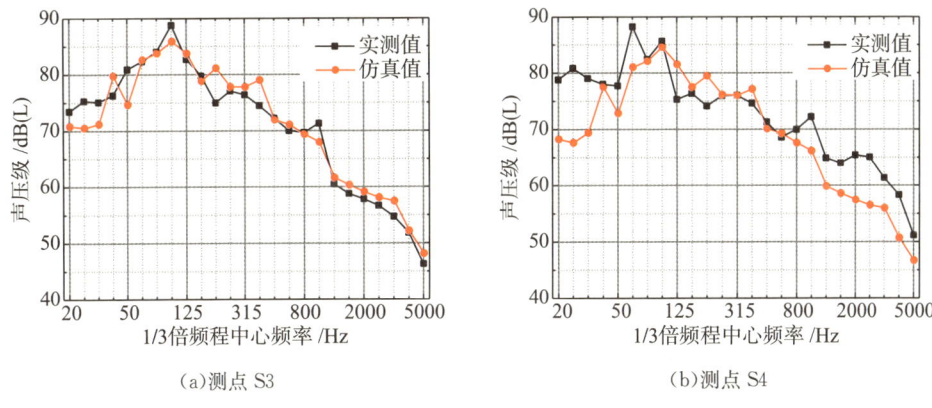

(a) 测点 S3　　　　　　　　　　(b) 测点 S4

图 4.22 (32+40+32)m 双线钢-混凝土结合梁实测与仿真结果对比

参 考 文 献

[1] Laulagnet B, Guyader J L. Modal analysis of a shell's acoustic radiation in light and heavy fluids[J]. Journal of Sound and Vibration,1989,131(3):397-415.

[2] Clarkson B L, Pope R J. Experimental determination of modal densities and loss factors of flat plates and cylinders[J]. Journal of Sound and Vibration,1981,77(4):535-549.

[3] Clarkson B L, Ranky M F. Modal density of honeycomb plates[J]. Journal of Sound and Vibration,1983,91(1):103-118.

[4] 王毅刚,王佐民,杨志刚.复杂结构统计能量分析的低频限研究[J].同济大学学报(自然科学版),2008,36(6):812-815.

[5] Bellevue W. Tecplot 360 User's Manual[M]. Washington:Tecplot Inc.,2010.

[6] 杜功焕,朱哲民,龚秀芬.声学基础[M].南京:南京大学出版社,2002.

[7] Bies D A, Hansen C H. Engineering Noise Control Theory and Practice[M]. 4th ed. New York:Spon Press,2009.

[8] 李小珍.高速铁路列车-桥梁系统耦合振动理论与应用研究[D].成都:西南交通大学,2000.

[9] 刘德军.风-列车-线路-桥梁系统耦合振动研究[D].成都:西南交通大学,2010.

[10] 夏禾.交通环境振动工程[M].北京:科学出版社,2010.

第 5 章 桥梁结构噪声的试验研究

现场试验是桥梁结构噪声研究中的关键环节，可对数值仿真分析的可靠性和实用性进行检验。现场试验代价昂贵，充分挖掘试验数据显得尤为重要。本章首先对国内外典型的噪声试验进行汇总分析，然后针对不同运行条件下列车通过各种类型桥梁时的振动、噪声开展现场试验研究，具体包括成灌铁路 32m 单线、双线混凝土简支箱梁桥，津秦客运专线 32m 双线混凝土简支箱梁桥，秦沈客运专线(32+40+32)m 双线钢-混凝土结合连续梁桥。

5.1 国内外典型试验成果简介

5.1.1 混凝土桥

1. 日本新干线

20 世纪 70 年代，日本国铁针对新干线混凝土高架桥区段的噪声，采用了打磨钢轨、铺设道砟垫等处理，取得了较好的效果。但是，Moritoh 等[1]研究发现，对于某些高架桥，桥梁结构噪声在 100Hz 频段较大，并对桥侧较远区域造成很大影响。

图 5.1 给出了车速为 240km/h 时，桥下(P_0)及桥侧 25m(P_{25})处的实测声压级（距地面 1.2m），其中 L.W. 表示线性计权，A.W. 表示 A 计权。可以看出，桥下在 100Hz 频段的声压级非常大，即使经 A 计权处理后，其数值仍接近于高频段的轮轨噪声。Moritoh 推测其原因可能是钢轨表面不平顺，该不平顺性波的波长与扣件间距有关。

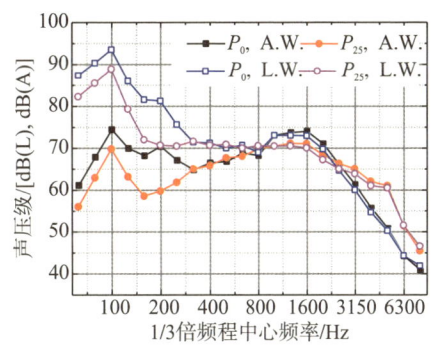

图 5.1 日本新干线高架桥噪声频谱

以混凝土钢架桥为例，Kozuma 等[2]给出了车速为 70km/h 时，桥梁附近的实测声压级，如图 5.2 所示。测点 SOH 距钢架桥底板中心底面 0.3m，测点 SO

距地面 1.2m，测点 SD12.5 到列车运行轨道线的水平距离为 12.5m。可以看出，钢架桥底板附近的噪声级在 63~125Hz 特别明显，比其他两个测点的声压级高出 8dB(L)左右。SOH 处的噪声主要为高架结构噪声，且由于车速较低，轮轨噪声等其他声源可忽略不计。

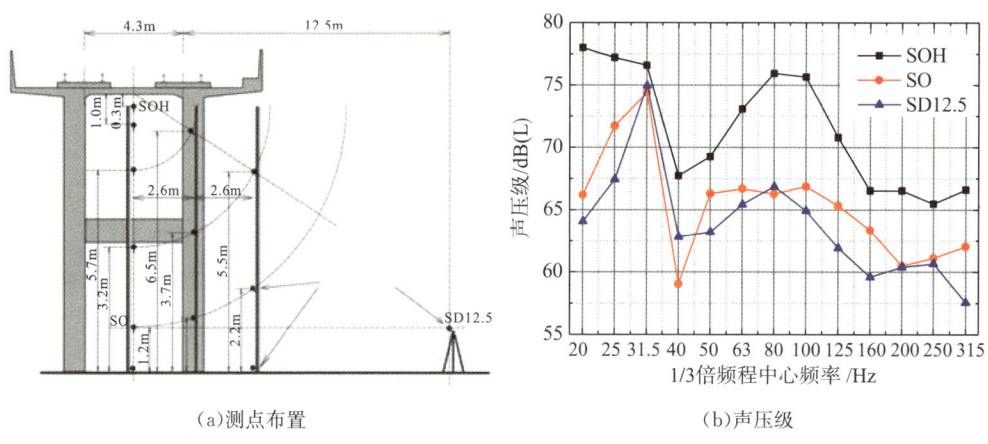

(a)测点布置   (b)声压级

图 5.2 日本新干线某混凝土钢架桥的实测噪声

针对新干线的低频噪声问题，日本学者将其划分为两部分，如图 5.3 所示。P_f 代表车头和车尾附近移动的准稳态压力场，通过位势理论容易得到解析解；P_w 为低频声压波，由车身附近的非稳态扰流($P_{w,a}$)和高架桥的振动($P_{w,s}$)引起，这部分的声压频率范围为 20~200Hz。

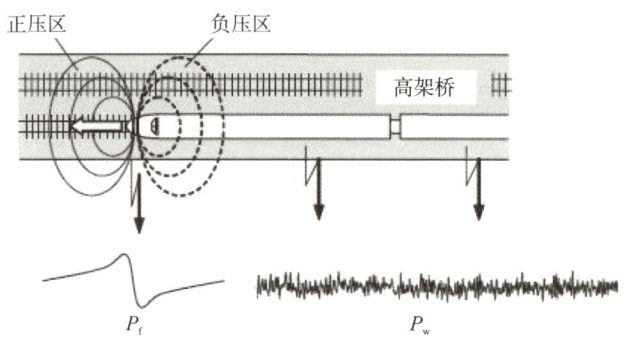

图 5.3 高速列车附近的低频噪声

Takami 等[3]对噪声中的 P_w 成分进行了深入分析，图 5.4 分别给出了高速列车以时速 270km 通过高架桥和路基区段的实测噪声。对比可见，1~3Hz 的次声波为 P_f，且量值较大，可达 90dB(L)，两个噪声热点分别代表车头和车尾通过时的噪声；10~40Hz 的噪声为 $P_{w,a}$；80Hz 以下为桥梁结构噪声。

将以上 3 部分声源引起的声压级分别记为 L_f、$L_{w,a}$ 和 $L_{w,s}$，总声压级记为 L（采用 F 计权）。采用参数 r/d 将线路周围区域划分为远场(>12)、近场(<12)两

部分，其中 r、d 分别为观测点到列车的直线距离和列车横截面的等效直径。通过试验，Takami 得出，在近场区域，L_f 分量对 L 的影响最大，在桥梁和路基区段均如此，总声压级的变化规律为 $L \approx L_f \propto U^4$（$U$ 为车速）；在远场区域，$U<300\text{km/h}$ 时，由于存在 $L_{w,s}$ 分量，桥梁区段的总声压级要大于路基区段，$U>300\text{km/h}$ 时，$L_{w,a}$ 分量对 L 的影响越来越大，桥梁和路基区段总声压级的变化规律为 $L \approx L_{w,a} \propto U^6$。

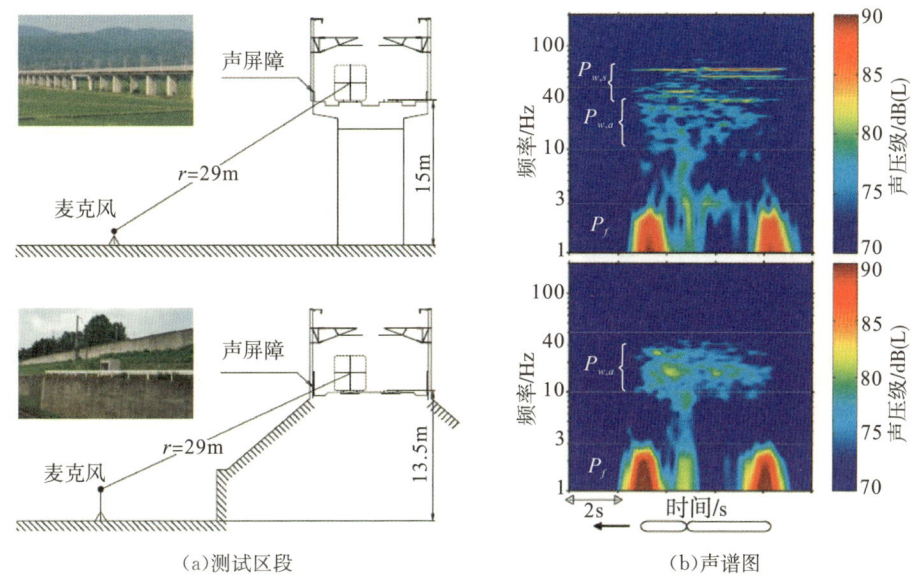

(a)测试区段　　　　　　　　　(b)声谱图

图 5.4　新干线不同区段的实测声谱图

2.瑞士联邦铁路

图 5.5(a)给出了瑞士联邦铁路上的某高架桥横截面示意图，该桥采用单箱五室结构，梁高仅 1.55m。图 5.6 给出了车速为 90km/h 时，桥侧 25m 距地 1.2m 处（距梁底的竖直高度为 11m）的实测声压级。可以看出，该测点实测声压级在 50Hz、400Hz 两个频带出现局部峰值，特别是在 400Hz 频带的声压级特别大，这主要是由于桥上没有预制遮板等构筑物，不能对轮轨高频噪声形成有效的遮挡。

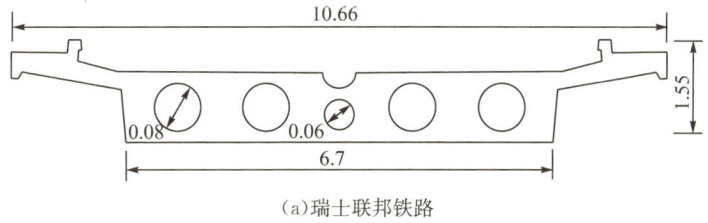

(a)瑞士联邦铁路

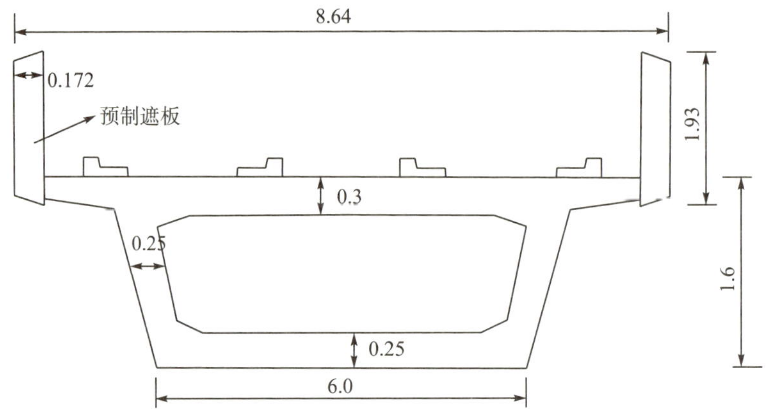

(b)香港西铁Ⅰ

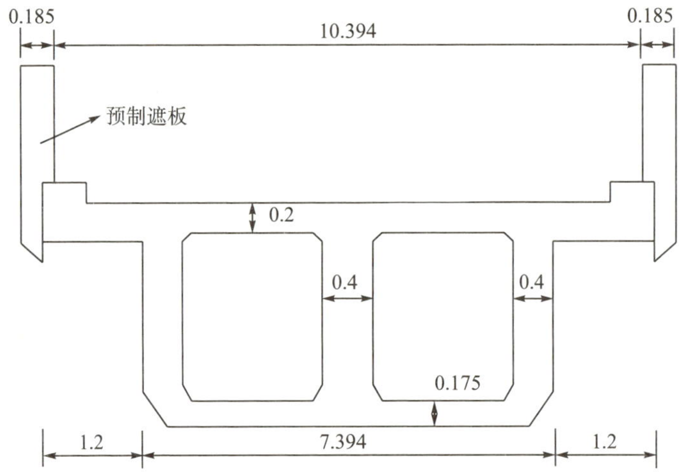

(c)香港西铁Ⅱ(跨度40m)

图5.5 各高架桥横截面示意图(单位：m)

3. 香港西铁

图5.5(b)、(c)分别给出了香港西铁上的两种混凝土箱梁，图5.5(b)为单箱单室，图5.5(c)为单箱双室，均为大陆高速铁路、城市轨道交通中常用的混凝土箱梁截面形式。图5.6分别给出了车速为65km/h时，桥侧25m距地1.2m处的实测声压级。可以看出，香港西铁高架桥Ⅱ在63Hz频段有明显的噪声峰值，而香港西铁高架桥Ⅰ在

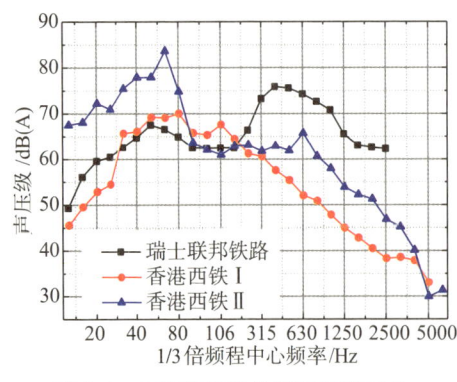

图5.6 3种高架桥的噪声频谱对比

31.5~160Hz 频段的声压级均较大。此外，由于两个桥上均装有类似的预制遮板，二者在高频段的噪声均具有类似的衰减规律。

Ngai 等[4]对香港西铁高架桥Ⅱ的振动、噪声进行窄带分析后得出，当列车以 140km/h 的速度运行时，该桥噪声和振动的主导频率在 40~157Hz，且在 43Hz 和 54Hz 处具有明显的有调性，在 40~157Hz 振动和噪声的相干系数很高，表明这个频段内的噪声几乎均是由桥梁结构产生的。

4. 北京首都机场快轨线

北京首都机场快轨线是运行直线电机列车的地铁线路，列车为 4 节编组，全长 67m，轴重平均为 125kN。北京交通大学夏禾教授课题组对跨度为 25m 的混凝土简支箱梁桥进行了测试，该箱梁底板宽 4.3m，顶板宽 9m[5]。列车经过该桥的速度为 70~90km/h。

如图 5.7 所示，分别在跨中底板中心、底板边缘和腹板处布置加速度传感器和声压传感器。底板处声压传感器距离结构面 23cm；腹板处声压传感器距离结构面 10cm，距离底板 70cm。

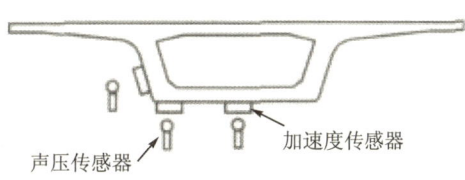

图 5.7 北京首都机场快轨线测点布置

图 5.8 给出了实测振动、噪声频谱。可以看出，各测点的振动、噪声峰值主要集中在 80~125Hz，且二者具有相同的变化趋势；梁底中心辐射声压级最大，腹板次之，底板边缘最小。

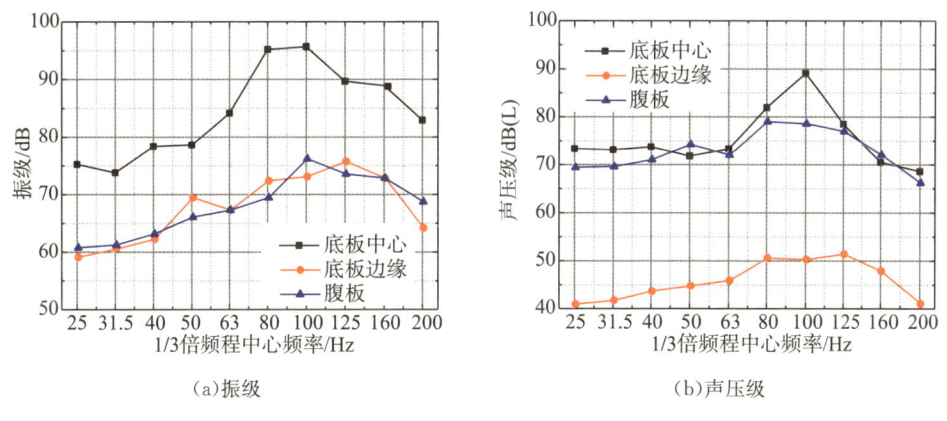

(a) 振级   (b) 声压级

图 5.8 北京首都机场快轨线箱梁实测振动、噪声频谱

此外，该课题组在桥梁上行侧垂直于线路方向布置了 6 个噪声测点，分别位于桥梁横向不同距离处，测点距地面 1.2m，测试结果如图 5.9 所示。

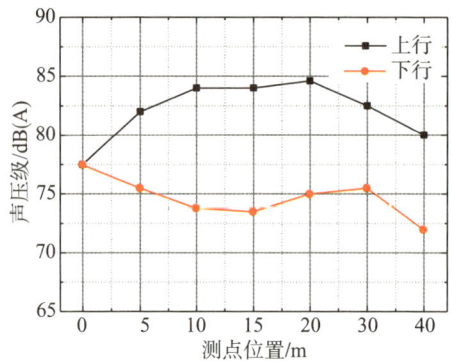

图 5.9　不同位置处的声压级

从图 5.9 可以看出，列车在上行运行时各测点的声压级均较大，最大 A 声级出现在 10~30m，较列车下行运行时高 5.8~10.2dB(A)；噪声在横桥向不是持续递减的，且列车分别在上、下行运行时该变化规律相反。值得注意的是，0m 处(梁底)的噪声在列车上、下行运行时变化不大，且声压级较低，这主要是由于该位置的噪声以低频为主。

5. 上海轨道交通

薄壁 U 梁是一种新型的桥梁结构形式，其经常被用于城市轨道交通中，如广州、上海、南京、深圳、重庆等。U 梁两侧的腹板相当于两个低矮的声屏障，可以对轮轨噪声起到隔断的作用。但是，这种 U 梁结构质量轻，道床板和腹板面外弯曲刚度较小，振动较大，随之而来的结构噪声也可能较大。

Li 等[6]对上海轨道交通 8 号线中使用的跨度为 30m 的 U 梁进行了振动、噪声测试，U 梁横截面及测点布置如图 5.10 所示。

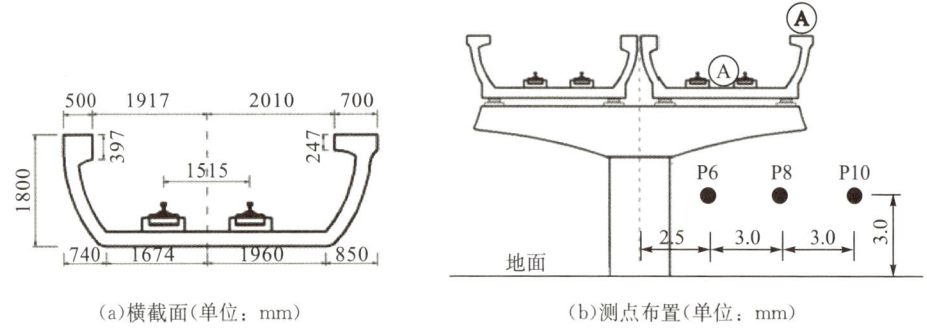

(a) 横截面(单位：mm)　　　　　(b) 测点布置(单位：mm)

图 5.10　上海轨道交通 8 号线 U 梁横截面及测点布置

该线实际运营中采用 6 节编组地铁 C 型列车，单节车体长度约为 19.44m，车辆定距为 12.60m，转向架轴距为 2.0m，动车轮对质量为 1900kg，拖车轮对质量为 1150kg。图 5.11 给出了不同车速下，实测 U 梁的振动和噪声结果。结果表明,桥墩和支座对U梁32Hz以上频段的加速度影响很小,其主要取决于U梁板件的局部振动;U梁的振动峰值位于64Hz附近,与轨道-车轮系统固有频率接近;U梁结构噪声主要位于32~100Hz,受轮轨粗糙度、桥梁和轨道结构的动力特性共同影响。

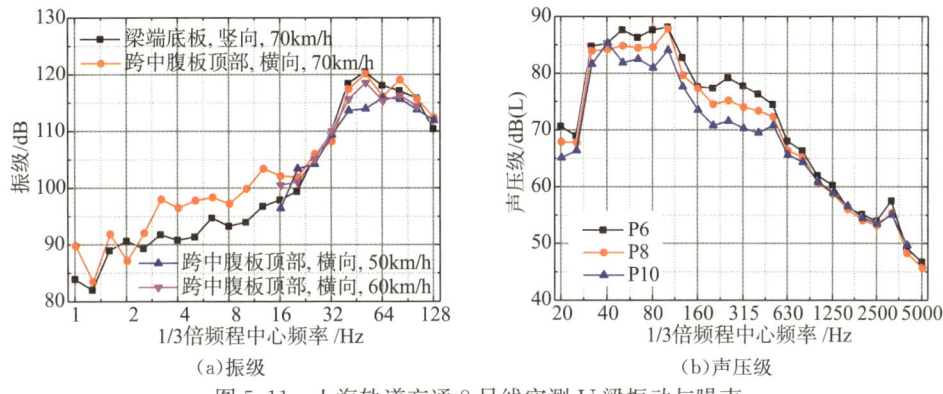

图5.11 上海轨道交通8号线实测U梁振动与噪声

除此之外,Wu等[7]对分别用于上海轨道交通5号线的箱梁和8号线的U梁[图5.10(a)]进行了噪声对比。箱梁的横截面如图5.12所示,跨度为30m,顶板厚0.26m,底板厚0.23m,腹板厚0.31m,翼板平均厚0.29m。

图5.13给出了U梁与箱梁的实测噪声对比(车速为68km/h)。其中,桥上测点位于翼缘侧墙附近,距离最近的钢轨2m;桥下测点到梁底的距离为4.6~4.9m,到地面的距离为1.3~1.4m。可以看出,U梁和箱梁的噪声峰值频率分别为40~50Hz和60Hz;U梁桥下的总体声压级要比箱梁高出11dB(A)。事实上,两座桥上的钢轨不平顺差异较大,桥下环境不一样(箱梁桥下为沥青路面,U梁桥下覆盖植被),这些都会对噪声产生影响。在排除了这些因素后,通过理论分析,作者指出:在同样的激励和环境条件下,箱梁结构振动声辐射功率要比U梁小2.5dB(A)(车速为80km/h);箱梁的辐射声压级要比U梁小2dB(A)左右。

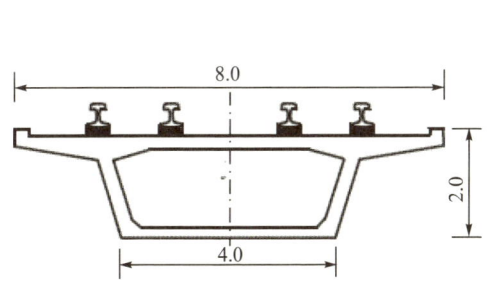

图5.12 上海轨道交通5号线箱梁(单位:m)

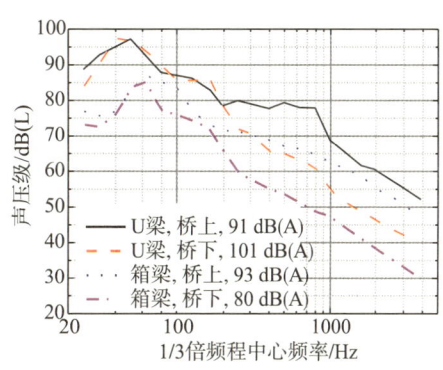

图5.13 U梁与箱梁的实测噪声对比

6. 武汉轨道交通

武汉轨道交通1号线运营列车采用2M+2T编组，动车(M)轴重130kN，拖车(T)轴重140kN。武汉理工大学谢伟平教授课题组[8]对跨度为25m的混凝土简支箱梁(图5.14)进行了测试。研究得出，箱梁振动和声辐射最大的部位是靠近结构中心的底板和靠近支座的悬臂板；箱梁振动所辐射的噪声能量集中在48.5Hz、51.5Hz处，降低该频率处的振动是减小结构噪声的切入口。

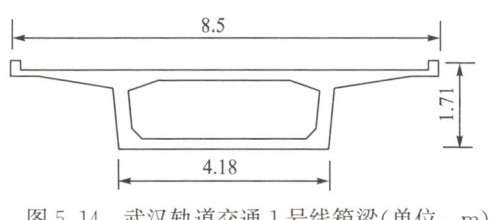

图 5.14 武汉轨道交通1号线箱梁(单位：m)

5.1.2 钢桥

1. 瑞典 Stockholm 铁路钢桁拱桥

Bewes[9]介绍了一座双线铁路钢桥的噪声测试结果，如图5.15所示。测试针对老 Arsta 桥进行，测点布置在与其并行的新 Arsta 桥上，二者相距约40m。老 Arsta 桥总长约650m，全桥包含上承式混凝土拱桥及中承式铆接钢桥(跨度150m)两部分，前者采用有砟轨道结构，后者采用木枕明桥面。

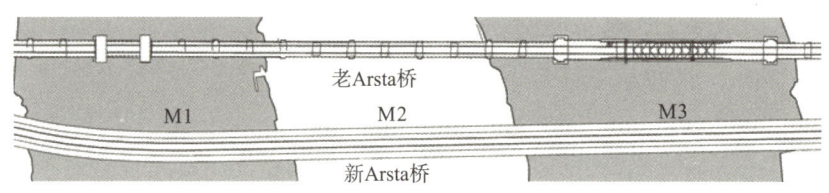

(a) 测点布置

(b) 老 Arsta 桥的混凝土桥部分

(c) 老 Arsta 桥的钢桥部分

图 5.15 老 Arsta 桥噪声测试

试验中共布置有 3 个测点，其中测点 M1(桥下有水)和 M2(桥下为岛)针对混凝土桥部分，测点 M3(桥下有水)针对钢桥部分，测点位于轨面以上 1.5m 处。测试列车为过路列车 SJ X2000 型，8 节编组，车速为 70km/h。

图 5.16 给出了老 Arsta 桥噪声测试结果。可以看出，虽然 M1 和 M2 测点分别位于水面上和地面上，但二者在 125Hz 以上的噪声级非常接近，说明桥下水面或地面对噪声的反射可以忽略；在 50~800Hz 频段，钢桥部分的噪声级要比混凝土桥部分大 5dB(A) 左右，说明钢桥的噪声要显著大于混凝土桥；在 1000Hz 以上，混凝土桥和钢桥部分的噪声基本接近，这主要是由于轮轨噪声此时占主导地位。

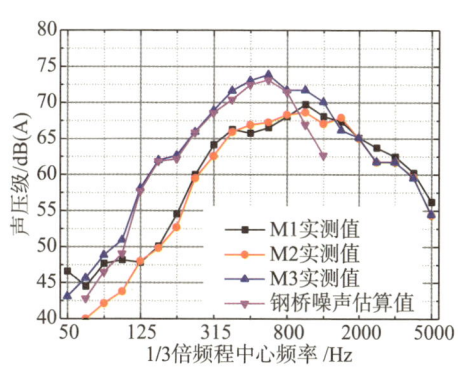

图 5.16 老 Arsta 桥噪声测试结果

假定混凝土桥的噪声可以忽略，且轮轨噪声保持不变，将 M3 测点实测噪声减去 M1(M2)测点实测噪声，可得到钢桥结构噪声预算值，计算结果如图 5.16 所示。在 50~800Hz 频段，钢桥结构噪声是主要噪声源；频率高于 800Hz 时，轮轨噪声成为主要噪声源。

2. 英国 Docklands 轻轨钢-混凝土结合梁桥

Bewes[9] 还介绍了另一座钢桥的测试结果，如图 5.17 所示。该桥为 Docklands 轻轨钢-混凝土结合梁桥，为多跨连续梁形式，跨度约为 16m，采用钢-混凝土组合截面。桥上列车为 B90/92 型，4 节编组，实测车速为 54km/h。

(a)实桥照片

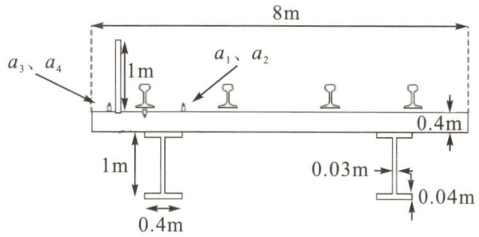

(b)振动测点

图 5.17 Docklands 轻轨钢-混凝土结合梁桥

图 5.17(b)给出了振动加速度测点，a_1、a_2 位于轨道中心线处混凝土桥面板上；a_3、a_4 位于人行道上混凝土桥面板上。噪声测点共有两个，M1 距近轨中心 7.5m，距轨面 1.2m；M2 位于桥梁中心线下方，距地面的高度为 1.2m，到混凝土桥面板的距离为 6.8m。图 5.18 给出了实测混凝土桥面板的振动速度级和两个位置的声压级。可以看出，桥面板的振动速度级主要集中在低频段，随频率增大，速度级衰减明显；在 25~125Hz 频段，人行道位置的桥面板振动要大于轨道中心处的振动，峰值频率为 40Hz；频率高于 125Hz 后，轨道中心位置的桥面板振动要大于人行道处的振动。

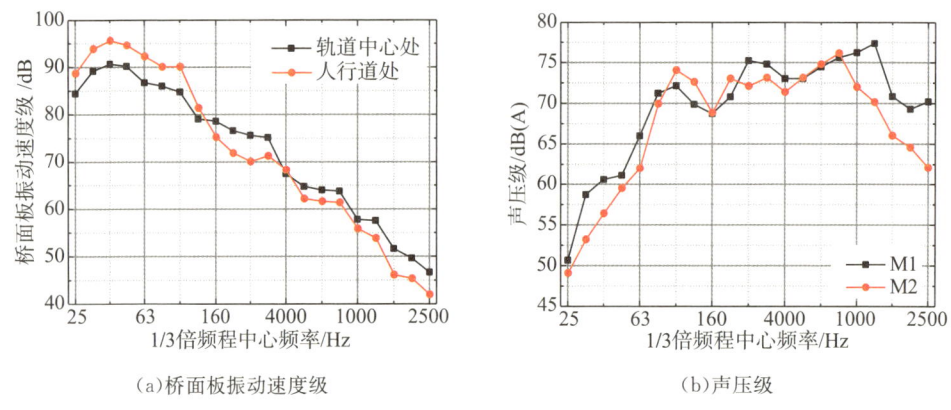

图 5.18 Docklands 轻轨钢-混凝土结合梁桥实测振动与噪声

M1 测点实测噪声则包含了轮轨噪声等多种噪声源，而 M2 测点位于桥梁正下方，桥面板自身的遮挡作用使得轮轨噪声难以传播到 M2 位置。根据测试结果，桥梁结构噪声可高达 500Hz，更高频率的噪声主要来源于轮轨噪声。

3. 法国 Gavignot 铁路钢桁梁桥

Poisson 等[10]对一跨度为 20.8m 的单线简支钢桁梁桥开展了噪声试验，该桥为明桥面形式，木枕支承在两根纵梁上，如图 5.19 所示。现场试验包含了多种列车，车速为 50~80km/h，测点位于距轨道中心线 22m 处及与轨面处。此外，在距桥梁几百米远的路基段(采用有砟轨道)，实测了相同测点位置处的噪声，并将此作为参考值。图 5.19(b)给出了测试结果。可以看出，与路基段相比，列车通过钢桥时的噪声要大 10~14dB(A)；声压级差值在 40Hz、400~630Hz 频段出现极大值，且主要集中在中频段范围，此即钢桥结构噪声的主导频率范围。

(a)实桥照片

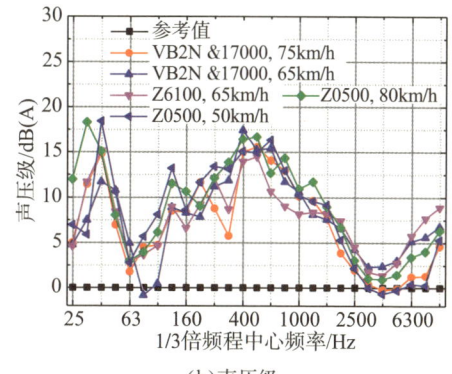
(b)声压级

图 5.19　Gavignot 铁路钢桁梁桥实测噪声

5.2　成灌铁路混凝土箱梁噪声试验

5.2.1　工程概述

成灌铁路是"5·12"汶川特大地震后的灾后重建重大工程项目,沿线为成都平原人口密集、经济发达地区,其中青城山和都江堰为世界知名旅游景区。成灌铁路是成都市轨道交通中投入运营的第一条线路,也是中国第一条市域铁路,线路等级为客运专线,双线电气化,设计时速为 200km,采用动车组列车,铺设无砟轨道和无缝线路。

成灌铁路全长 67km,桥梁占全线长度的 67.8%,桥梁设计荷载采用 ZC 活载(0.6UIC 活载)。全线桥梁通过将桥上遮板加高代替栏杆,遮板顶预埋钢板作为声屏障立柱基础。成灌铁路桥梁以 32m 混凝土简支箱梁为主(图 5.20),其中双线简支箱梁 1003 孔,单线简支箱梁 633 孔,简支箱梁施工采用集中预制、运架就位。

(a)效果图

(b)实景图

图 5.20　成灌铁路高架桥

1. 梁部构造

图 5.21 给出了成灌铁路 32m 单线混凝土简支箱梁典型横截面图,梁体全长 32.6m,梁高 2.354m,宽 7.15m,横坡为 0.00%,顶板厚从 0.3m 变化至 0.4m,腹板为圆弧形,板厚从 0.3m 变化至 0.6m,底板厚从 0.28m 变化至 0.6m。箱梁结构采用 C50 混凝土,二期恒载 97.1kN/m。

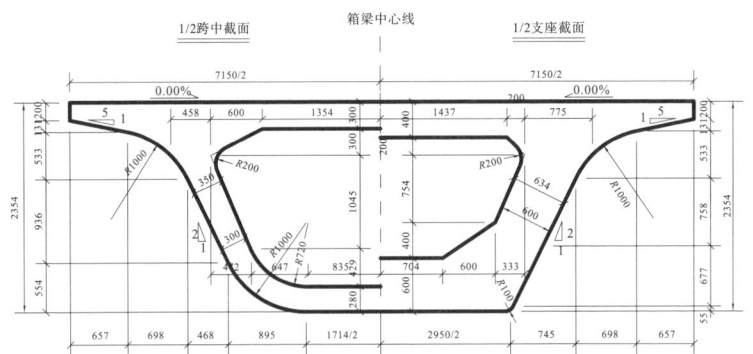

图 5.21　成灌铁路 32m 单线简支箱梁典型横截面图(单位:mm)

图 5.22 给出了成灌铁路 32m 双线混凝土简支箱梁典型横截面图,梁体全长 32.6m,梁高 2.354m,宽 11.4m,横坡为 2.00%,顶板厚从 0.3m 变化至 0.4m,腹板为圆弧形,板厚从 0.28m 变化至 0.7m,底板厚从 0.28m 变化至 0.7m。箱梁结构采用 C55 混凝土,二期恒载 153.6kN/m。

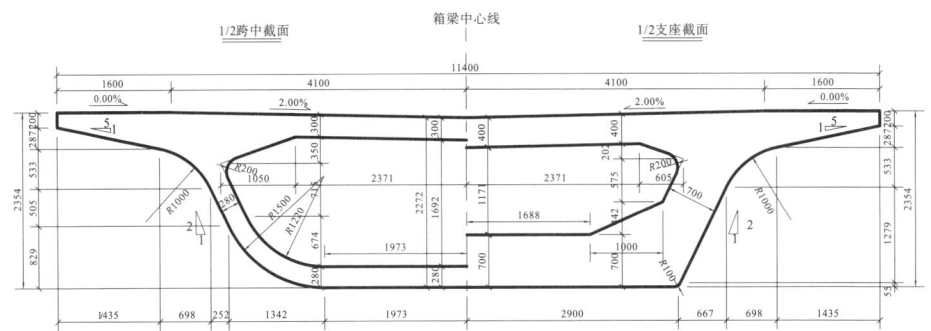

图 5.22　成灌铁路 32m 双线简支箱梁典型横截面图(单位:mm)

2. 桥墩构造

为使高墩与低墩的景观效果协调,避免较低桥墩给人矮胖压抑的感觉,借用青城山道教文化的阴阳平衡思想,在墩身至墩顶过渡段的凹槽进行开孔,开孔高 2.55m。桥墩整体外形在墩身较低时显 V 形,墩身较高时显 Y 形,整体桥梁景观和谐，宛如地震灾区生长出的具有顽强生命力的、让人们看到希望和未来的、与环境友好和谐相处的禾苗，故称为"禾形墩"[图 5.20(b)]。

3. 轨道结构

成灌铁路桥上采用 CRTS-Ⅲ型板式无砟轨道，由钢轨、弹性扣件、轨道板、自密实混凝土层、隔离层(土工布)、底座等部分组成，如图 5.23 所示。轨道结构高 762mm；轨道板宽 2500mm，厚 210mm，采用 C60 双向预应力混凝土结构；自密实混凝土层宽 2500mm，厚 100mm，采用 C40 混凝土；底座为 C40 钢筋混凝土结构，宽 2900mm，直线地段厚 200mm。

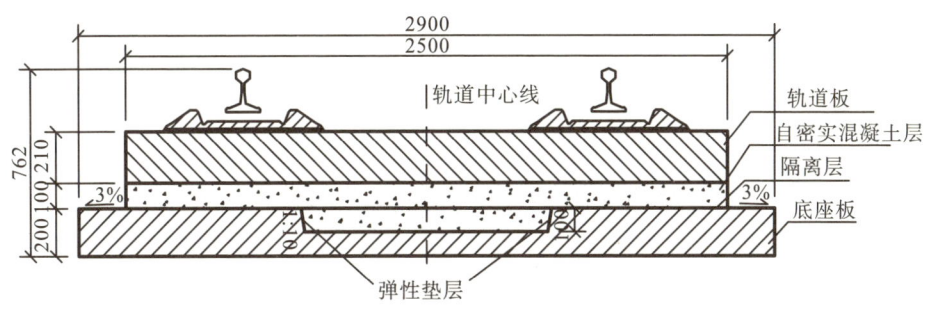

(a)横断面图(单位：mm)

(b)实景图

图 5.23　成灌铁路桥上 CRTS-Ⅲ型板式无砟轨道

轨道板与自密实混凝土层间设门型钢筋；自密实混凝土层设凸台，与底座凹槽对应设置，凹槽尺寸为 1000mm×700mm，凹槽周围设 10mm 厚橡胶垫板。扣件为 WJ-8C 型扣件系统。

4.声屏障构造

成灌铁路桥梁段声屏障采用通透插板式和金属插板式声屏障两种，设计声屏障插入损失值为 5~8dB(A)，如图 5.24 所示。通透插板式声屏障采用 H 型钢插板，弧形结构，高度为桥梁遮板以上 1.13m，内插 20mm 厚通透隔声板，采用改性亚克力板、有筋亚克力板的有机玻璃板材。金属插板式声屏障采用 H 型钢插板，直臂结构，高度为桥梁遮板以上 1.13m，内插 116mm 厚铝合金复合吸声板。

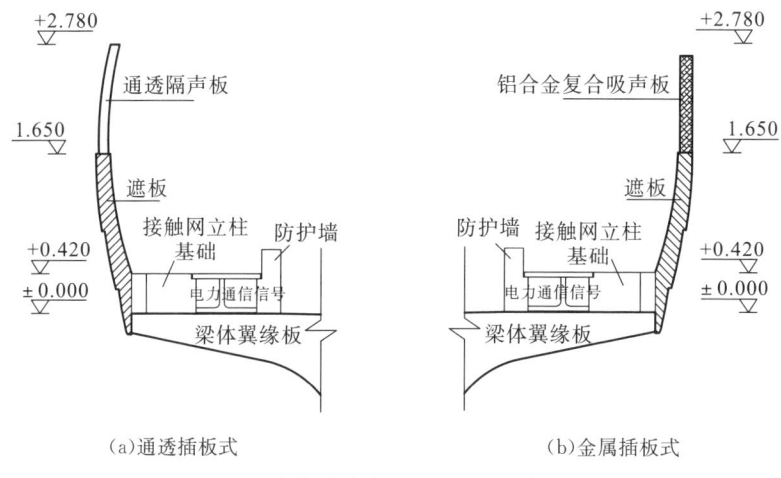

图 5.24 成灌铁路声屏障示意图(单位：m)

5.2.2 试验平台与测试方案

1.工点选取

为了确保现场实测的顺利进行，首先需要对现场进行踏勘，选定合适的工点。工点的选取按以下 3 个原则考虑[11-16]。

(1)背景噪声。若选定工点周围环境存在各种无规律的交通噪声、居民生活噪声或机器设备噪声等，在后期的数据处理中难以排除，则会对测试数据的有效性造成相当大的干扰。所以合适的工点应尽量远离公路、居民生活区、厂房等地区。

(2)声学环境。选择的测试工点周围要开阔，远离屏障或反射区，使气压、温度和风力变化影响小。因为除明显的反射物以外，气压、温度和风力的变化都会影响到声波的传播，从而造成声场的变化。

(3)安全。现场试验的首要问题是安全，在不影响铁路生产运输的前提下，保证人员及设备的安全。

第 5 章 桥梁结构噪声的试验研究

上述 3 个方面缺一不可,背景噪声是有效测试的基本要求,而声学环境是尽量使问题简化的必要条件,所有的一切都应建立在安全的基础上。

选定的工点为郫县特大桥都江堰端台尾附近(图 5.25)。郫县特大桥全长 21.113km,沿线地势平坦、开阔,地形起伏小。选定的单线箱梁位于♯665y～♯666y 桥墩,即郫县特大桥右绕行线,行车方向为都江堰至成都方向;双线箱梁位于♯669～♯670 桥墩,单、双线箱梁之间的距离约为 130m。

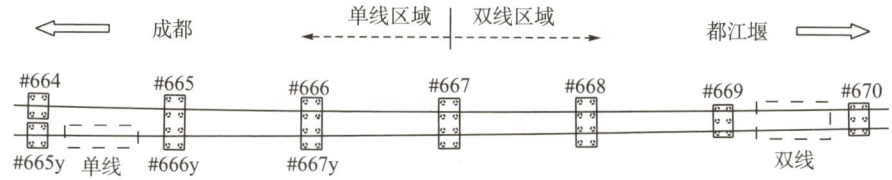

(a)工点位置

(b)单线实景图

(c)双线实景图

图 5.25 成灌铁路噪声测试工点

2. 测试仪器

本试验采用丹麦 Brüel & Kjær 公司的 PULSE Labshop 测量系统平台(图 5.26)，它是 Brüel & Kjær 公司于 1996 年推出的世界上首个噪声、振动多分析仪系统，能够同时进行多通道、实时、FFT、CPB、Overall 等分析。

本试验采用的传感器分为两类：自由场型传声器和加速度传感器

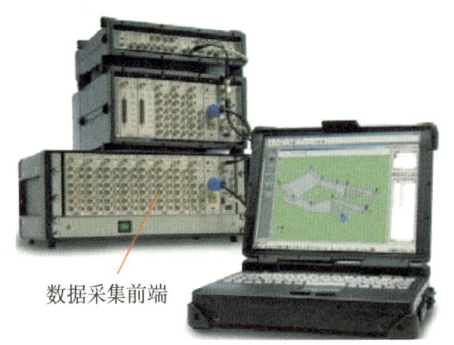

图 5.26 PULSE Labshop 测量系统平台

(图 5.27)。其中，自由场型传声器为北京声望声电技术有限公司的 MPA231 型，由 MA231 型前置放大器和 MP231 型预极化自由场传声器组成；加速度传感器为江苏联能电子技术有限公司的 CA-YD-181 型。传声器在测量前应采用标准的声级校准器进行校准，加速度传感器在测量前也应进行校准。所有测试用传感器满足 IEC 651(1979)以及 IEC 60804(1985)的要求。试验中，采用多普勒测速仪进行列车车速实测。

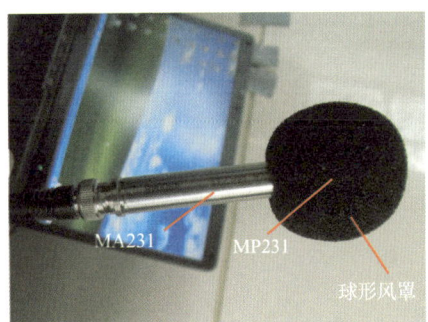

(a) MPA231 型传声器

(b) 传声器校准器

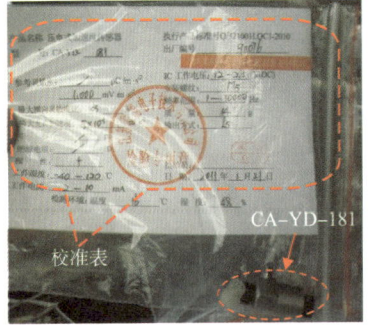

(c) CA-YD-181 型加速度传感器

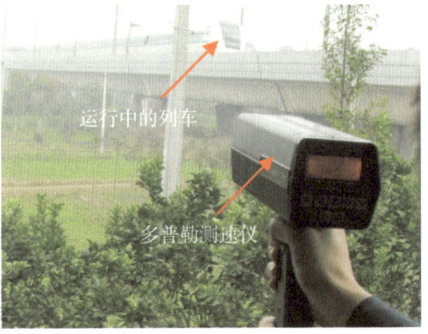

(d) 多普勒测速仪

图 5.27 两种传感器及测速仪

3. 测点布置

待测桥梁位于较为开阔的田野中，桥上无声屏障，两孔箱梁的测点布置如图 5.28 和图 5.29 所示。经现场实测，双线、单线箱梁跨中底板底面至地面的平均距离分别为 3.7m、3.5m；轨面至地面的平均距离为 6.8m（双线）、6.6m（单线）。两孔箱梁翼板边缘均装有高 1.65m 的遮板（图 5.24）。噪声参考点位于遮板顶端，至下行（成都至都江堰方向）中心 3.9m、轨面以上 0.9m。

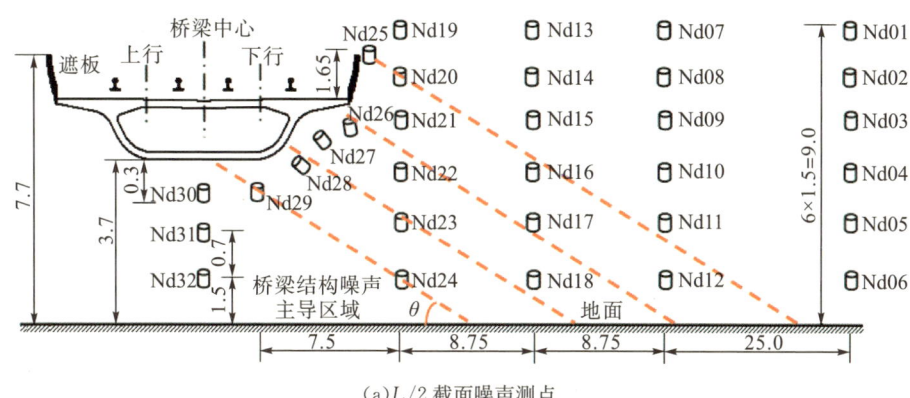

(a) $L/2$ 截面噪声测点

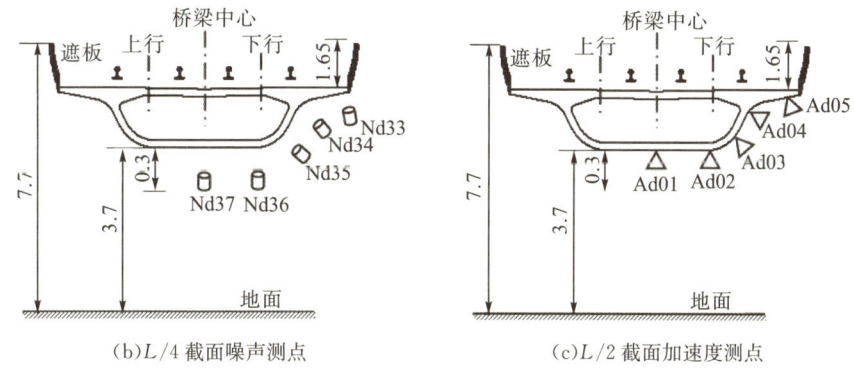

(b) $L/4$ 截面噪声测点　　　　(c) $L/2$ 截面加速度测点

图 5.28　成灌铁路双线箱梁测点布置（单位：m）

32m 双线混凝土简支箱梁包含 38 个噪声测点、5 个加速度测点。其中，Nd01~Nd32 布置在 $L/2$ 截面（L 为跨度）；Nd33~Nd37 布置在 $L/4$ 截面；Nd38 布置在♯669 桥墩所在梁缝处；加速度测点均布置在 $L/2$ 截面。32m 单线混凝土简支箱梁包含 7 个噪声测点、3 个加速度测点。其中，Ns01~Ns06 布置在 $L/2$ 截面；Ns07 布置在桥旁某独栋两层民居的一楼窗口附近，距线路中心的垂直距离为 22.4m，距地面 1.5m 高；加速度测点均布置在 $L/2$ 截面。由于箱梁自身的遮蔽效应，以及桥上遮板对轮轨噪声的遮挡，箱梁表面附近的噪声源主要是箱梁自身的振动辐射噪声。

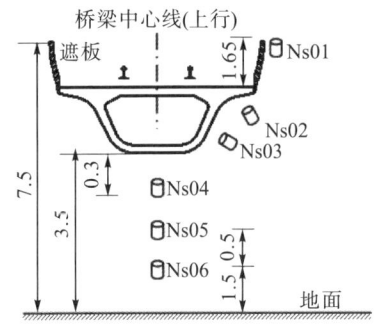
(a) $L/2$ 截面噪声测点

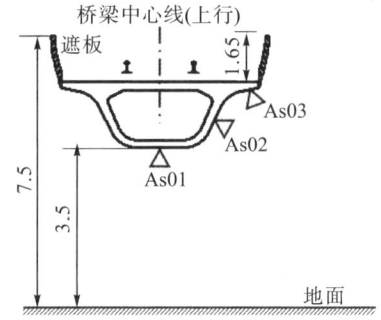
(b) $L/2$ 截面加速度测点

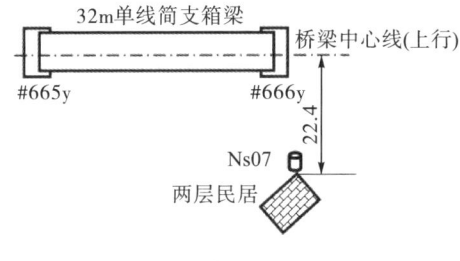
(c) 桥旁噪声测点

图 5.29 成灌铁路单线箱梁测点布置(单位:m)

测点布置主要考虑了以下 3 个方面的问题。

(1)安全性。本次测点均布置在梁下及梁侧,避免了对铁路正常运营的干扰。同时,桥梁墩高较矮,便于搭设脚手架进行梁底传感器的安装。此外,梁侧测点距地面的最大高度为 9m,易于人工搭设辅助钢管,因为大型起重设备不具备可达性,过高的辅助钢管也会造成安全隐患。

(2)探索性。箱梁内部是一个天然的"共鸣腔",有可能会使得某些频率的结构噪声大大增加,并通过梁缝处传播出去(声泄漏)。因此,梁缝处噪声的特性值得探索,故在梁缝处布置了一个测点(Nd38)。

(3)有效性。合理的测点布置不仅节省人力、物力,还可获取更多有效信息。由于桥梁自身的遮蔽效果,梁体表面、梁下噪声测点可有效捕捉到桥梁结构的振动噪声,避免了其他噪声源的干扰。梁侧测点分别布置在距外轨中心 7.5m、16.25m、25m 和 50m 处,考虑了噪声的传播、声场分布研究需要,也兼顾了国内外相关规范的规定。梁侧最高测点大致与列车半高处齐平(车型 CRH1,高 4.04m),高于轮轨噪声声源(日本将轮轨噪声源确定在轨面处,欧洲国家将其确定在轨面以上 0.4~0.5m 处),可有效捕捉包括轮轨噪声在内的综合噪声。

4. 传感器安装

梁面、梁下及梁缝处传感器的安装如图 5.30 所示；梁侧传感器的安装如图 5.31 所示；双线区、单线区的数据采集平台如图 5.32 所示。测试过程中，单线区、双线区同步进行，人员分别配置在两个区域。

(a) 清除梁下杂物并均匀铺设杂草，搭设脚手架工作平台

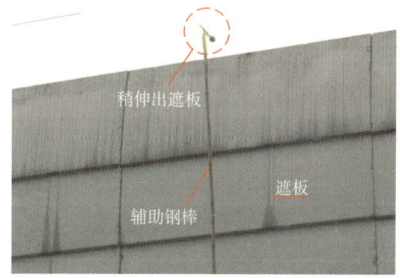

(b) 绑扎辅助钢棒

(c) 线缆编号，安装传声器、加速度传感器，元件防护

图 5.30 梁面、梁下及梁缝处传感器的安装过程

(a) 移除梁侧景观树

(b) 钢管连接，挖坑

(c) 线缆编号，校准传声器，安装传声器

(d) 架设钢管

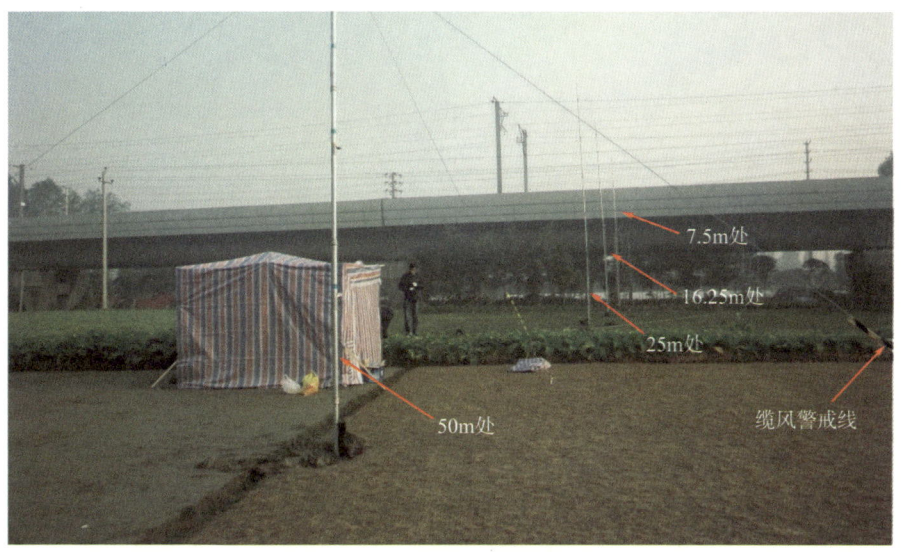

(e)传感器安装到位

图 5.31 梁侧传感器的安装过程

(a)双线区

(b)单线区

(c)试验人员

图 5.32 数据采集平台及试验人员

5. 测试工况

表 5.1 和表 5.2 分别列出了上行、下行测试工况，上行即列车由都江堰开往成都，下行则反之。由图 5.28 可知，相对于梁侧测点，上行测试工况为列车远轨运行，下行为近轨。由图 5.29 可知，上行测试工况为单线箱梁的有效测试工况，即成都至都江堰方向列车将不从待测单线箱梁上通过。

表 5.1　成灌铁路上行测试工况

工况编号	车速/(km/h)	工况编号	车速/(km/h)
D-C-V144	144	D-C-V155-2	155
D-C-V145	145	D-C-V156-1	156
D-C-V146	146	D-C-V156-2	156
D-C-V147	147	D-C-V156-3	156
D-C-V151	151	D-C-V157	157
D-C-V153-1	153	D-C-V158-1	158
D-C-V153-2	153	D-C-V158-2	158
D-C-V154-1	154	D-C-V160	160
D-C-V154-2	154	D-C-V198	198
D-C-V155-1	155	—	—

表 5.2　成灌铁路下行测试工况

工况编号	车速/(km/h)	工况编号	车速/(km/h)
C-D-V120	120	C-D-V138-2	138
C-D-V131	131	C-D-V138-3	138
C-D-V133	133	C-D-V139-1	139
C-D-V134-1	134	C-D-V139-2	139
C-D-V134-2	134	C-D-V140-1	140
C-D-V134-3	134	C-D-V140-2	140
C-D-V135-1	135	C-D-V140-3	140
C-D-V135-2	135	C-D-V140-4	140
C-D-V135-3	135	C-D-V141	141
C-D-V137	137	C-D-V162	162
C-D-V138-1	138	—	—

从表 5.1 和表 5.2 可以看出，列车在上行运行时，除工况 D-C-V198 外，车速集中在 144~160km/h，平均车速为 153.2km/h，标准差为 4.6km/h；列车在下行运行时，除工况 C-D-V162 外，车速集中在 131~141km/h，平均车速为 136.9km/h，标准差为 2.8km/h。桥上通过列车为运营 CRH1 型动车组，8 节编组。

5.2.3 双线箱梁测试结果

1. 箱梁外表面

图 5.33 给出了箱梁外表面不同位置处的实测噪声。从图 5.33(a)和(b)可以看出，跨中底板中心测点 Nd30 在工况 C-D-V162 下出现最大声压级，在工况 D-C-V198 下出现最小声压级，对这一现象的产生原因将在 7.2.3 节给出。此外，箱梁结构噪声的主导频率范围为 40~100Hz，随频率增大迅速衰减，表明混凝土箱梁的结构噪声以低频为主。因此，图 5.33(c)和(d)仅给出了 200Hz 以内的声压级，图中不同测点的频谱曲线是对各工况实测值取平均后得到的。

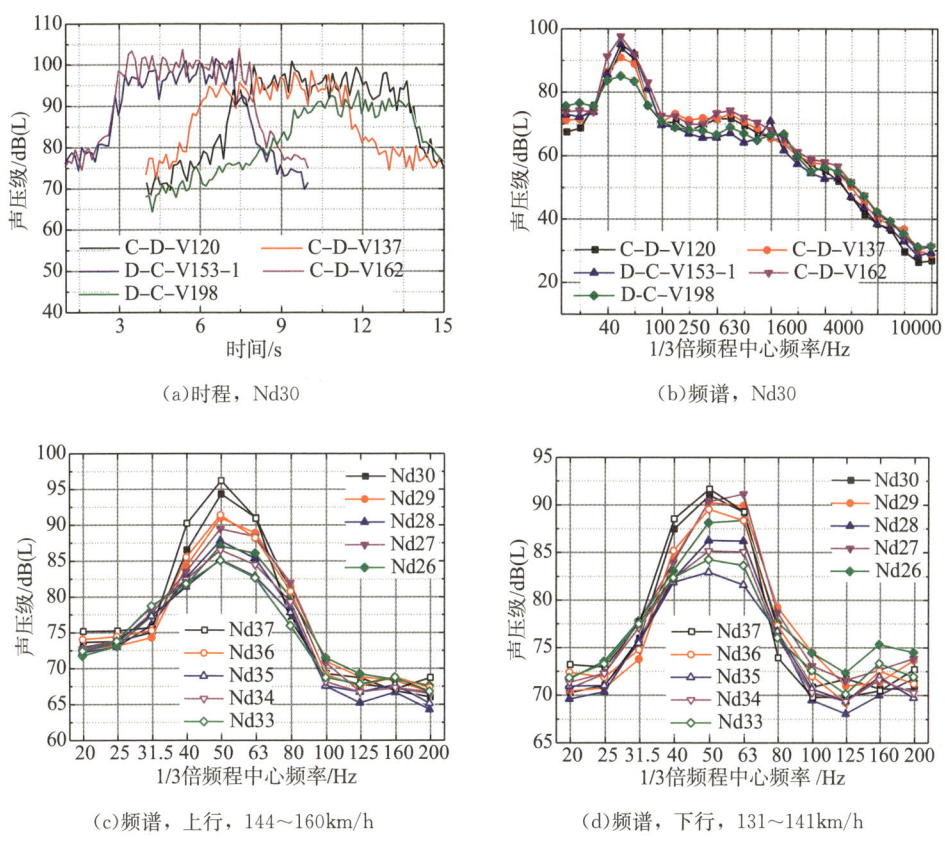

图 5.33 实测箱梁外表面噪声

从图 5.33(c)和(d)可以看出，底板中心附近测点 Nd30（$L/2$ 截面）、Nd37（$L/4$ 截面）的声压级较大，不同测点之间的声压级差值在 10dB(L)以内。此外，结构噪声在 50Hz 处具有明显的有调性，尤其是在底板中心附近。

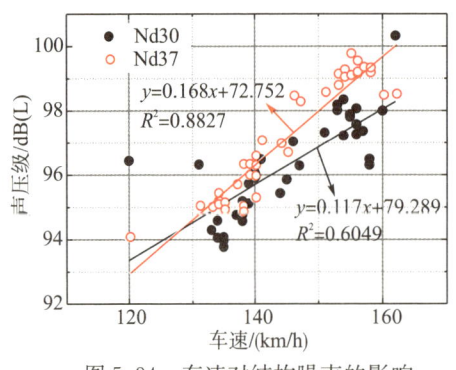

图 5.34 车速对结构噪声的影响

图 5.34 给出了不同车速下,底板中心附近测点 Nd30（$L/2$ 截面）、Nd37（$L/4$ 截面）的实测声压级随车速的变化规律。车速范围为 120~162km/h,考虑到车速 198km/h 附近的实测样本仅有 1 个,线性拟合中将工况 D-C-V198 的实测结果剔除。可以看出,测点 Nd37 的实测声压级要比 Nd30 稍大；Nd37 声压级拟合直线的斜率为 0.168dB(L)/(km·h^{-1}),且线性度较好；Nd30 声压级拟合直线的斜率为 0.117dB(L)/(km·h^{-1}),但线性程度较差。

2. 梁下

图 5.35 给出了梁下不同高度处测点的声压级对比,测点 Nd31、Nd32 均位于 $L/2$ 截面,距底板中心外表面的距离分别为 1.5m、2.2m。可以发现,在 50Hz 频带处,测点 Nd30、Nd37 的实测噪声级要比 Nd31、Nd32 高出 10dB(L) 以上,这与低频噪声衰减较慢的规律不符。对于这种现象,通过声波的干涉原理可以很好地解释。

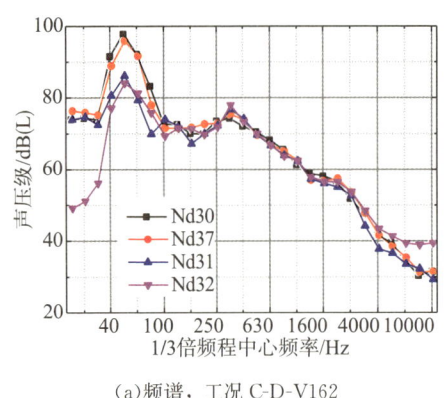
(a) 频谱,工况 C-D-V162

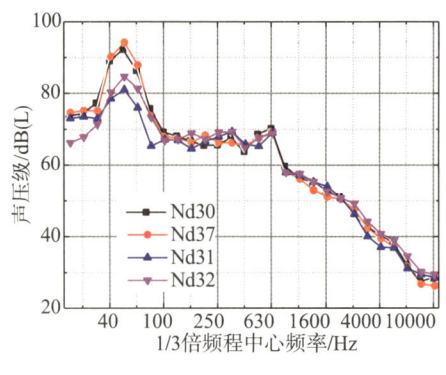
(b) 频谱,工况 D-C-V144

图 5.35 梁下不同高度处的噪声对比

如图 5.36 所示,由于地面对声波的反射作用(尽管试验中在梁下地面铺设了杂草,以增加其吸声效果,但地面对声波的反射作用仍然存在),声源 S 和虚声源 S′ 发出的两列声波为相干波。双线梁底板距地面的高度为 3.7m,50Hz 频带的声波波长 λ 为 6.0~7.6m,即声源 S 和虚声源 S′ 的间距与声波波长非常接近。测点 Nd31、Nd32 比较接近,距地面的高度约为 λ/4,其到声源 S 和虚声源 S′ 的波程差为半波长的奇数倍(此处为 1 倍),处于干涉相消区域；测点 Nd30 的波程差为波长的整数倍(1倍),处于相长区域。由此造成的结果是,测点 Nd30(Nd37) 在 50Hz 频段的声压级比测点 Nd31、Nd32 高出许多。

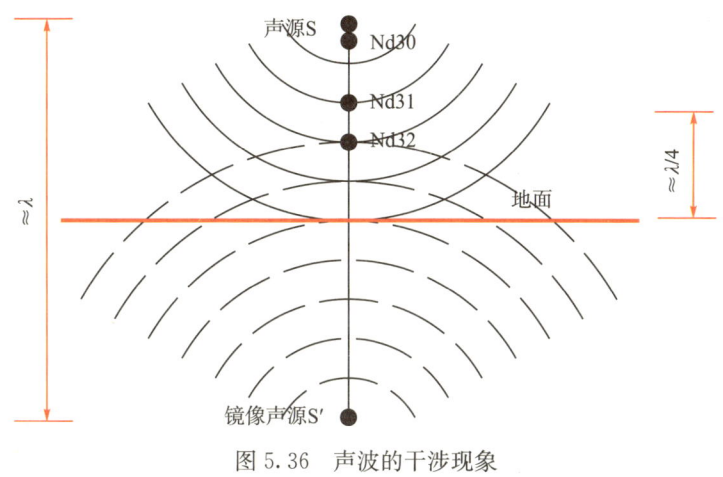

图 5.36 声波的干涉现象

3. 梁侧

图 5.37 分别给出了梁侧高位测点、低位测点在工况 C-D-V162 下的线性声压级、A 计权声压级。高位、低位测点分别指距地面高度为 9.0m、1.5m 的测点。

对比图 5.37(a)和(c)可知,高位测点的线性声压级分别在低频和高频范围存在峰值,且这两个频率范围的声压级比较接近;低位测点仅在低频范围存在噪声峰值。高位测点的噪声为混合噪声,推测低位测点的噪声以桥梁结构噪声为主。

对比图 5.37(b)和(d)可知,高频噪声随距离的衰减速率要比低频噪声快,这符合声学基本规律。横向垂直于桥梁中心线相同距离处,距地面较高处将会遭受更严重的噪声危害;与距地面较低处相比,高位处的噪声级将会大 10dB(A)或更多。

为了更好地理解梁侧不同位置处噪声的频率差异性,图 5.38 分别给出了梁侧声场在工况 C-D-V120、C-D-V162 下的线性声压级、A 计权声压级。可以看出,采用线性计权时,声场云图出现两个噪声"热点",分别出现在桥侧斜上方和斜下方;采用 A 计权时,声场云图出现一个噪声"热点",出现在桥侧斜上方。由此得出,高架桥侧存在一个桥梁结构噪声占主导的区域,如图 5.28(a)所示的虚线区域;基于实测结果和几何相对关系,可以计算出该指向角 $\theta=14.1°$。

梁侧某处的噪声与车速及距离的变化规律可由对数关系式表示,即

$$\mathrm{SPL_{predict}} = L_0 + K_s \log(v/v_0) - K_d \log(d/d_0) \tag{5.1}$$

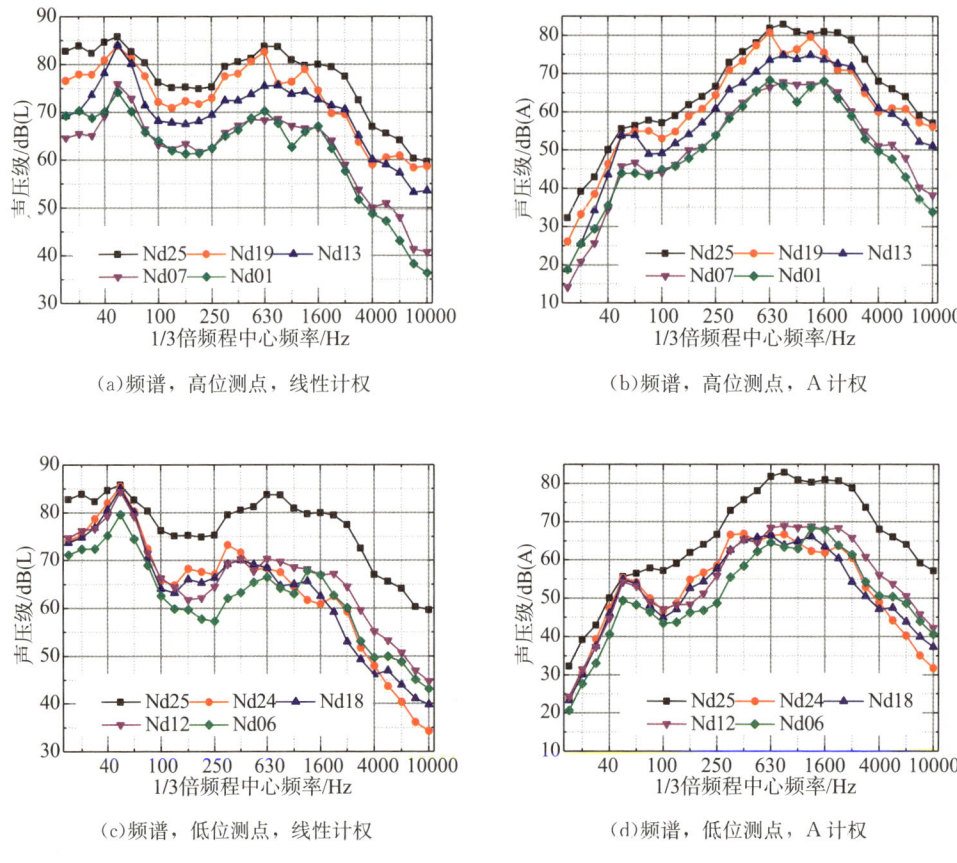

图 5.37 梁侧不同高度处的噪声对比

式中，$SPL_{predict}$ 为预测声压级，dB(L)或 dB(A)；K_s、K_d 分别为车速和距离修正系数；L_0、v_0 和 d_0 分别为参考声压级[dB(L)或 dB(A)]、参考车速(km/h)和参考距离(m)；v 和 d 分别为待预测的车速(km/h)和距离(m)。

根据实测结果，假定 $v_0=120$km/h，$d_0=7.5$m，则可得高位测点及低位测点的预测公式如下：

高位测点

$$SPL_{predict} = 85.08 + 9.54\log(v/120) - 13.71\log(d/7.5) \quad (5.2)$$

低位测点

$$SPL_{predict} = 86.60 + 21.91\log(v/120) - 7.32\log(d/7.5) \quad (5.3)$$

由式(5.2)和式(5.3)可知，低位测点的噪声级更易受到车速的影响，而高位测点的噪声级更易受到距离的影响。图 5.39 分别给出了高位测点和低位测点的预测值与实测值的对比。可以看出，预测结果吻合良好。因此，式(5.2)和式(5.3)可分别用于梁侧距地面 9.0m(高位)、1.5m(低位)处噪声大小的预测。

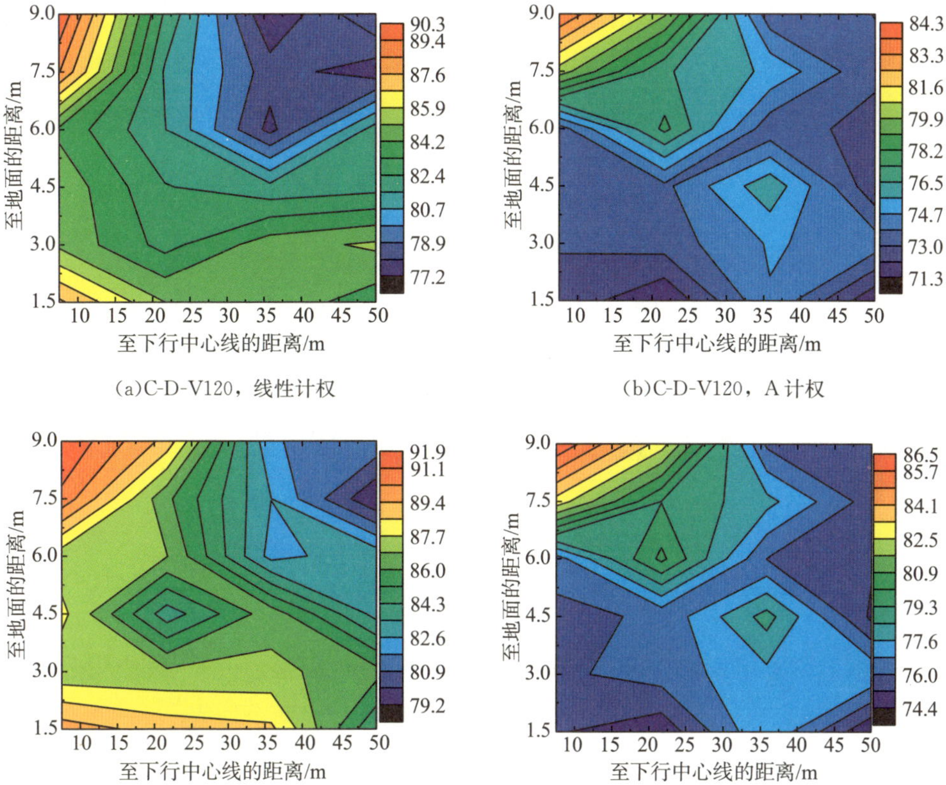

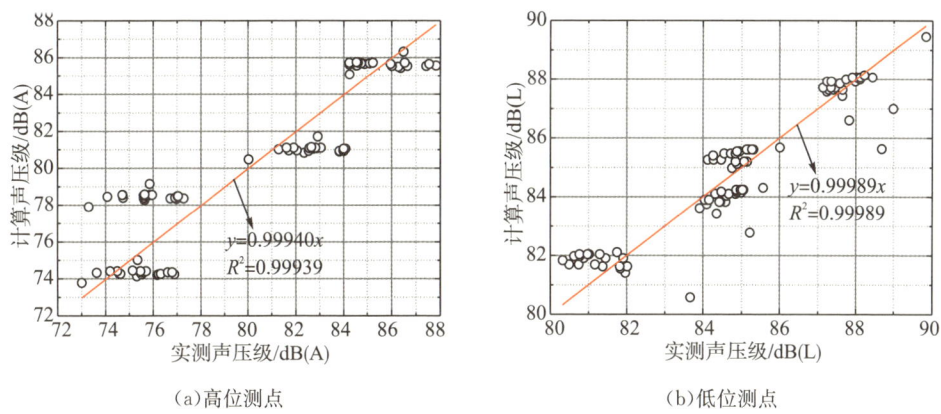

(a) C-D-V120，线性计权　　　　　　　　(b) C-D-V120，A 计权

(c) C-D-V162，线性计权　　　　　　　　(d) C-D-V162，A 计权

图 5.38　梁侧实测声场云图

(a) 高位测点　　　　　　　　　　　　　(b) 低位测点

图 5.39　梁侧噪声预测简化公式的效果验证

4. 梁缝处

测点 Nd38 为试验设置的梁缝测点，图 5.40 分别给出了工况 D-C-V198、C-D-V162 下，梁缝测点的声压级时程曲线和频谱曲线。对比图 5.40(a)、

图 5.33(a)可知,梁缝测点处的噪声级衰减慢、上升慢,说明箱梁内部具有一定的混响效果。线性计权(L.W.)比 A 计权(A.W.)大 10dB 左右,说明该处的噪声含有较多的低频成分。

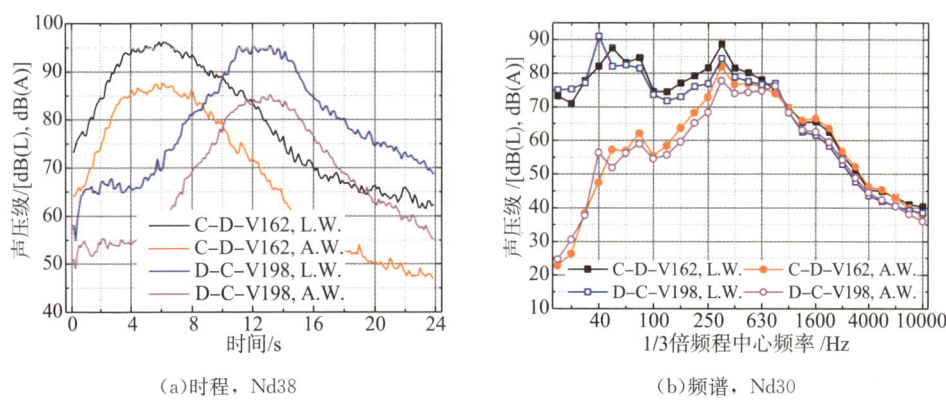

(a)时程,Nd38　　　　　　(b)频谱,Nd30

图 5.40　梁缝处的实测噪声

梁缝处的噪声主要为箱梁结构噪声,但也可能存在梁面以上泄漏下来的少许轮轨噪声。图 5.40(b)的声压级线性计权频谱图中存在两个峰值,第一个峰值与梁下测点基本一致,第二个峰值频率为 315Hz,且在工况 C-D-V162 中,315Hz 处的噪声级反而超过了 50Hz 处的噪声级。事实上,图 5.35 中也存在 315Hz 的小峰值,说明此频段的噪声仍然是结构噪声,但似乎在梁缝处被"放大"了 15dB(L)左右,而 50Hz 频段的噪声似乎被"缩小"了 10dB 左右。

5.2.4　单线箱梁测试结果

图 5.41 给出了单线箱梁外表面及梁下测点的声压级频谱曲线。可以看出,车速在 144~160km/h 时,各测点实测频谱曲线变化规律基本一致。测点 Ns02、Ns04、Ns05 的实测声压级在中心频率 63Hz、160Hz 处出现局部峰值;测点 Ns03 的实测声压级在中心频率 50Hz、160Hz 处出现局部峰值;随着频率增大,测点 Ns02~Ns05 的实测声压级逐渐降低,说明桥梁结构噪声以低频为主。

德国 DIN 45680—1997 规范将任意一个频带比相邻两个频带的声压级高 5dB 及以上作为区分噪声是否有调的标准[17],由此可知,梁下噪声在 1/3 倍频程中心频率 63Hz 处具有有调性,这也正是在梁下能听到低沉"嗡嗡声"的原因。

由于车速范围较为集中,各测点实测总声压级变化较小,在表 5.1 所示的前 19 个工况下的总声压级标准差小于 1.0dB,详见表 5.3。翼板处(Ns02)的声压级较大,原因可能是翼板较薄,其高频局部振动剧烈,更易辐射噪声。

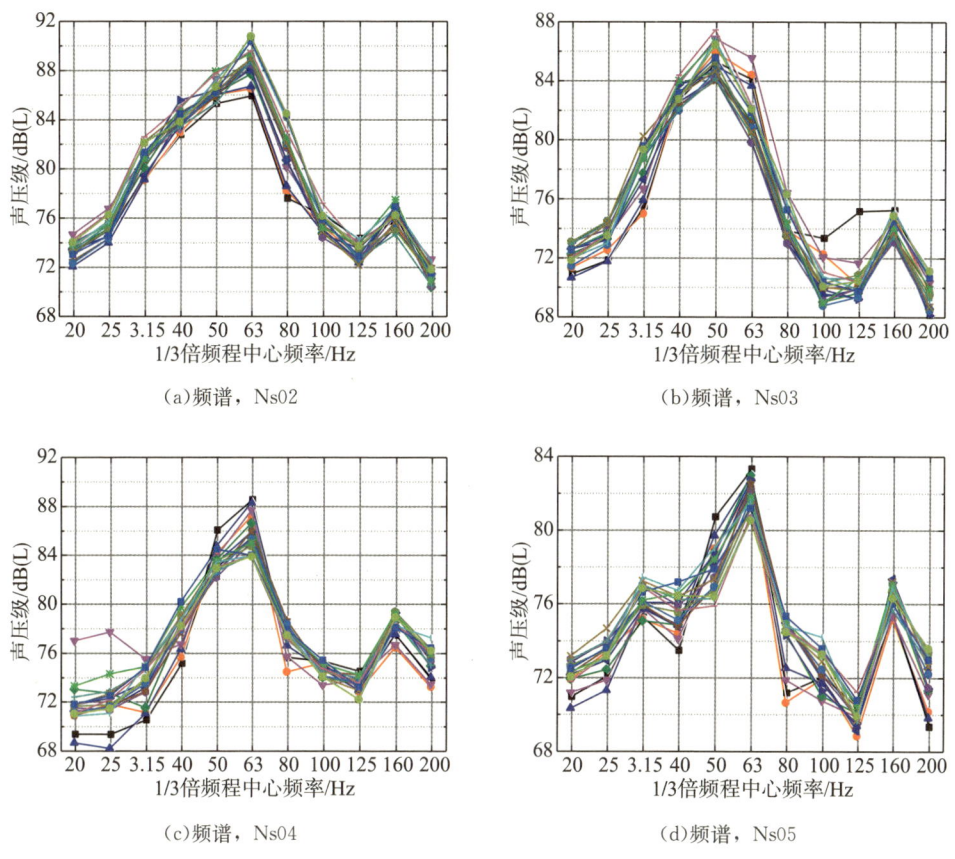

图 5.41 单线箱梁噪声测试结果(上行,车速为 144～160km/h)

表 5.3 不同位置处的总声压级　　　　　　　　　　　单位:dB(L)

Ns02		Ns03		Ns04		Ns05	
平均值	标准差	平均值	标准差	平均值	标准差	平均值	标准差
93.3	0.9	90.4	0.7	90.3	0.6	87.4	0.3

5.2.5 实测噪声的评价

以图 2.5 所示日本低频噪声的评价方法对梁侧噪声进行评价。图 5.42 给出了双线、单线箱梁的评价曲线,包括单线箱梁测点 Ns07 及双线箱梁测点 Nd24、Nd18、Nd12 和 Nd06。测点 Nd24、Nd18、Nd12 和 Nd06 距地面的高度为 1.5m,接近大多数住宅一楼窗口的高度,至下行中心线的距离分别为 7.5m、16.25m、25m 和 50m。这些测点的实测噪声是包含轮轨噪声、桥梁结构噪声等在内的综合噪声,但低频段主要来源于桥梁结构噪声。

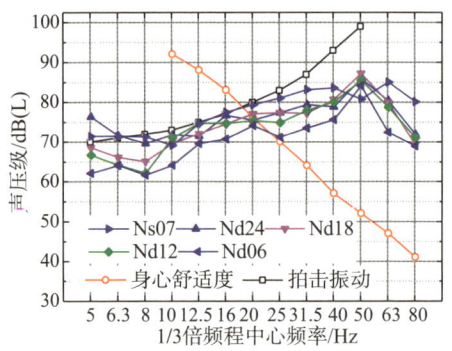

图 5.42　梁侧噪声评价

从图 5.42 可以看出，对于 20Hz 以下的次声频段，各测点声压级均接近拍击振动曲线，甚至有超过的现象，说明该噪声可能引起门、窗等建筑附属物的振动，且传播范围广；对于 20Hz 以上的频段，各测点声压级均超过了身心舒适度曲线，且超限严重，说明该噪声会引起身心不适。虽然这些测点并不是位于室内并关闭了所有门窗，但低频噪声本身也难以隔断，且量值过大，所以必须引起重视。

5.3　津秦客运专线混凝土箱梁噪声试验

津秦客运专线正线全长 261km，设计速度为 350km/h，桥梁长度占正线线路长度的 62.3%，2013 年 12 月 1 日正式通车。本次现场试验时间为 2013 年 7 月末~9 月初，搭载津秦客运专线联调联试进行测试[18]。

5.3.1　工程概述

本次测试位于高架桥无声屏障路段(中心里程 K184+645)，采用 32m 预应力混凝土简支箱梁(图号：通桥(2008)2322A-Ⅱ)，如图 5.43 所示。桥宽 12.0m，梁长 32.6m，计算跨度为 31.5m，横桥向支座中心距为 4.5m，桥梁中心处梁高 3.09m。桥梁结构采用 C50 混凝土，设计活载为 ZK 活载。桥上采用 CRTS-Ⅱ型板式无砟轨道，由钢轨、扣件、轨道板(厚 20cm)、CA 砂浆层(厚 3cm)、混凝土支承层(厚 19cm)、"两布一膜"滑动层构成，总高度为 0.679m。桥上采用的扣件类型为 WJ-8C 型。

第5章 桥梁结构噪声的试验研究

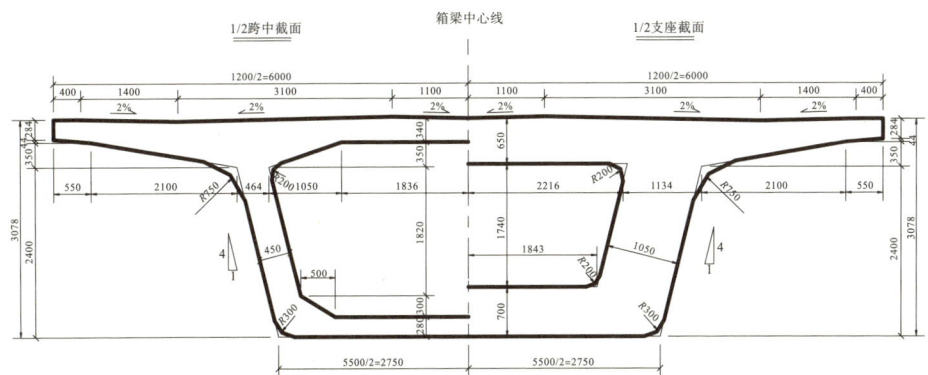

图5.43 津秦客运专线32m双线简支箱梁典型横截面图(单位:mm)

5.3.2 试验平台与测试方案

图5.44给出了测点布置图,测点位于♯13～♯14桥墩的跨中截面,梁底距地面的高度约为3m。测点Aj01、Aj02为加速度传感器(CA-YD-181型),分别测量底板、顶板的振动加速度;测点Nj01~Nj06为自由场型麦克风(MPA231型),其中Nj01和Nj02分别测量跨中箱内、♯14桥墩伸缩缝附近的噪声。

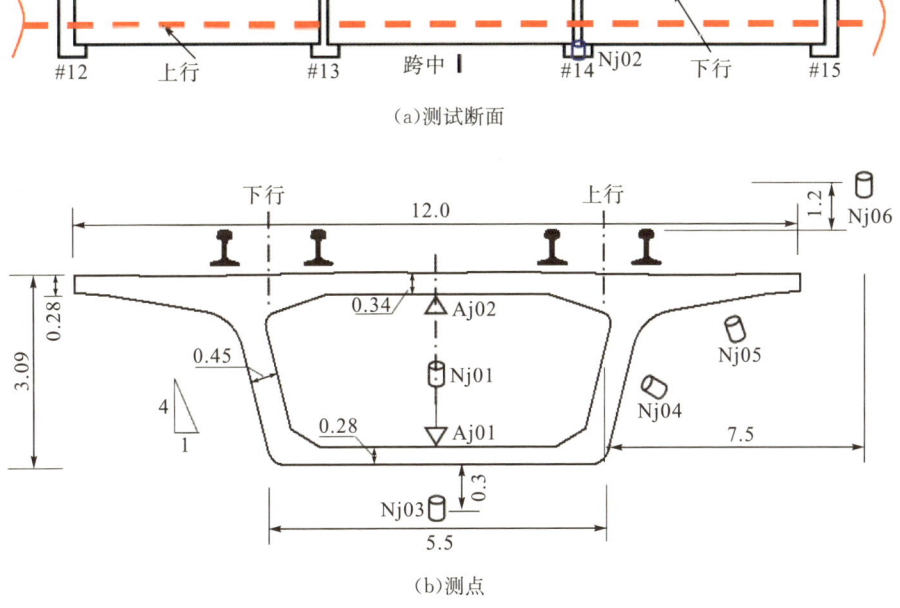

图5.44 津秦客运专线箱梁测点布置(单位:m)

图 5.45 给出了试验照片,试验采用的列车为 CRH380A 型,测试速度为 320～385km/h,速度间隔 10km/h,每个速度级测试 3 次,运行轨道为上行(往返)。

(a)MPA231

(b)CA-YD-181

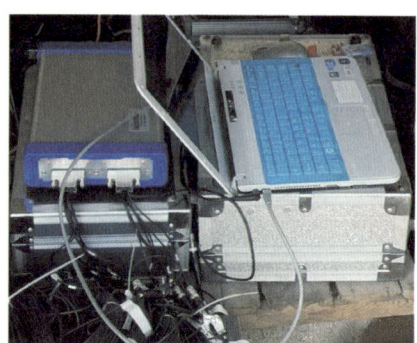
(c)INV3060S 测试系统

(d)CRH380A 从高架桥上通过

图 5.45　试验仪器及测试照片

5.3.3　测试结果分析

图 5.46 给出了测点 Nj03～Nj06 的实测噪声频谱曲线。本次试验中的参考点 Nj06 到轨道中心的距离为 7.5m,而成灌铁路噪声试验中的参考点 Nd25 到轨道中心的距离约 3.9m。对比图 5.46(a)和图 5.37 中 Nd25 的测试结果可以发现,两种车型所产生的轮轨高频噪声峰值频率比较接近,随距离衰减非常迅速,且随车速增大而增大;本次试验中的低频噪声较大,这主要是来源于空气动力噪声和桥梁结构噪声,峰值频率在 40Hz 附近;由于车速较大,本次试验中的低频噪声比成灌铁路噪声试验大 10～20dB(L)。

从图 5.46(b)～(d)可以看出,梁底外表面噪声峰值频率为 50Hz,腹板和翼板外表面噪声峰值频率为 40Hz,与图 5.33 和图 5.41 中成灌铁路箱梁噪声试验结果一致,这进一步说明了混凝土箱梁结构噪声的低频特性。此外,本次试验中的车速几乎为成灌铁路试验车速的 2 倍，导致箱梁结构噪声要比后者大 10dB(L) 以上，梁底外表面附近的噪声可达 105dB(L)。

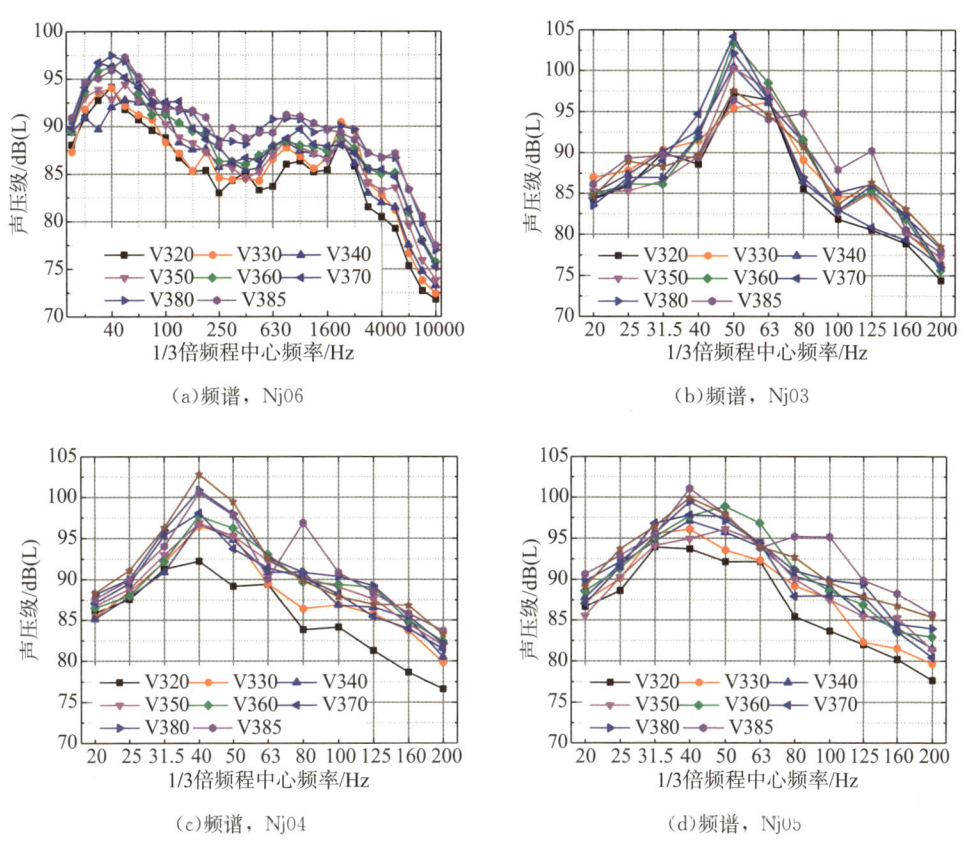

图 5.46 津秦客运专线箱梁噪声测试结果

箱梁内部具有很大的空腔，各板件则相对较薄，当行车激励作用在箱梁顶板上时，在某种程度上就类似于生活中的击鼓行为，即发生"空腔共鸣"现象。换句话说，与 U 梁、T 梁等其他开口结构不一样，箱梁内部空腔对结构噪声具有一定影响，可能会显著增大箱内噪声，并通过梁缝泄漏出去。为此，本次试验在箱内及梁缝处布置了噪声测点，分别为测点 Nj01 和 Nj02。

图 5.47 给出了实测箱内外噪声对比。可以看出，箱内噪声(Nj01)在车速为 340km/h 时高达 40Pa，并比车速为 380km/h 时大 2 倍左右；箱内噪声在车速为 340km/h 时出现明显的"拍"现象，在临近速度级 330km/h、350km/h 时也隐约出现了"拍"现象，相应的声压达到 20Pa；统计结果显示，车速为 320～385km/h 时，箱内噪声从 8Pa 增大到 20Pa，但仅在 340km/h 时出现了明显的"拍"现象；伸缩缝附近的噪声(Nj02)大约是箱内噪声的 1/2，这就意味着一旦箱内出现明显的"拍"现象而显著增大箱内噪声时，从梁缝处泄漏出去的噪声将

会增大桥侧噪声；底板外表面附近的噪声(Nj03)随车速增大而增大，没有受到箱内噪声的影响，这是因为 Nj03 主要的噪声来源为底板声辐射。

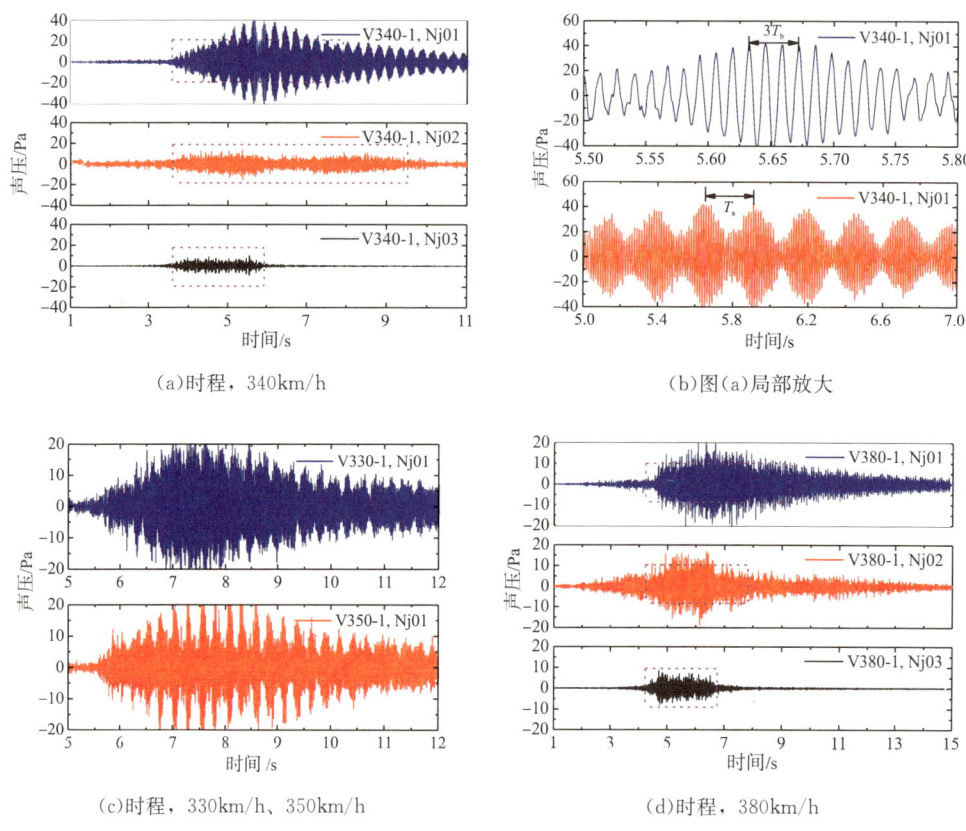

图 5.47　实测箱内外噪声

为了显示噪声持续时间，图 5.47(a)和(d)中加入了一些虚框，可以发现，底板外表面附近噪声(Nj03)上升、下降速度均很快，当 CRH380A 从测试桥跨通过时，该处的噪声保持不变；由于空腔混响效应，Nj01 和 Nj02 的噪声持续时间较长，特别是当箱内噪声出现"拍"现象时，这两个测点的噪声持续时间可达 Nj03 测点的 2 倍；梁缝处噪声持续时间较长，这就意味着列车通过桥梁后，从梁缝处泄漏出来的噪声将持续影响桥梁两侧声场。

"拍"是自然界中非常普遍的一种现象，当两个频率相差不大的声波合成时，其合成声波的幅值将随时间作周期性的变化，这种现象被称为"拍"。从图 5.47(b)可以得出，两个特征周期 T_a 和 T_b 分别为 0.265s 和 0.013s，因此，可简单计算出这两个比较接近的噪声频率分别为 75.0Hz 和 78.8Hz。图 5.48 给出了两个车速为 340km/h 工况下的箱内声压均方根值曲线，同样可以看出两个噪声峰值频率分别为 75.0Hz 和 78.8Hz，而 75.0Hz 处的噪声起主导作用，78.8Hz 处的声压均方根值约为前者的 1/2。

图 5.49 给出了车速为 340km/h 工况下的箱梁顶底板竖向振动加速度实测值。从图 5.49(a)可以看出,通过 20~200Hz 的带通滤波处理后,顶板的竖向振动加速度峰值约为 $7m/s^2$。我国高速铁路设计规范规定的桥面板在 20Hz 以内的竖向振动加速度限值为 $5m/s^2$(无砟轨道)。对于跨度为 32m 的混凝土简支箱梁而言,20Hz 以内的振动主要由一阶竖向整体振动模态控制,但此频段范围不能辐射可听声。由此可见,箱梁板件的高频局部振动响应比较显著,并会辐射噪声。从图 5.49(a)也可以观察到 16 次明显的冲击振动,由动车组的 16 个转向架产生。CRH380A 的轴距为 2.5m,因此,车速为 340km/h 时,施加在桥梁上的冲击荷载加载频率为 $340\div3.6\div2.5=37.8$(Hz)。

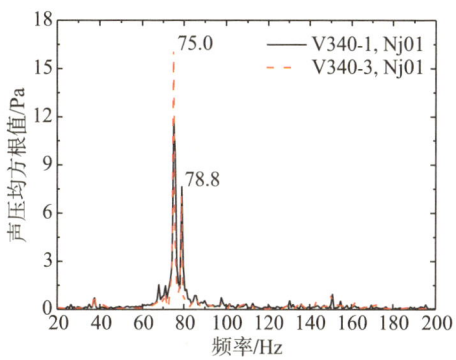

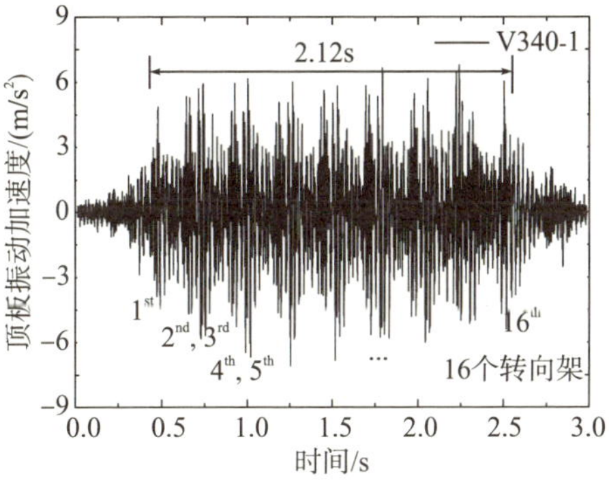

图 5.48 箱内噪声的频谱图(340km/h)

(a)时程,Aj02

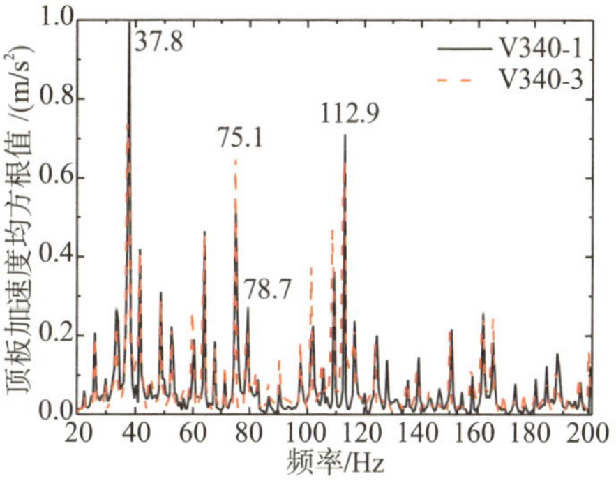

(b)频谱,Aj02

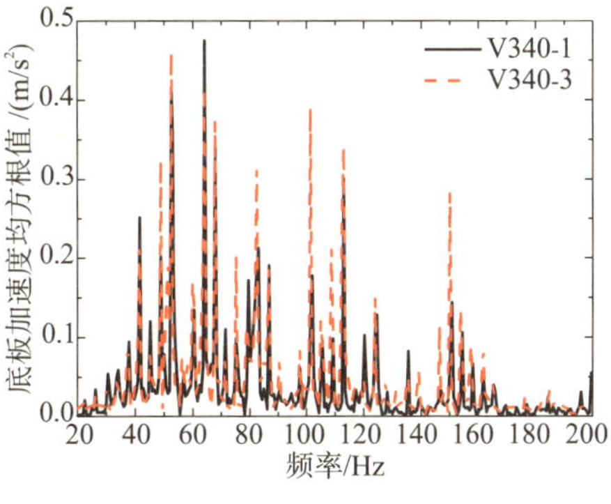

(c)频谱,Aj01

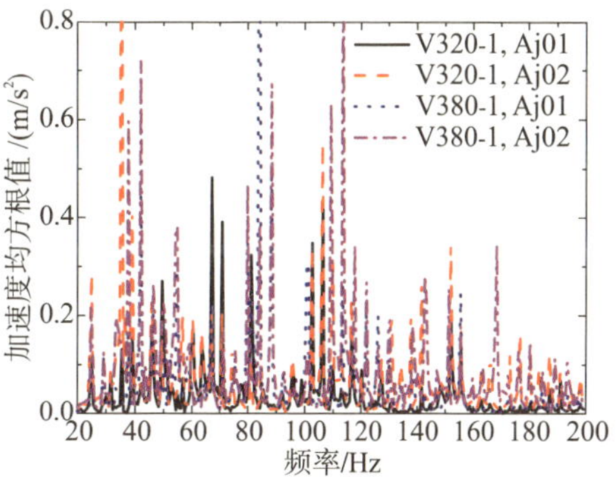

(d)频谱,Aj01 和 Aj02

图 5.49 实测箱梁顶底板振动

从图 5.49(b)、(c)可以看出,同一车速下,顶底板的振动加速度频谱曲线保持不变,这说明了测试数据是稳定的;车速为 340km/h 时(箱内噪声将出现"拍"现象),顶底板的振动峰值频率并不一致,这是由于振动能量从顶板往底板传递的过程中,顶板和底板的动力特性并不一样。研究表明,列车通过桥梁时,除主要强振频率外,还伴生有整数倍于强振频率的 2 次、3 次谐波,当这些谐波接近桥梁的自振频率时,就有可能发生超谐波共振现象。因此,可以推知顶板的峰值振动频率 37.8Hz、75.1Hz(约 2 倍于 37.8Hz)和 112.9Hz(约 3 倍于 37.8Hz)与列车车轴的加载频率有关。

从图 5.49(b)可以看出,一方面,在 75.1Hz 和 78.7Hz 处,顶板的振动加速度并不是最大值,但这两个频率与图 5.48 中的峰值频率 75.0Hz 和 78.8Hz 吻合良好;另一方面,顶板在 75.1Hz 处的振动加速度要远大于 78.7Hz 处,而底板在这两个频率处的振动加速度很小。因此,可以推知箱梁内部在主导频率 75.0Hz 处的噪声主要来源于顶板声辐射。图 5.49(d)也显示出在其他车速下,顶底板在 75.0Hz 处的振动加速度很小,并且峰值振动频率也发生了变化。表 5.4 汇总了典型速度下的峰值振动和噪声,其中括号内数字为加速度或声压值,单位为 m/s² 或 Pa,括号外数字为频率,单位为 Hz。

表 5.4 不同频率处的加速度或声压

工况号	底板加速度/(m/s²)	顶板加速度/(m/s²)	箱内声压/Pa
V340-1	75.1[0.09],78.7[0.17]	75.1[0.53],78.7[0.27]	75.1[11.8],78.7[7.7]
V340-3	75.1[0.20],78.7[0.11]	75.1[0.65],78.7[0.21]	75.1[16.2],78.7[7.1]
V320-1	70.8[0.39],81.2[0.32]	74.5[0.13],81.2[0.11]	74.2[1.3],85.2[1.3]
V380-1	71.4[0.11],80.0[0.39]	71.4[0.17],80.0[0.47]	75.8[1.3],78.9[1.6]

综上所述,箱梁内部在主导频率 75.0Hz 处的噪声来自于车速 340km/h 时发生的顶板超谐波共振。但是,随之而来的问题是,为何其他频率处的峰值振动并没有产生主导噪声?此外,如何预防或减少"拍"形式的噪声?本书 6.5 节将对这些问题再次进行讨论。

5.4 秦沈客运专线钢板结合梁噪声试验

5.4.1 工程概述

秦沈客运专线是中国铁路史上具有里程碑式的建筑,是中国自主研究、设计、施工的第一条铁路客运专线。秦沈客运专线全长为 404km,设计速度为 200km/h,于 2003 年 10 月开通运营。

试验桥为(32+40+32)m双线钢-混凝土结合连续梁桥,桥面宽度为12.4m,线间距为4.6m,设计活载为 ZK 活载(图 5.50)。桥上采用 CHN 60kg/m 钢轨,有砟轨道,Ⅲ型钢筋混凝土轨枕,采用Ⅱ型扣件。纵梁采用两片 H 型钢梁,两片纵梁横向间距为 6m。纵梁高 2.5m,翼缘宽 1.2m,腹板厚 24mm,翼缘厚 50mm,每隔 4m 设置一道横联。钢梁采用 14MnNbq 钢 E 级,桥面板采用 C50 无收缩混凝土,现浇预应力混凝土桥面板厚度 0.2~0.487m。纵梁上翼缘通过剪力钉与桥面板连接。桥墩布置为双柱墩,墩高 7.35m,梁底离地面高 5.59m。

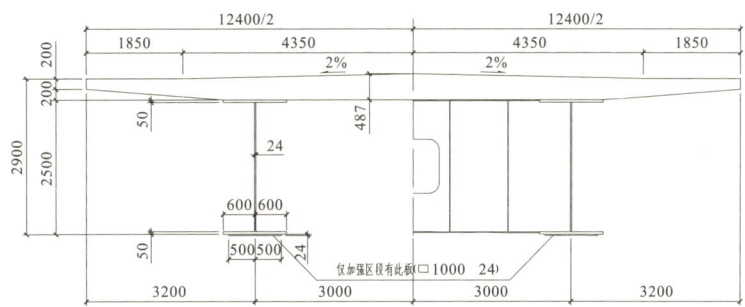

图 5.50 (32+40+32)m 钢板结合梁桥典型横截面图(单位:mm)

图 5.51 给出了桥梁照片,该桥与跨越的 102 国道斜交 40.2°,梁底距地面约 5.6m。桥上有护栏,无声屏障。由于桥梁附近为人口众多的城镇,距线路中心不足 10m 就有居民住房,附近居民反映当列车经过该桥时噪声特别大。

图 5.51 (32+40+32)m 钢板结合梁桥照片

5.4.2 试验平台与测试方案

试验于 2013 年 8 月进行[19,20],测点布置如图 5.52 所示。测点主要布置在秦皇岛侧边跨跨中 A-A 断面及中跨跨中 B-B 断面,其中 A-A 断面纵梁腹板和翼缘分别布置振动加速度测点 V1、V2 及噪声测点 S1、S2,桥梁中心距地面 1.5m 处布置噪声测点 S3;B-B 断面距近轨中心线 7.5m、25m 处布置路旁噪声测点 S4、

S5，距地面的高度为 1.5m。此外，在距近轨中心线约 20m 的一层民房内布置室内噪声测点 S6，距地面的高度为 1.5m。

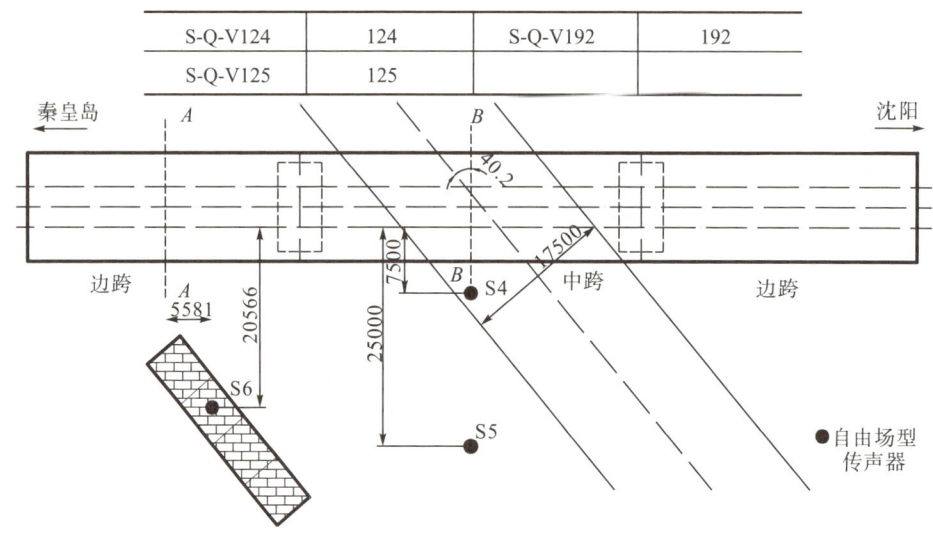

(a)测点平面图(单位：mm)

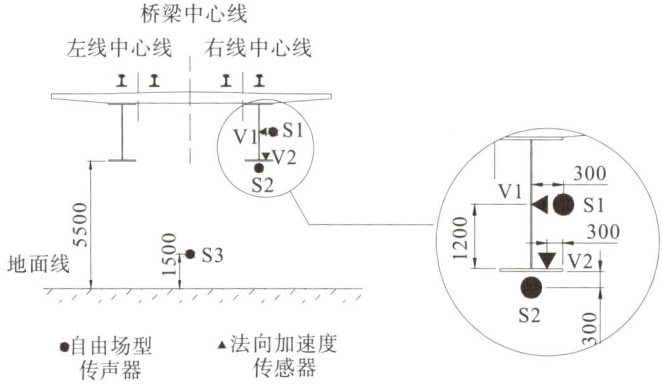

(b)A-A 断面测点(单位：mm)

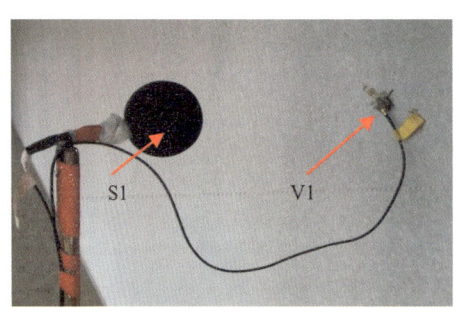

(c)纵梁腹板测点

(d)CRH5 重联车从桥上通过

图 5.52　秦沈客运专线钢板结合梁测点布置

当日天气晴朗，微风。过路列车为CRH5动车组，16节重联编组，试验共采集到13组有效数据，均为近轨运行工况。列车速度根据列车长度和测试的振动加速度时程计算得到，车速为78~192km/h。测试工况详见表5.5。

表 5.5 秦沈客运专线测试工况

工况	速度/(km/h)	工况	速度/(km/h)
S-Q-V78	78	S-Q-V140	140
S-Q-V94	94	S-Q-V141	141
S-Q-V104	104	S-Q-V178	178
S-Q-V109	109	S-Q-V185	185
S-Q-V111	111	S-Q-V188	188
S-Q-V124	124	S-Q-V192	192
S-Q-V125	125		

5.4.3 测试结果分析

以工况 S-Q-V192 为例，图 5.53 给出了各测点的实测声压。测点 S4 更靠近公路，当 CRH5 动车组通过时，实测噪声有效值为 93.0dB(L)；当桥上无列车时，实测噪声（即背景噪声）有效值为 72.0dB(L)，可见虽有公路噪声干扰，但背景噪声远小于铁路噪声，背景噪声的影响可以被忽略。

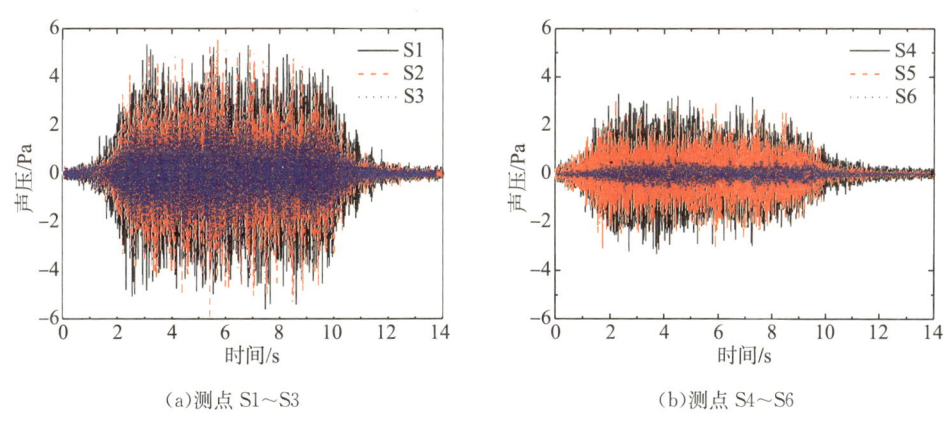

图 5.53 各测点声压时程

仍以工况 S-Q-V192 为例，图 5.54 给出了实测振动加速度级和声压级频谱曲线。可以看出，腹板和下翼缘的振动加速度优势频率为 50~1000Hz，峰值频率分别为 63Hz 和 80Hz，这是由于下翼缘厚度大导致刚度大，所以峰值振动频率更高；声压级的峰值频率在 40~125Hz，随频率增大声压级减小；S1~S3 测点的噪声源主要来自于桥梁结构噪声（包括钢结构部分和混凝土部分分别辐射的噪声），而低频段则主要来源于混凝土桥面板的声辐射。

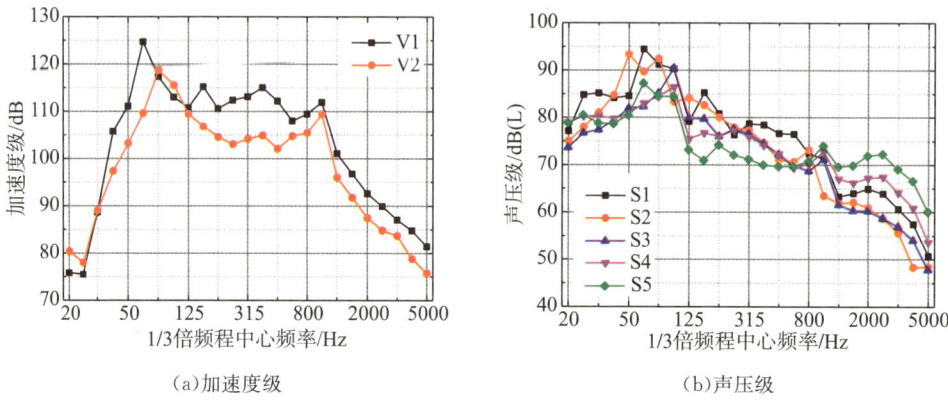

(a) 加速度级　　　　　　　　　(b) 声压级

图 5.54　实测加速度级和声压级频谱

图 5.55 给出了秦沈客运专线测点 S3 与成灌铁路双线混凝土箱梁测点 Nd32 的实测声压级对比，这两个测点的位置一致，行车速度接近。由测试结果可知，忽略运营车辆不同这一因素，在 63Hz 以上频段，钢板结合梁的噪声要比混凝土箱梁高 5~10dB(L)。此外，成灌铁路双线混凝土箱梁测点 Nd24 与秦沈客运专线测点 S4 位置相同，前者实测噪声级为 87.8dB(L)，比后者实测噪声级小约 5.0dB(L)。综上所述，钢混结构梁桥的噪声要大于混凝土箱梁。

图 5.56 给出了各测点的实测总声级随车速的变化曲线。总体而言，各测点噪声，在 141km/h 时达到最大值，而车速为 180km/h 时各测点噪声要小 5dB(L) 左右，故 140km/h 速度级下可能出现了共振，导致声辐射较大。

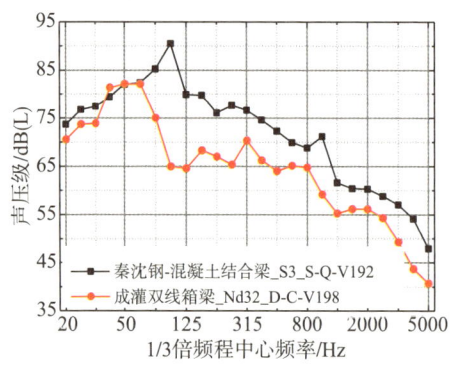
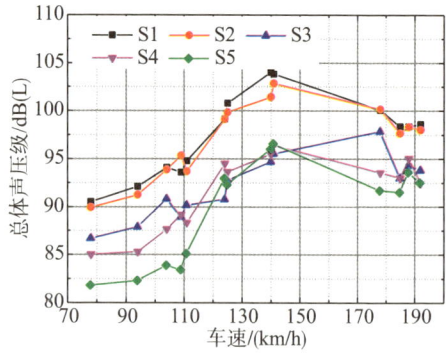

图 5.55　两种桥型实测噪声对比　　　图 5.56　实测噪声级随车速的变化规律

参考日本低频噪声的评价方法，图 5.57 针对测点 S5、S6 进行了评价，测点 S5 距地面的高度为 1.5m，接近于大多数住宅一楼窗口的高度，该测点的实测噪声是包含轮轨噪声、桥梁结构噪声等在内的综合噪声,但低频段主要来源于桥梁结构噪声;测点 S6 位于居民房室内,可以直接反映室内声环境。

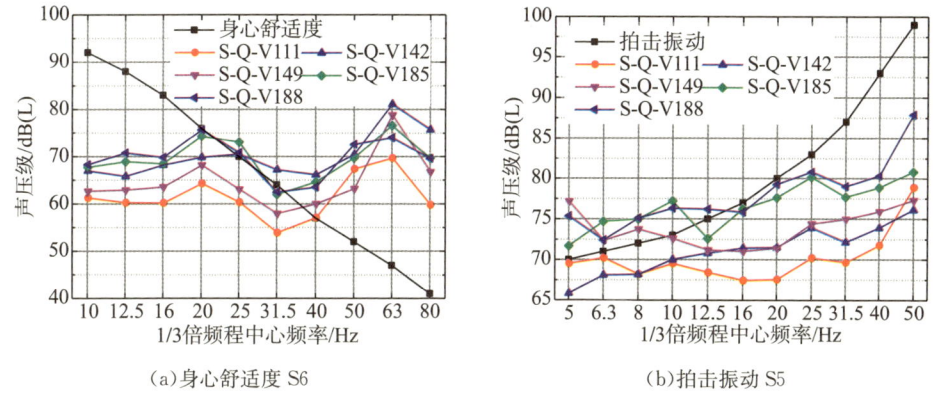

(a) 身心舒适度 S6　　　　　　(b) 拍击振动 S5

图 5.57　梁侧噪声评价

从图 5.57 可以看出,5 种典型工况下的低频噪声在 40Hz 及以上频段均超出了身心舒适度曲线;当列车速度超过 149km/h 时,低于 12.5Hz 的次声超过了拍击振动曲线,可能会引起门窗明显的振动。

参 考 文 献

[1] Moritoh Y, Zenda Y, Nagakura K. Noise control of high speed Shinkansen[J]. Journal of Sound and Vibration, 1996, 193(1): 319-334.

[2] Kozuma Y, Nagakura K. An investigation on vibratory and acoustical characteristics of concrete bridge for Shinkansen[C]. 10th International Workshop on Railway Noise, 2010: 179-186.

[3] Takami H, Kikuchi K. Experimental investigation of low-frequency wayside noise from high-speed train [J]. Quarterly Report of RTRI, 2010, 51(1): 23-28.

[4] Ngai K W, Ng C F. Structure-borne noise and vibration of concrete box structure and rail viaduct[J]. Journal of Sound and Vibration, 2002, 255(2): 281-297.

[5] 高飞, 夏禾, 曹艳梅, 等. 用边界元-有限元法研究高架结构辐射噪声[J]. 土木建筑与环境工程, 2012, 34(1): 42-46.

[6] Li Q, Xu Y L, Wu D J. Concrete bridge-borne low-frequency noise simulation based on train-track-bridge dynamic interaction[J]. Journal of Sound and Vibration, 2012, 331(10): 2457-2470.

[7] Wu T X, Liu J H. Sound emission comparisons between the box-section and U-section concrete viaducts for elevated railway[J]. Noise Control Engineering Journal, 2012, 60(4): 450-457.

[8] 常亮. 箱形梁结构的振动和噪声辐射研究[D]. 武汉: 武汉理工大学, 2007.

[9] Bewes O G. The calculation of noise from railway bridges and viaducts[D]. Southampton: University of Southampton, 2005.

[10] Poisson F, Margiocchi F. The use of dynamic dampers on the rail to reduce the noise of steel railway bridges[J]. Journal of Sound and Vibration, 2006, 293(3-5): 944-952.

[11] 张迅. 轨道交通桥梁结构噪声预测与控制研究[D]. 成都：西南交通大学，2012.

[12] 李小珍，张迅，刘孝寒，等. 成灌铁路典型桥梁结构振动噪声试验研究报告[R]. 成都：西南交通大学，2010.

[13] 李小珍，张迅，刘全民，等. 铁路32m混凝土简支箱梁结构噪声试验研究[J]. 中国铁道科学，2013，34(3)：20-26.

[14] 李小珍，尹航，吴金峰，等. 成灌快铁高架桥梁区段噪声测试[J]. 噪声与振动控制，2013(2)：183-187，210.

[15] 王子健，张迅，李小珍. 铁路混凝土箱梁的振动与噪声频谱特性研究[J]. 应用力学学报，2014，31(2)：85-90.

[16] Li X Z, Zhang X, Zhang Z J, et al. Experimental research on noise from intercity railway concrete box-girder bridges[J]. Proceedings of the Institution of Mechanical Engineers, Part F: Journal of Rail and Rapid Transit, 2015, 229(2): 125-135.

[17] DIN 45680: 1997. Measurement and assessment of low-frequency noise emissions in the neighborhood-guidelines for the assessment for industrial plants[S].

[18] 李小珍，张迅，宋立忠，等. 津秦客运专线32m混凝土简支箱梁振动噪声测试分析报告[R]. 成都：西南交通大学，2013.

[19] 李小珍，张迅，刘全民，等. (32+40+32)m钢-混结合梁桥噪声仿真及降噪研究报告[R]. 成都：西南交通大学，2013.

[20] 刘全民. 高速铁路钢桥结构噪声预测及约束阻尼层控制研究[D]. 成都：西南交通大学，2015.

第6章 典型桥梁的声辐射特性研究

现场试验难以操作且代价昂贵，而数值仿真分析能够探析更多的桥梁声辐射特性，并能为工程降噪处理提供重要参考。本章首先以32m混凝土箱梁为对象，研究了箱梁结构噪声的声场分布规律，并探讨了箱梁结构噪声的重要影响因素，包括车速、墩高、声屏障、地面声反射、扣件刚度和阻尼等；然后对比分析了不同混凝土桥梁(箱梁和U梁)的声振特性，并研究了U梁结构构形对轮轨噪声的遮蔽效应；最后采用数值分析方法揭示了混凝土箱梁的空腔共鸣特性，并提出了具有工程可行性的降噪措施，分别研究了两种典型钢桥的声振特性。

6.1 混凝土箱梁的噪声场分布规律[1]

本节采用本书提出的桥梁结构噪声预测方法，以成灌铁路32m双线混凝土箱梁为具体对象(图5.22)，研究混凝土箱梁的声场分布规律。计算条件为：国产CRH2动力分散式车辆，8节编组，计算速度取200km/h，单线行车；轨道不平顺取德国低干扰谱；无声屏障；箱梁底板距地面高度为10m，考虑地面对声波的全反射(刚性地面，城市区域大多如此)。

6.1.1 考察场点

图6.1给出了场点网格划分示意图。场点网格分布在跨中$L/2$横断面的梁底和梁侧，以及距近轨侧中心线25m的纵断面，各场点详细位置如下：

(1)梁底场点DP01~DP04分别距箱梁底板2m、4m、6m和8m。

(2)梁侧场点沿横向、竖向的间距分别为6.25m和2.0m。其中，DP05~DP08均离地2.0m，偏离列车运行中心线(近轨侧)的横向距离分别为12.5m、25m、50m和100m，即距离是加倍的。

(3)DP06、DP09~DP12偏离列车运行中心线(近轨侧)的横向距离均为25m，距地面的高度分别为2m、4m、8m、16m和32m，即距离是加倍的。

(4)DP13~DP27偏离列车运行中心线的横向距离均为25m，分别位于$L/4$、$L/2$和$3L/4$截面，距地面的高度分别为6m、16m、20m、24m和28m。

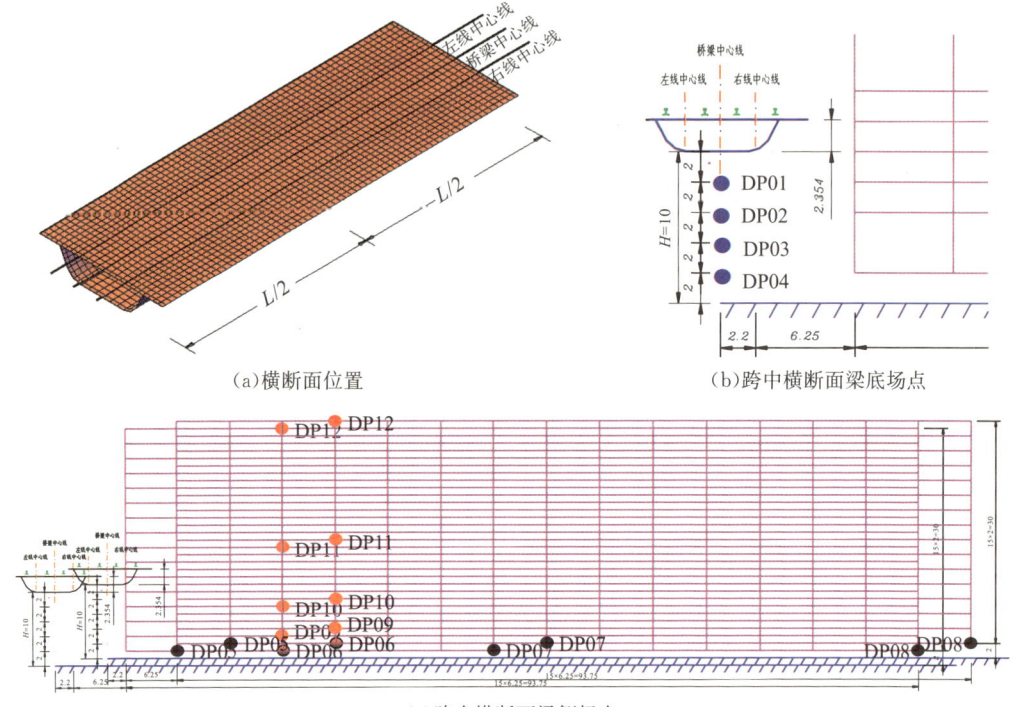

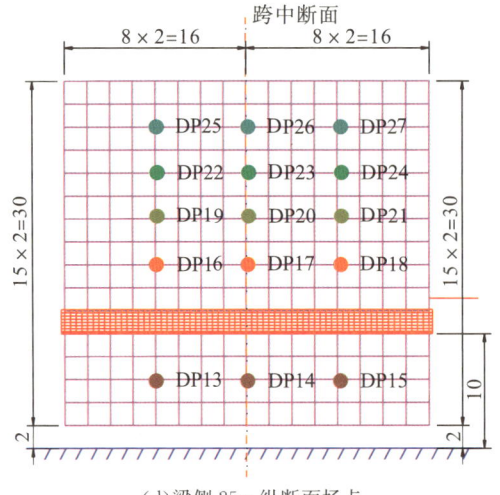

(d) 梁侧 25m 纵断面场点

图 6.1　32m 双线混凝土简支箱梁场点详图（单位：m）

6.1.2　跨中横断面声场分布

图 6.2 给出了 $f=3.15$Hz、$f=50$Hz 时的跨中横断面声压级云图，图 6.3 给出了跨中横断面的总体线性声级云图。分析可知：

第6章 典型桥梁的声辐射特性研究

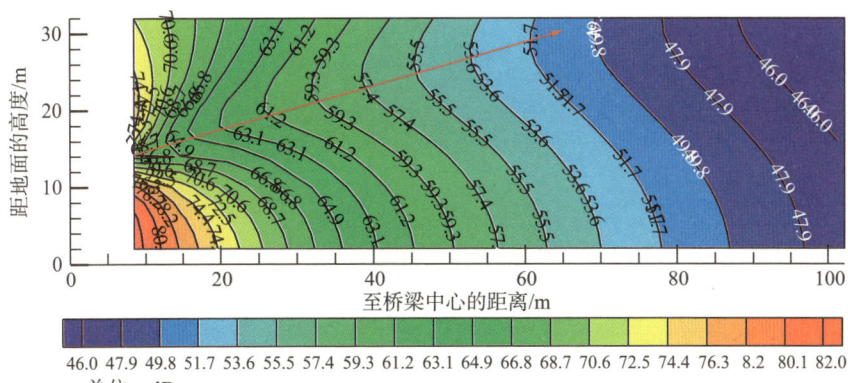

(a) $f=3.15\text{Hz}$

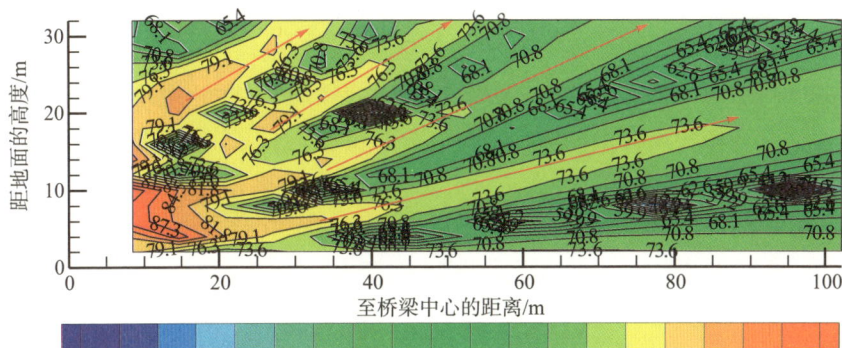

(b) $f=50\text{Hz}$

图6.2 各频率点跨中横断面声压级云图

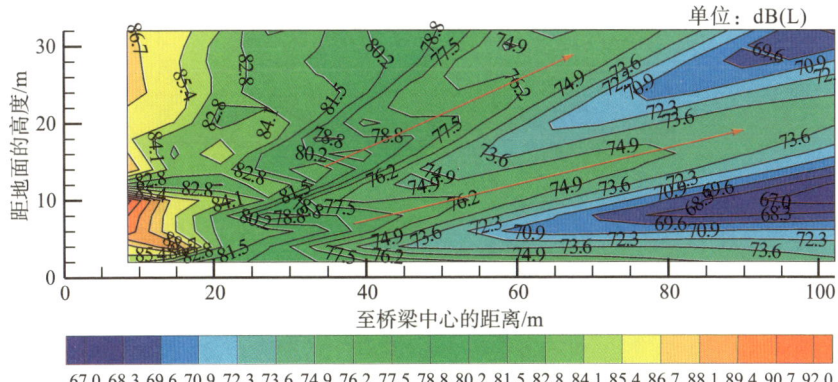

图6.3 跨中横断面总体线性声级云图

(1) $f=3.15\text{Hz}$时(次声)，跨中横断面的桥梁结构噪声衰减规律明显，随着距轨道中心线距离的增加，梁侧的声压级逐步衰减，但衰减的速率逐渐变慢。

(2) $f=3.15$ Hz时(次声)，桥梁下方和上方的声压级较大，这主要是由于箱梁顶板、底板的振动剧烈。由于地面对声波的反射作用，箱梁下方的噪声要大于上方，且影响范围较大。

(3) 在次声区域($f<20$ Hz)，虽然这一频段的声波不能被人耳感觉到，但结构噪声仍具有较高的声压级。在$f<20$ Hz的频段，结构振动速度很高，虽然在这一频段的结构辐射效率较低，但仍然可能产生较大的结构噪声，造成次声危害。

(4) 总体而言，$f=50$ Hz时(低频噪声、噪声峰值频率)的噪声级要大于$f=3.15$ Hz时的噪声级，且辐射范围要大得多。此时，跨中横断面的桥梁结构噪声分布复杂，显得杂乱，并形成多个峰值区域，且传播的范围很广。

(5) 场点DP05~DP08均离地2m，距桥梁中心的距离大于$L/\pi\approx10.2$m，噪声衰减规律类似于点声源，即距离加倍，声压级等值衰减。

(6) 近轨侧25m处场点DP09~DP12的衰减规律复杂，并非单调增大或减小，这一点在图6.3中可以看出，即距桥梁相同垂直水平距离处的噪声级并不完全一样。

(7) 桥梁结构噪声在梁侧的传播具有很强的指向性(图中以箭头示出)，这是其在传播过程中的一个重要特性，这也意味着，距桥梁相同垂直水平距离处的噪声级是不一样的。

6.1.3　近轨侧25m纵断面声场分布

图6.4给出了$f=3.15$ Hz、$f=50$ Hz时的近轨侧25m纵断面声压级云图，图6.5给出了近轨侧25m纵断面的总体线性声级云图。可以看出：

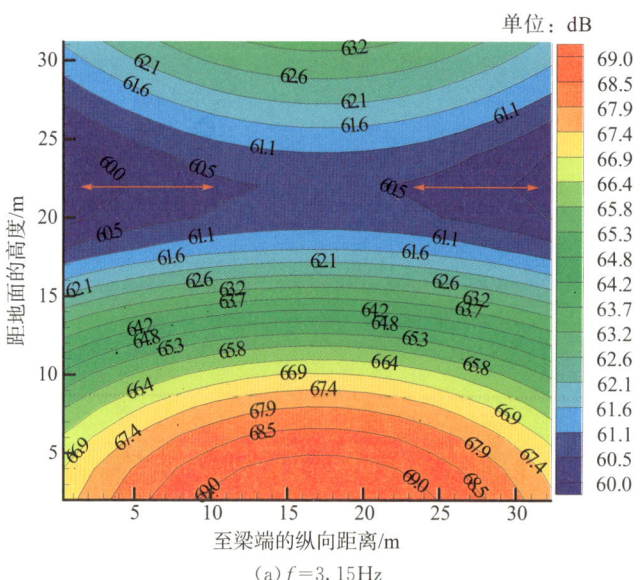

(a) $f=3.15$ Hz

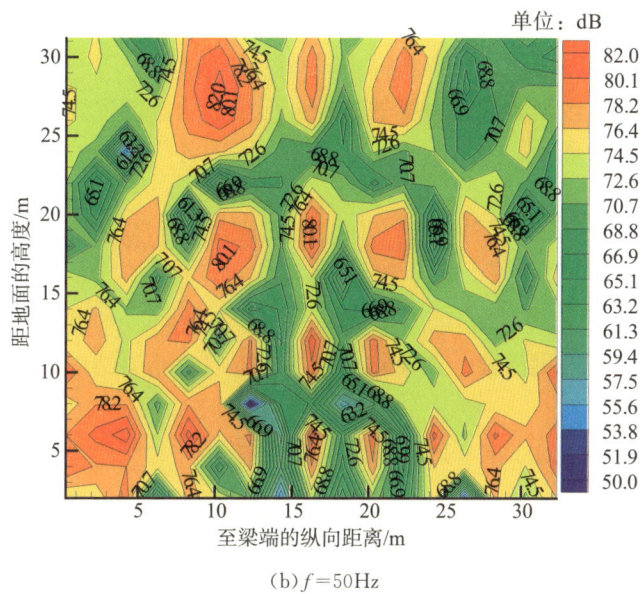

(b) $f=50\text{Hz}$

图 6.4 各频率点处梁侧 25m 纵断面声压级云图

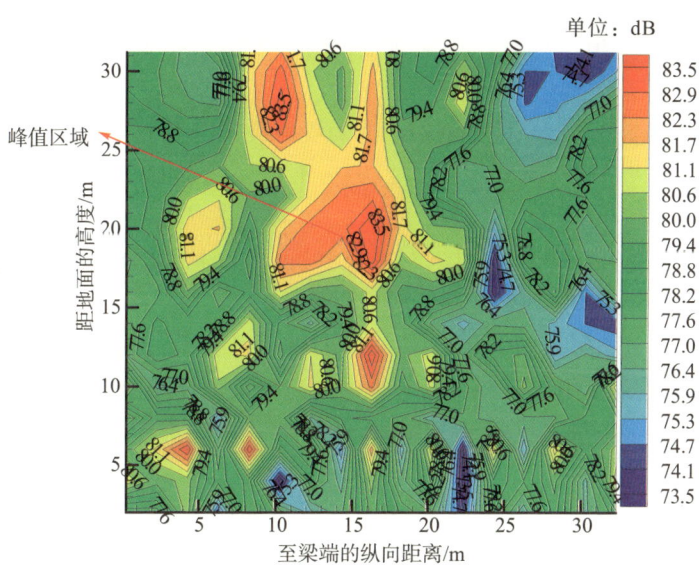

图 6.5 近轨侧 25m 纵断面总体线性声级云图

(1) $f=3.15\text{Hz}$ 时(次声),近轨侧 25m 纵断面的声压级云图基本对称于桥中心,且地面声反射作用明显,桥梁下方声压级较上方大;最低声压级出现在箱梁顶面以上约 10m 高度处。

(2) $f=50\text{Hz}$ 时(噪声峰值频率),近轨侧 25m 纵断面的桥梁结构噪声分布复杂,形成多个峰值区域,且传播的范围很广。

(3)近轨侧25m纵断面总体线性声级最大值出现在跨中、梁顶以上约10m高度处的一个区域内,同时,还存在许多较小的峰值区域。

需要强调的是,列车通过桥梁的整个过程中,任意位置、时刻的声压是一随时间迅速变化的物理量,这里给出的是这一时段内各位置处的有效声压级。

6.2 混凝土箱梁结构噪声的影响因素

本节以成灌铁路32m双线混凝土简支箱梁为对象,考察车速、墩高、声屏障、地面声反射等常见因素,以及扣件刚度和阻尼对箱梁结构噪声的影响规律。

6.2.1 常见因素的影响[2~4]

1. 车速

以200km/h车速为基准,图6.6给出了车速分别为160km/h、180km/h、220km/h和240km/h时,跨中横断面场点DP01~DP12的总体线性声级变化情况。图6.7分别给出了列车速度为160km/h、240km/h时,跨中横断面的总体线性声级云图。可以得出如下结论:

(1)随着车速的增大,桥梁结构辐射的噪声级逐渐增大,但并非单调增大。

(2)相比车速200km/h,车速为240km/h时,场点DP01~DP12的总体声压级最大增量为1.7dB(L)。

(3)相比车速为200km/h时,车速为160km/h时,场点DP01~DP12的总体声压级最大减量为2.8dB(L)。

(4)对比图6.3和图6.7可知,车速变化时,跨中横断面的总体声级云图分布形式未发生明显变化,只有数值上的少许波动,说明车速在40km/h范围内的波动对结构噪声的分布规律影响有限。

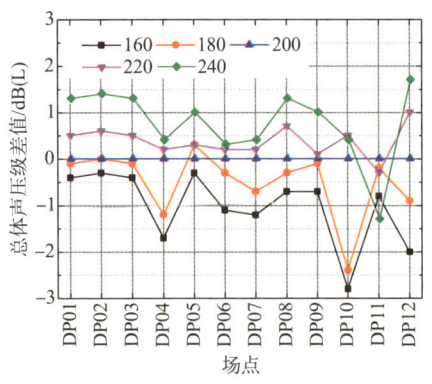

图6.6 车速对场点总体声压级的影响

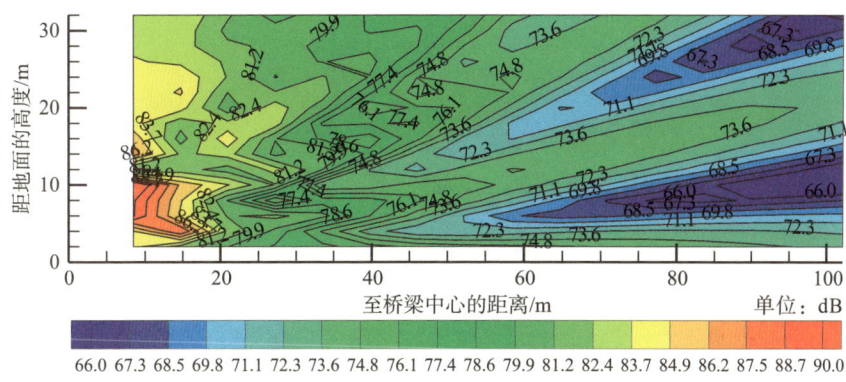

(a) $v=160 \text{km/h}$

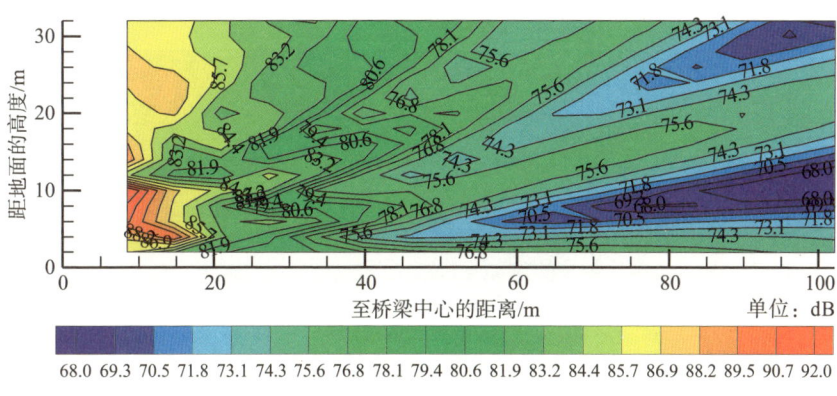

(b) $v=240 \text{km/h}$

图 6.7 车速变化时跨中横断面总体声级云图

2. 墩高

墩高变化时,一方面,梁体的振动响应必定会随之变化,进而引起其声辐射的变化;另一方面,随着墩高的变化,振动发声物体的位置也随之变化,这必将带来以大地为固定无限反射边界的半空间声场发生变化,在这两种因素中,前者为振动边界问题,后者为声场边界问题。通常情况下,墩高是一复杂可变量,而受声点的位置(如建筑物各个房间的窗口)是不可变动的。故此,在考察墩高这一参数时,采用相同的梁部振动条件(梁部振动响应保持不变),而声场边界(距地面反射面的高度)发生变动。

图 6.8 给出了墩高分别为 6m、8m、12m 和 14m 时,跨中横断面场点 DP05~DP12 的总体线性声级变化情况。图 6.9 分别给出了墩高为 6m、14m 时,跨中横断面的总体线性声级云图。需要指出的是,在墩高发生变化时,声场空间不变,考察场点 DP05~DP12 与地面的相对位置不变,与桥梁的水平相对位置也不变。

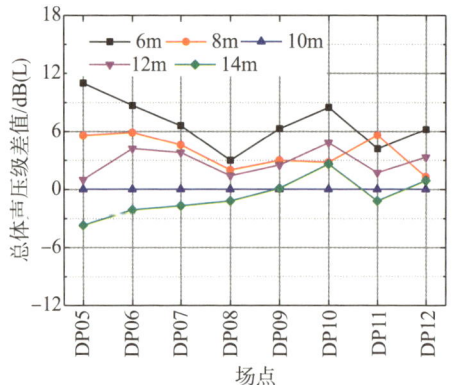

图 6.8 墩高对场点总体声压级的影响

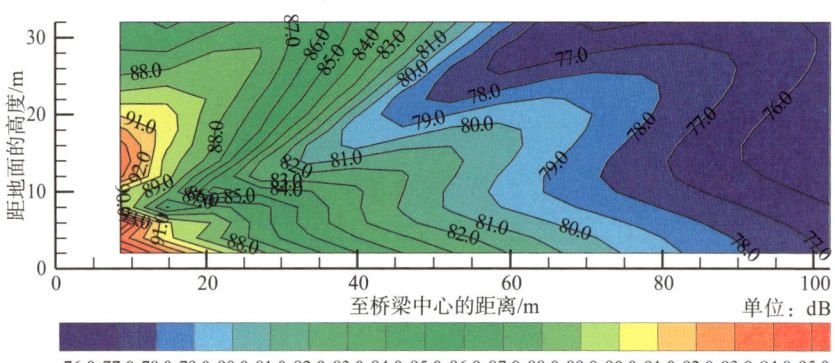

(a) $H=6m$

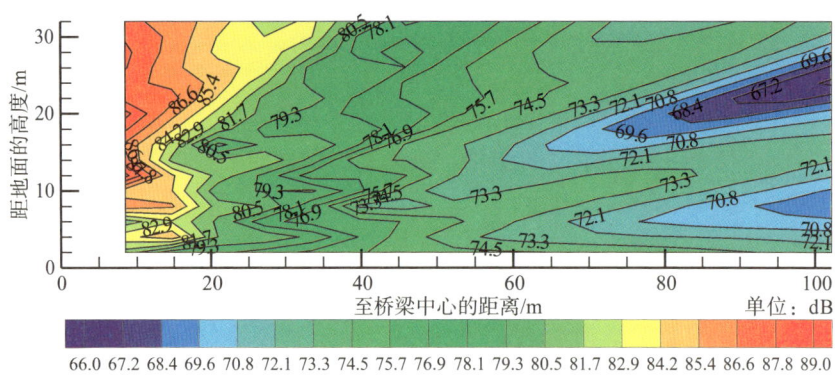

(b) $H=14m$

图 6.9 墩高变化时跨中横断面总体线性声级云图

分析图 6.8 和图 6.9,并与图 6.3 对比,可以发现:

(1)总体而言,随着墩身高度的变化,跨中横断面场点 DP05~DP12 的总体声级变化明显。

(2) 墩高越小,声源(梁体)越靠近地面,距地面2m的场点DP05~DP08声压级越高;距近轨侧25m处的场点DP09~DP12(距地面的高度逐渐加倍变大)声压级变化无规律。

(3) 墩高越大,梁体斜上方噪声"热点"区域增大,而梁体斜下方噪声"热点"区域减小;墩高越小,地面声反射效应越明显,梁底声压级越大。

3. 声屏障

为了考察声屏障对桥梁结构噪声的影响,图6.10(a)、(b)分别给出了有无声屏障时,跨中横断面场点DP01~DP12、近轨侧25m纵断面场点DP13~DP27的总体线性声压级对比曲线。图6.11和图6.12分别给出了有声屏障时,跨中横断面和近轨侧25m纵断面的总体线性声级云图。对声屏障的计算假设详见本书4.1节。

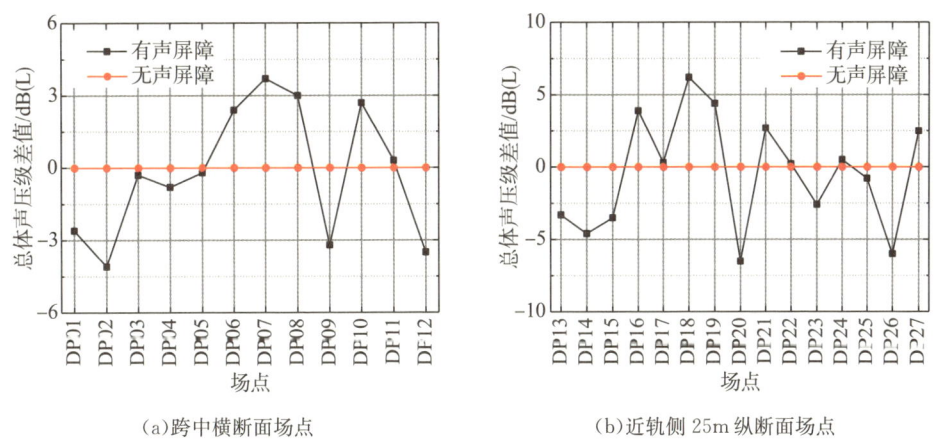

(a) 跨中横断面场点　　　　　(b) 近轨侧25m纵断面场点

图6.10　声屏障对场点总体声压级的影响

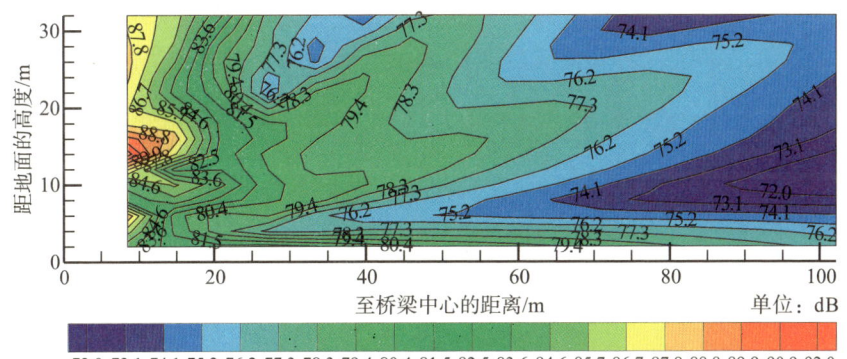

图6.11　跨中横断面总体声级云图

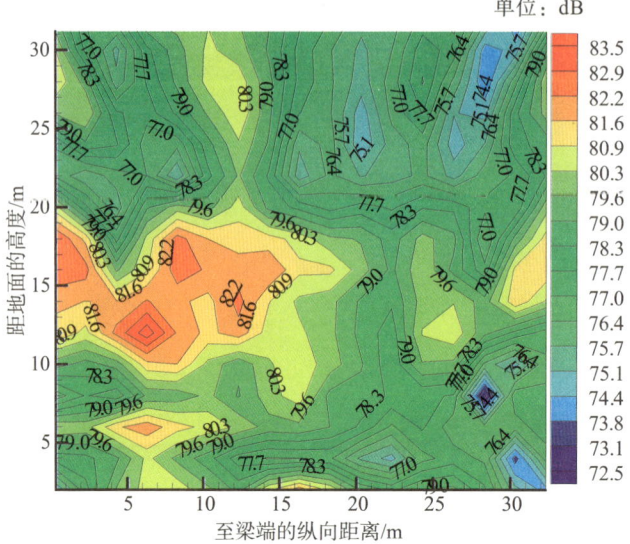

图 6.12　近轨侧 25m 纵断面总体线性声级云图

由图 6.10 可知，安装声屏障后，跨中梁底场点 DP01～DP04 的总体线性声级有所下降，但是远场场点 DP05～DP27 的总体声级变化复杂，有增有减。

对比图 6.11 和图 6.3 可知，安装声屏障后，跨中横断面箱梁斜上方一定区域内的噪声"热点"明显减少，且声辐射云图的形状变化明显，说明声屏障能显著减小梁体斜上方一定区域内的声压级。

对比图 6.12 和图 6.5 可知，安装声屏障后，近轨侧 25m 纵断面的总体声级峰值区域高度有所降低，但声级大小并未显著减小。声屏障能够对箱梁顶板的声辐射起作用，由于低频噪声的波长较长，极易发生衍射(绕射)现象，所以声屏障对桥梁结构辐射的低频噪声的控制效果有限。

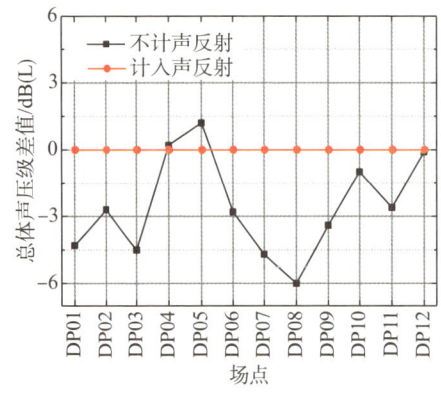

图 6.13　地面声反射的影响

4. 地面反射

图 6.13 给出了计入或不计地面声反射时，跨中横断面场点 DP01～DP12 的总体线性声级对比曲线；图 6.14 给出了不计地面声反射时，跨中横断面的总体线性声级云图。

由图 6.13 可知，不计地面声反射时，场点 DP01～DP12 的总体线性声级平均减小 2.5dB(L)。对比图 6.14 和图 6.3 可知，不计地面声反射时，由于少了刚性地面以下的"虚声源"，梁底以下区域的总体声级明显减小，噪声峰值区域也转移到箱梁顶面以上区域。

高架桥梁在城市通过时，地面一般都是较硬的混凝土，声反射较强，需要计入地面对声波的反射作用。同时，城市区域还存在诸多的建筑物，这些均会成为声场的一部分反射（或绕射）边界，具体分析时要区别对待。

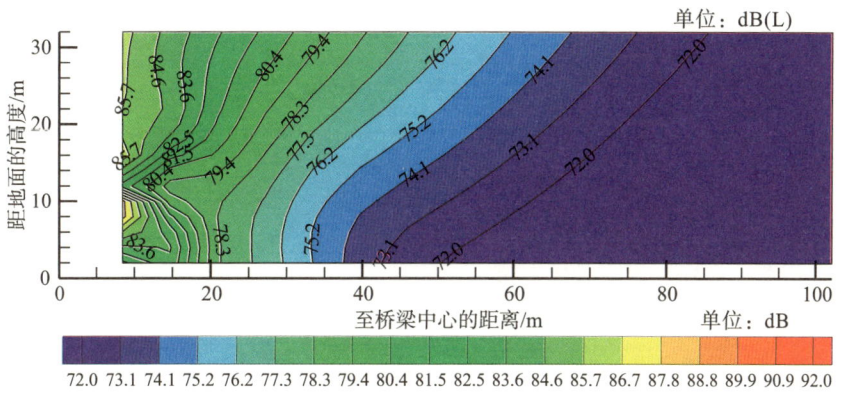

图 6.14　跨中横断面总体声级云图

6.2.2　扣件刚度和阻尼的影响

由于轨道结构直接传递列车动荷载，因此扣件刚度和阻尼参数对传递到桥梁结构的荷载有重要影响。由图 5.33(c)、(d)可以看出，箱梁底板附近的结构噪声峰值中心频率为 50Hz。为了找出其原因，图 6.15 给出列车通过箱梁时，单个车轮下的轮轨相互作用力窄带谱，车速取 120km/h。可以看出，10～250Hz 范围内，轮轨相互作用力先增大后减小，在 50Hz 附近出现最大值。因此，在 50Hz 附近的轮轨相互作用力是引起箱梁结构振动和噪声辐射在此频率处取得峰值的重要原因。

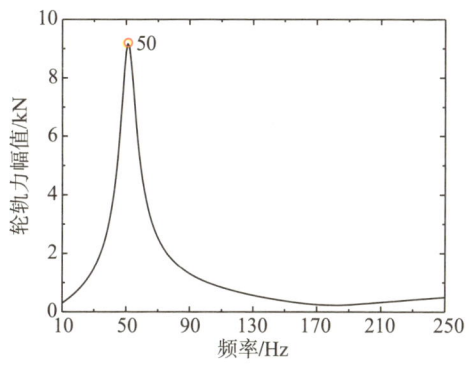

图 6.15　轮轨相互作用力频谱曲线

扣件刚度变化时，轮轨相互作用力不同，将导致桥梁振动与声辐射变化。为此，扣件刚度分别取 10MN/m、30MN/m、60MN/m 和 90MN/m，阻尼比为 0.25 并保持不变。

图 6.16 和图 6.17 分别给出了扣件刚度变化对轮轨接触力和场点声压级的影响曲线。分析可知：

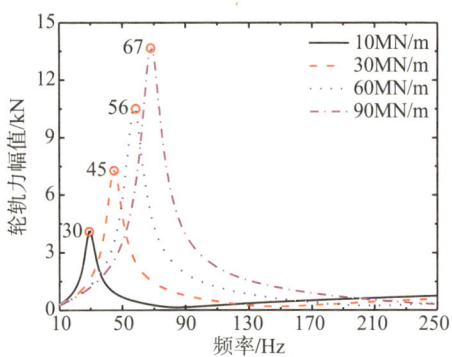

图 6.16 扣件刚度对轮轨接触力的影响

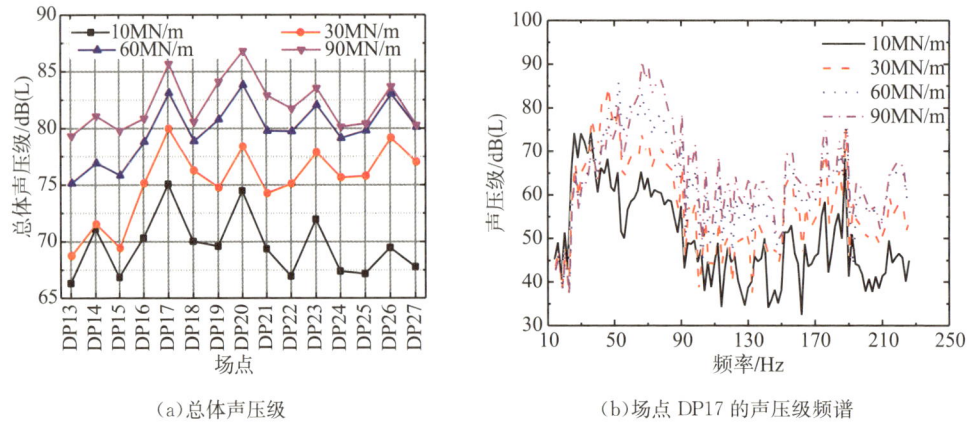

(a) 总体声压级　　　　　　　　　　(b) 场点 DP17 的声压级频谱

图 6.17 扣件刚度对场点声压级的影响

(1) 随着扣件刚度的增大，结构噪声逐渐增大，且在扣件刚度较小时，增幅更为明显。具体数值上，扣件刚度从 10MN/m 增大到 30MN/m，从 30MN/m 增大到 60MN/m，以及从 60MN/m 增大到 90MN/m 时，DP13~DP27 的总体声压级平均增大了 5.7dB(L)、4.5dB(L) 和 2.3dB(L)。

(2) 不同扣件刚度条件下，场点 DP17 的声压级频谱图形状具有一定的相似性[图 6.17(b) 为窄带谱]。随着扣件刚度的增大，峰值声压级不断增大且向较高频率转移。扣件刚度分别为 10MN/m、30MN/m、60MN/m 和 90MN/m 时，峰值声压级的频率分别为 30Hz、46Hz、52Hz 和 66Hz。

(3)单轮轮轨接触力峰值频率与结构噪声峰值频率高度吻合,这进一步说明扣件刚度是影响箱梁结构噪声的重要因素,将影响噪声峰值频率和噪声级。

(4)随着扣件刚度增大,单轮轮轨接触力的峰值频率逐渐向较高频率转移。扣件刚度分别为 10MN/m、30MN/m、60MN/m 和 90MN/m 时,轮轨接触力的峰值频率分别为 30Hz、45Hz、56Hz 和 67Hz。

扣件在向轨下结构传力的过程中,能通过自身的阻尼性能消耗部分能量,进而减小传递到桥梁结构的能量。其他计算参数不变,扣件刚度取 60MN/m 并保持不变,阻尼比分别取 0.0625、0.125、0.25 和 0.5。

图 6.18 和图 6.19 分别给出了扣件阻尼变化对轮轨接触力和场点声压级的影响曲线。分析可知:

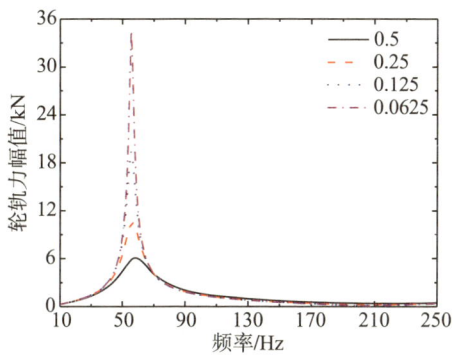

图 6.18 扣件阻尼对轮轨接触力的影响

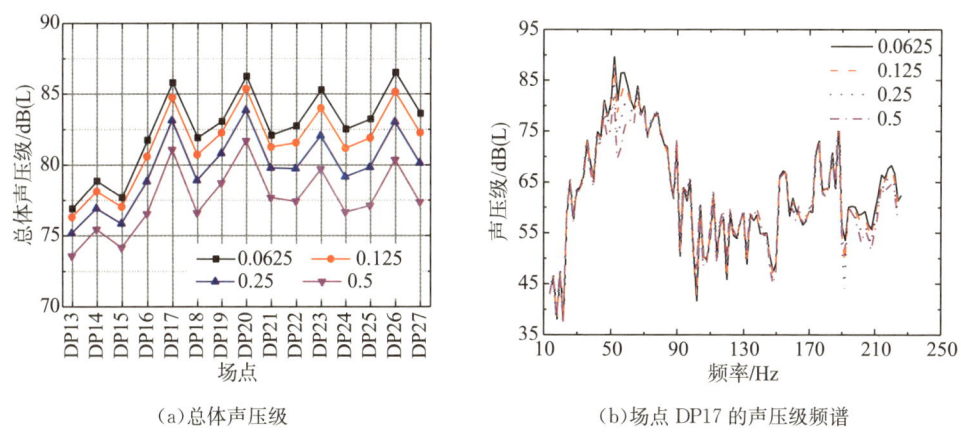

(a)总体声压级 (b)场点 DP17 的声压级频谱

图 6.19 扣件阻尼对场点声压级的影响

(1)随着扣件阻尼比增大,梁侧场点的总体声压级均减小,且降幅逐渐变快。具体数值上,扣件阻尼比从 0.0625 增大到 0.125,从 0.125 增大到 0.25,以及从 0.25 增大到 0.5 时,DP13~DP27 的总体声压级平均减小了 1.1dB(L)、

1.7dB(L)和 2.2dB(L)。

(2)随着扣件阻尼比增大,场点 MP05 的频谱图形状和峰值频率均相同,声压级逐渐减小。

(3)虽然增大扣件阻尼比可以降低结构噪声,但其效果远没有减小扣件刚度效果好。

(4)随着扣件阻尼比增大,单轮轮轨接触力峰值频率保持不变,而轮轨力逐渐降低。

6.3 不同混凝土桥梁的声振特性对比

6.3.1 箱梁结构设计参数的影响[5]

本节以成灌铁路 32m 单线混凝土简支箱梁为对象,考察板厚、腹板倾角、边界条件等变化时,箱梁声振特性的变化规律。假设梁底距地面 10m。图 6.20 给出了考察场点的具体位置。

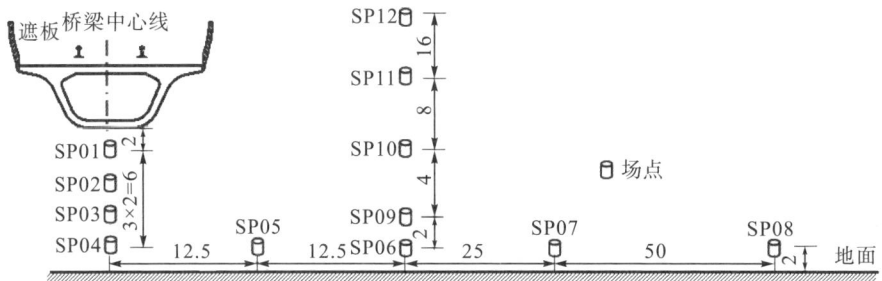

图 6.20 考察场点的位置(单位:m)

1. 板厚

记混凝土简支箱梁的顶板、底板和腹板的厚度分别为 t_1、t_2 和 t_3。图 6.21(a)给出了顶板、底板和腹板厚度变化时,箱梁前 10 阶自振频率的变化曲线。由于板厚的增大,结构刚度和自重均增大,使得结构自振频率的变化较为复杂。对于高阶次自振频率,主要为箱梁顶板、底板的局部振动;板越厚,结构的自振频率越大,即质量对其振动频率的影响要弱于刚度的影响。

图 6.21(b)给出了顶板、底板和腹板厚度分别变化时,场点 SP01~SP12 总体声压级的变化曲线。可以看出:

(1)随着顶板、底板和腹板厚度的增大,场点总体声压级降低,但减小量随板厚的增大而逐渐减小。

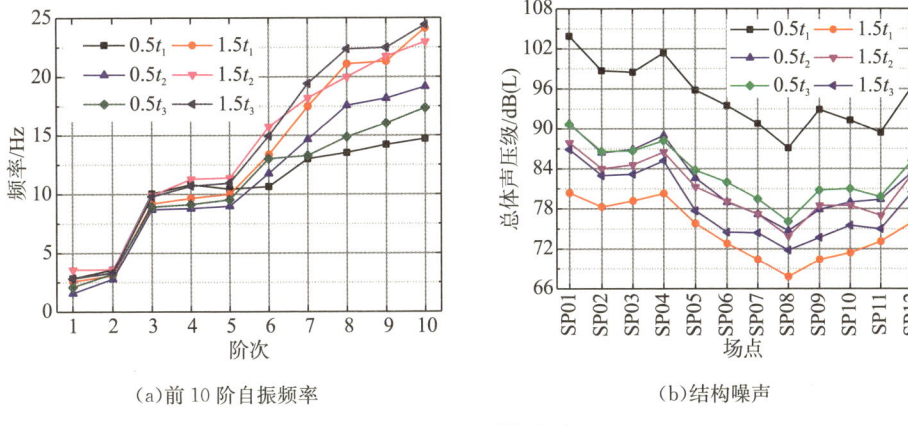

(a) 前10阶自振频率　　　　　(b) 结构噪声

图 6.21　板厚的影响

(2) 场点总体声压级对顶板的厚度最敏感，腹板次之，底板最不敏感，原因是顶板直接承受车辆荷载，然后传递给腹板，最后到达底板。顶板的刚度（即板厚）对列车作用下结构的振动响应影响最大，进而对结构噪声的影响最大。

(3) 鉴于板厚对结构辐射噪声的影响规律，可以适当加大箱梁的顶板厚度，这样能显著降低结构噪声。同时，在满足结构静动力的前提下，可以适当减小腹板和底板（特别是底板）的板厚，以降低结构的自重，但对结构噪声的影响较小。

2. 腹板倾角

该混凝土简支箱梁的腹板倾角为 24°，保持底板横向宽度不变，考虑腹板倾角分别为 12°和 0°时（此时翼板变宽，顶板变窄），研究箱梁结构噪声的变化。表6.1给出了腹板倾角变化时，箱梁的前8阶自振频率。可以看出，腹板倾角改变后，结构的一阶竖弯频率变化较小。

表 6.1　腹板倾角对箱梁前 8 阶自振频率的影响

腹板倾角	模态序号及对应的频率/Hz							
	1	2	3	4	5	6	7	8
24°	2.71	3.29[a]	9.56[b]	10.36[c]	10.50	14.40	17.17	19.23
12°	3.04	3.30[a]	9.26[b]	9.89[c]	10.70	14.81	19.66	20.86
0°	3.28[a]	3.47	8.77[b]	9.41[c]	10.33	14.22	16.24	16.30

注：上标 a 表示一阶竖弯；上标 b 表示一阶横弯；上标 c 表示二阶竖弯。

图 6.22(a)和(b)分别给出了腹板倾角变化时，场点的总体声压级、箱梁平均法向振动速度的变化曲线。可以看出：

(1) 腹板倾角为 24°时，箱梁结构噪声最大，结构的平均法向振动速度也最大。

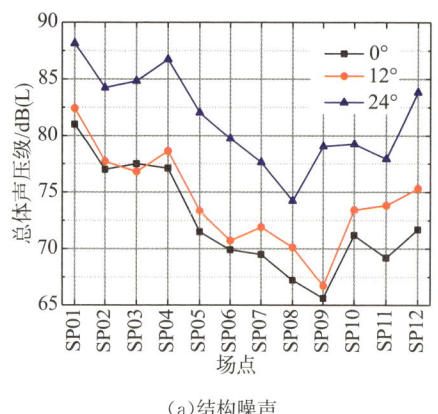
(a) 结构噪声

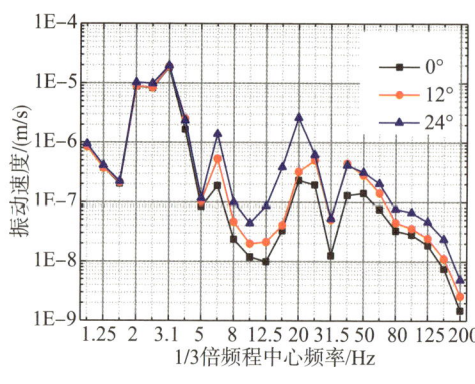
(b) 板件平均法向振动速度

图 6.22 腹板倾角的影响

(2)腹板倾角为 12°和 0°时，场点总体声压级降低较多。总体而言，腹板倾角越小，场点总体声压级越低。腹板倾角为 0°和 12°时，场点声压级相差较小，即降噪效果相当。

(3)腹板倾角越小，腹板对顶板的支承作用越好，箱梁的整体阻抗随之增大，导纳降低。由此可以推测，如果两个腹板恰好位于两股钢轨(单线)的中心线下时，箱梁的整体阻抗最大，其降噪效果也会最好。

(4)设计过程中，应对箱梁腹板的各种参数，如布置位置、厚度、角度等进行着重分析，在满足结构静动力行为，以及美观性、节省材料的基础上，设计出更"安静"的桥梁。

3. 边界条件

该箱梁为简支结构，下面考虑桥梁边界条件为固定时，桥梁辐射噪声的变化。表 6.2 给出了边界条件变化时，箱梁的前 10 阶自振频率。当箱梁为固定边界时，其受到的约束更强，自振频率也相应增大，且一阶振型变为了竖弯。

表 6.2 边界条件对箱梁前 10 阶自振频率的影响

边界条件	模态序号及对应的频率/Hz									
	1	2	3	4	5	6	7	8	9	10
简支	2.71	3.29[a]	9.56[b]	10.36[c]	10.50	14.40	17.17	19.23	21.25	21.60
固定	6.32[a]	11.45[b]	10.72	16.08[c]	19.26	22.30	23.04	23.21	25.01	25.43

注：上标 a 表示一阶竖弯；上标 b 表示一阶横弯；上标 c 表示二阶竖弯。

图 6.23(a)给出了简支和固定两种边界条件时，场点的总体线性声级曲线。可以看出，简支箱梁较固定箱梁更易辐射噪声，如果采用固定箱梁，降噪效果将特别可观，主要原因是固定箱梁的振动响应要远小于简支箱梁[图 6.23(b)]。

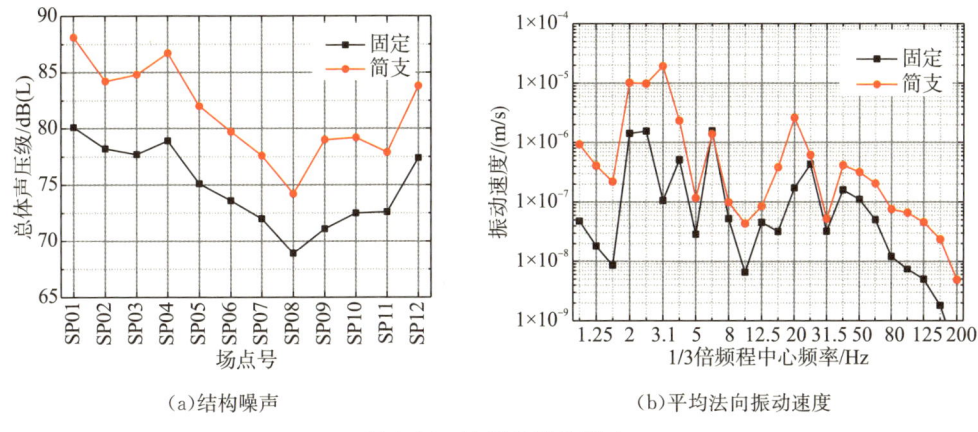

(a) 结构噪声 (b) 平均法向振动速度

图 6.23　边界条件的影响

需要指出的是,此处在计算中,将固定梁的约束设定为箱梁两端面上的所有节点(板单元)的 6 个自由度均约束。在工程实践中,完全固结约束的边界形式难以实现,但可以采用将多跨简支梁变为连续结构的方法(简支变连续),来降低桥梁结构辐射的噪声。

6.3.2　单箱单室和单箱双室箱梁的对比[6]

图 6.24 给出了成绵乐铁路上采用的 32m 双线混凝土简支箱梁(图号:通桥[2008]2224A-Ⅳ)。该箱梁全长 32.6m,计算跨径 31.5m,梁高 2.53m,梁宽 11.6m。顶板厚 0.29~0.49m,腹板厚 0.24~0.5m,底板厚 0.24~0.70m。采用为 C50 混凝土,二期恒载 160kN/m,设计活载为 ZK 活载,设计速度为 250km/h,线间距为 4.6m。与图 5.22 所示的单箱单室箱梁对比,该单箱双室箱梁的设计荷载提高了约 33%,设计时速提高了 25%。

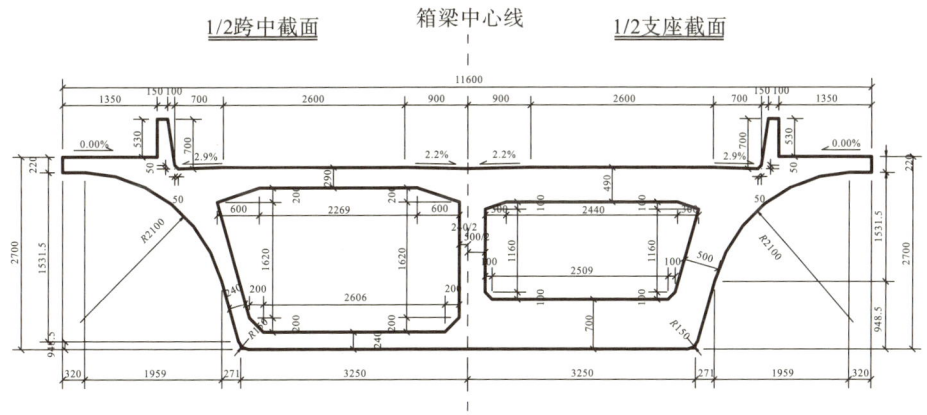

图 6.24　成绵乐铁路 32m 双线简支箱梁典型横截面图(单位:mm)

1. 自振特性对比

表 6.3 给出了两种 32m 双线简支箱梁的截面特性比较。从截面特性来看，单箱双室箱梁与单箱单室箱梁相比，竖向抗弯惯性矩提高了 39.98%，横向抗弯惯性矩增加 8.44%，但截面面积仅提高了 1.08%，即在结构刚度增加明显的情况下，混凝土材料总量增加不明显。

表 6.3 两种箱梁的横截面特性比较

梁型	A/m^2	I_y/m^4	I_z/m^4	I_x/m^4
单箱单室(a)	7.510	5.190	65.600	13.400
单箱双室(b)	7.591	7.265	71.139	16.467
比较$(b-a)/a$	1.08%	39.98%	8.44%	22.88%

注：A 为截面面积；I_y、I_z 为竖向、横向抗弯惯矩；I_x 为抗扭惯矩。

表 6.4 给出了两种梁型的结构自振特性比较(不考虑桥墩、板单元模型)。从计算结果看，单箱双室箱梁的一阶对称竖弯频率比单箱单室箱梁大 17.8%，反映出单箱双室箱梁整体竖向刚度要大于单箱单室箱梁。对于单箱单室箱梁，一阶振型为梁体侧倾，且由于没有中腹板，顶板横向宽度较大，所以顶板的局部振动明显。对于单箱双室箱梁，由于中腹板的存在，顶板横向被分割为两部分，以顶板的局部振动为主的振型不再出现，而是整体的局部振动。

表 6.4 两种箱梁的自振特性比较

模态序号	单箱单室		单箱双室	
	振型描述	频率 f/Hz	振型描述	频率 f/Hz
1	梁体侧倾	2.248	一阶竖弯	3.957
2	一阶对称竖弯	3.360	梁体侧倾	4.692
3	顶板局部振动	7.228	梁体局部振动	10.362
4	顶板局部振动	8.266	二阶反对称竖弯	11.848
5	顶板局部振动	9.667	梁体局部振动	12.097

2. 振动特性对比

针对两种箱梁分别进行车桥动力仿真分析，计算条件为：国产 CRH2 动力分散式车辆，8 节编组，计算速度取 200km/h，单线行车；轨道不平顺取德国低干扰谱。图 6.25~图 6.27 给出了两种梁型的跨中截面底板中心处竖向振动位移、速度和加速度对比，图中标示出了振动峰值或频谱曲线的频率点。

图 6.25~图 6.27 可以看出，单箱单室箱梁的振动位移、速度和加速度均大

于单箱双室箱梁的相应结果；单箱双室箱梁的振动位移、速度和加速度分别比单箱单室箱梁小 31.6%、39.8% 和 51.8%，可见单箱双室箱梁以极低的自重增加量换取了可观的振动降低效果；两种 32m 双线简支箱梁的加速度频谱特性基本一致，振动频率主要分布在 $f<200\text{Hz}$ 的范围内，且在 20~100Hz 频率范围内振动密集。

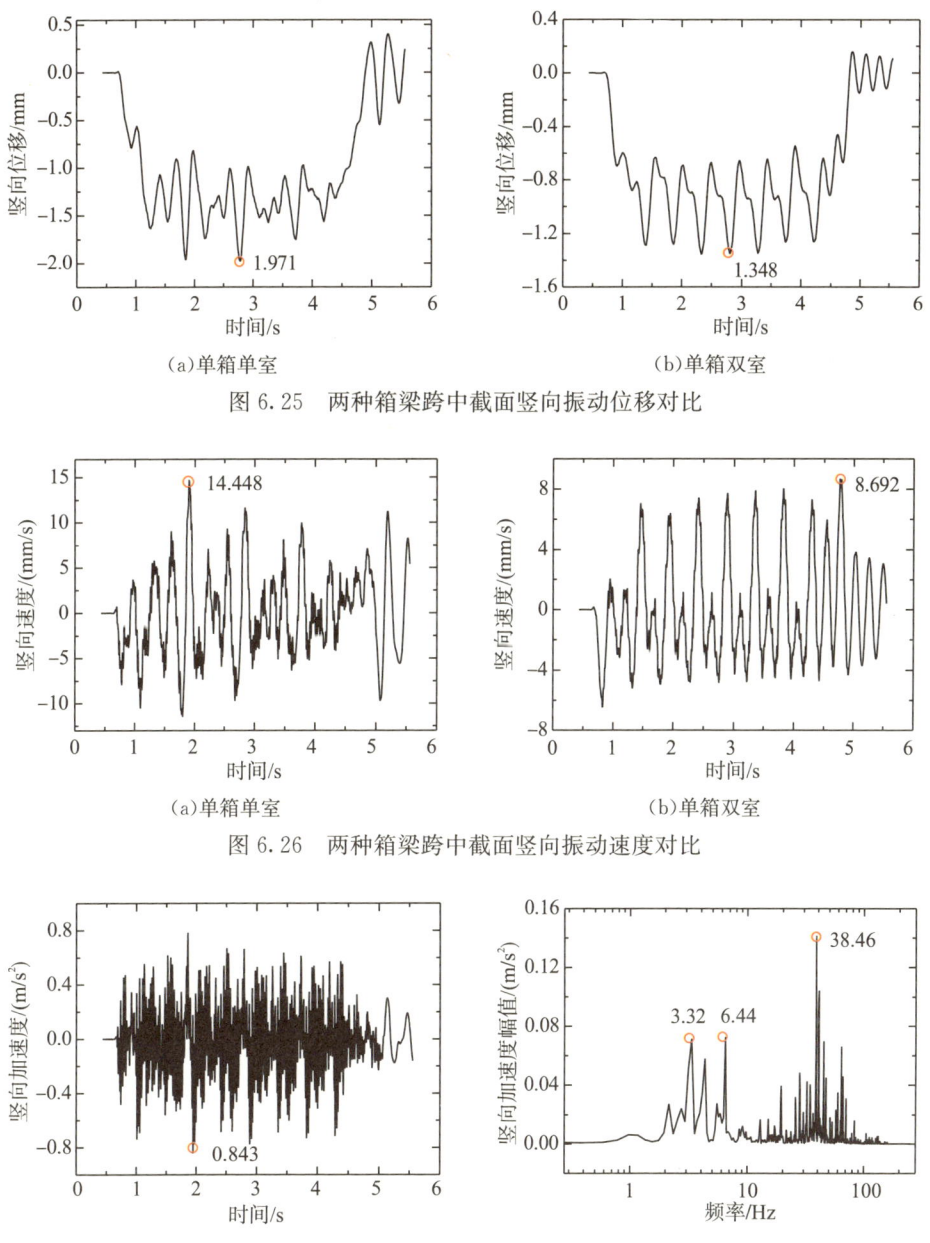

(a)单箱单室   (b)单箱双室

图 6.25　两种箱梁跨中截面竖向振动位移对比

(a)单箱单室   (b)单箱双室

图 6.26　两种箱梁跨中截面竖向振动速度对比

(a)单箱单室(时域)   (b)单箱单室(频域)

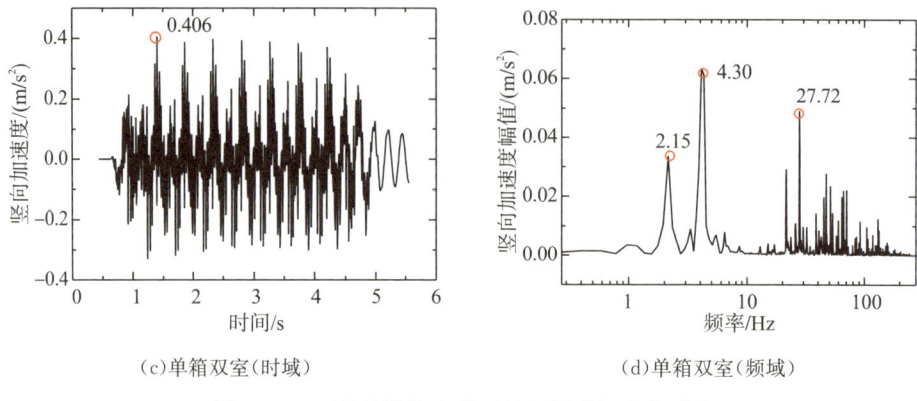

(c) 单箱双室(时域)　　　　　　　　(d) 单箱双室(频域)

图 6.27　两种箱梁跨中截面竖向振动加速度对比

3. 声辐射特性对比

接下来,对比两种不同梁型噪声辐射情况,梁底距地面为 10m,考虑地面声反射。场点网格划分如图 6.1 所示。图 6.28(a)给出了列车速度为 160km/h、180km/h、200km/h、220km/h 和 240km/h 时,跨中横断面场点 DP01~DP12 的总体线性声级差值曲线(单箱双室箱梁减去单箱单室箱梁的计算结果)。可以看出:

(1)总体上,相同场点位置处,单箱双室箱梁的辐射声压级均小于单箱单室箱梁,且不管列车速度如何变化,这一规律不变。

(2)就场点声压级减小值而言,梁底 2m 处声压级减小最多,达 12.0dB(L),且距梁底越近,减小值越大。

(3)单箱单室箱梁跨中横断面的辐射声压级大于相同位置单箱双室箱梁辐射声压级,这是一个总体的规律,但也存在若干不成立的情况,如 DP05、DP07 等距地面 2m 高度处的梁侧场点,受地面声反射影响较大。

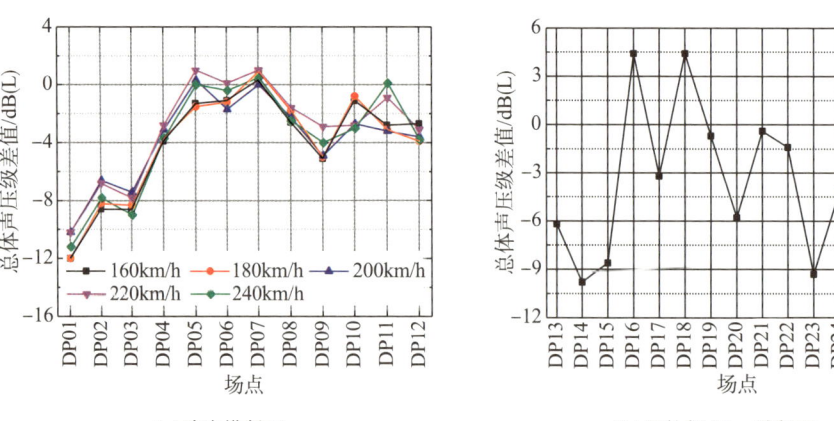

(a) 跨中横断面　　　　　　　　(b) 近轨侧 25m 纵断面

图 6.28　两种箱梁场点声压级对比

图 6.28(b)给出了列车速度为 200km/h 时,梁侧 25m 纵断面场点 DP13~DP27 的总体线性声级差值曲线(单箱双室箱梁减去单箱单室箱梁的计算结果)。可以看出:

(1)在列车速度为 200km/h 时,总体而言,单箱双室箱梁的辐射声压级要小于相应位置处单箱单室箱梁的辐射声压级,但也存在不少的场点处,单箱单室箱梁的辐射声压级反而较小(如 DP16、DP18 的线性计权声压级)。

(2)梁底以下场点的声压级减小值要多,而梁顶以上场点的声压级减小值要小,但达到一定的高度后,其减小值会增大,如梁顶以上 8~16m 场点的声压级要小于距梁顶 4m 处的声压级,梁顶以上 12m 位置处的场点声压级最小,这反映出桥梁结构噪声在近轨侧 25m 处,箱梁顶面以上空间具有一定的指向性。

辐射声功率是最简单、最直观的描述振动物体声辐射大小的物理量,图 6.29 给出了列车速度为 200km/h 时,32m 双线单箱单室箱梁与单箱双室箱梁辐射声功率级的对比曲线。可以看出,两种箱梁的辐射声功率级均随频率的增大而减小;单箱双室箱梁的辐射声功率级要比单箱单室箱梁平均小 6dB 左右,即单箱双室箱梁要比单箱单室箱梁更为"安静"。

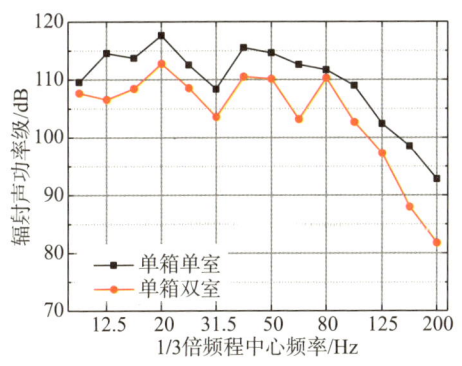

图 6.29 两种箱梁辐射声功率级对比

6.3.3 箱梁与 U 梁结构噪声的对比

图 6.30 给出了深圳地铁 6 号线 30m 混凝土简支 U 梁跨中横断面详图。该简支 U 梁梁体高度为 1.9m,支点处梁高为 2.02m,腹板厚 28cm,底板厚 28cm,端底板厚 48.6cm,底板两侧向中央设 1.134%的横坡。运营车辆采用地铁 A 型车,轨道结构采用浮置板道床。

动力仿真分析采用地铁 A 型车(超员工况),车速为 140km/h,6 节编组,轨道不平顺采用美国六级谱。图 6.31 给出了 U 梁动力分析有限元模型及跨中横断面的 3 个输出节点的位置示意图。

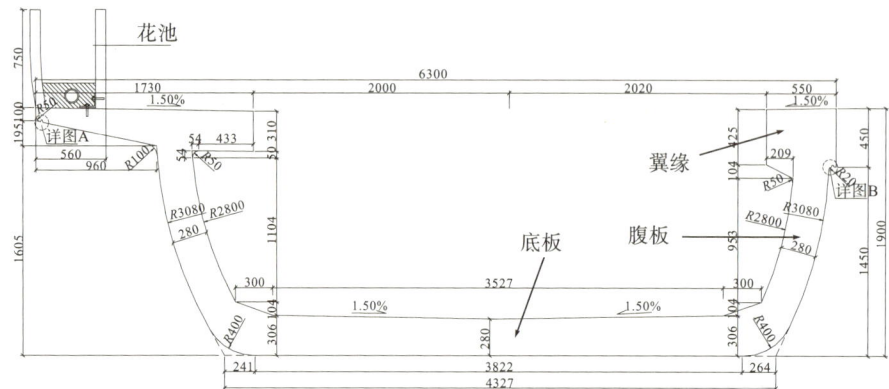

图 6.30　深圳地铁 6 号线 30m 单线简支 U 梁典型横截面图（单位：mm）

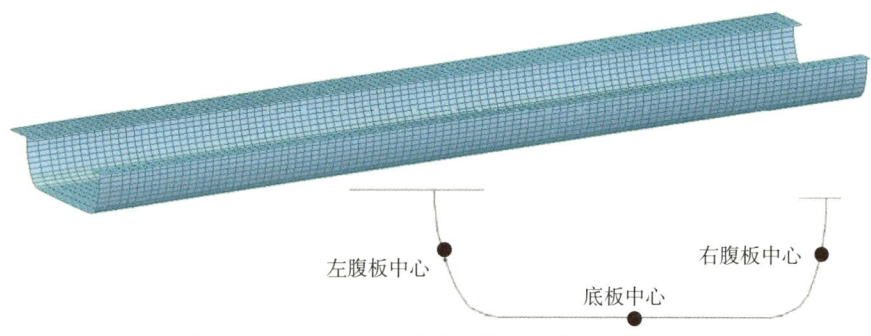

图 6.31　U 梁动力仿真分析模型（4 节点板单元）

表 6.5 给出了梁单元和板单元模型得到的 U 梁自振特性对比；图 6.32 给出了板单元模型得到的典型振型图。可以看出，二者计算得到的梁体一阶整体竖弯频率比较接近。由于 U 梁为开口截面，扭转频率较低，底板表现出较强的竖向局部振动特性，主梁弯扭耦合振动现象明显。对于 U 梁这种开口截面结构形式，若采用单梁分析模型，难以揭示结构的局部振动特性，会高估结构的刚度特性，比较合理的动力分析模型应该是采用板壳或实体单元。

表 6.5　U 梁自振特性

模态序号	梁单元模型		模态序号	板单元模型	
	振型描述	频率 f/Hz		振型描述	频率 f/Hz
1	正对称竖弯	3.383	1	扭转+横弯	2.742
2	正对称横弯	4.312	2	竖弯	3.462
3	反对称横弯	9.249	3	扭转+横弯	8.084
4	反对称竖弯	11.874	4	扭转+横弯	10.150
			6	扭转+竖弯	11.142
			10	底板局部振动	17.217
			15	底板局部振动	25.380

(a) 扭转+横弯，$f_1=2.742$Hz

(b) 竖弯，$f_2=3.462$Hz

(c) 扭转+横弯，$f_3=8.084$Hz

(d) 扭转+竖弯，$f_6=11.142$Hz

图 6.32　U 梁典型振型图

图 6.33 给出了跨中截面左腹板中心、底板中心和右腹板中心的竖向加速度窄带谱曲线。可以看出，在竖向列车荷载作用下，底板比腹板的振动明显，底板竖向加速度幅值约为腹板加速度幅值的 2~3 倍；底板中心、左腹板中心和右腹板中心的加速度幅值最大值分别为 3.1m/s²、1.1m/s² 和 0.9m/s²；10Hz 以上频段的振动主要来源于板件的局部振动，底板加速度频谱曲线在

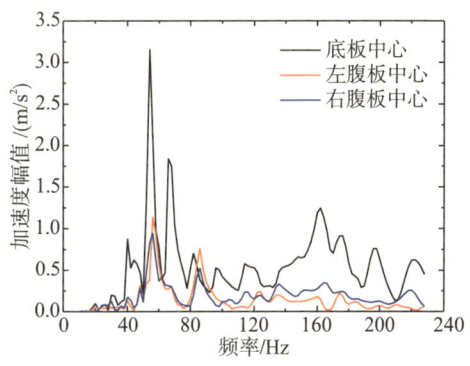

图 6.33　不同位置竖向振动加速度对比

54Hz、66Hz、160Hz 等处出现明显的峰值，这与轮轨相互作用力峰值及板件的局部振动模态有关。

为了考察梁底不同高度以及到线路中心不同距离的声场变化规律，选取了如图 6.34 所示的 13 个场点。其中，SF1~SF4 位于跨中正下方，到梁底的距离分别为 1m、3m、5m 和 7m；SF5~SF9 距地面 1m，到线路中心的水平距离分别为 5m、10m、15m、20m 和 25m；SF10~SF13 到线路中心的水平距离为 30m，各点依次距地面 3m、7m、11m 和 15m。

图 6.35 给出了仿真分析得到的场点 SF1~SF13 声压级频谱曲线。总体上来看，场点的噪声在 50Hz、160Hz 处出现峰值，这从图 6.33 所示的 U 梁振动频谱曲线就可以很好地解释。图 6.34 给出了每个场点的总体线性声压级，靠近梁底的场点 SF1 声压级最大，达到 98.6dB(L)；垂直于线路方向，各场点声压级随着到轨道中心距离的增大而减小；距轨道中心水平距离 30m 处，各场点声压级的最大值出现在与 U 梁等高的场点 SF12 处。与图 5.41 相比，虽然 U 梁的列车荷载要小于单线箱梁的列车荷载，但 U 梁由于刚度较低，结构高频振动响应大，导致其结构噪声要大于单线箱梁的结构噪声。

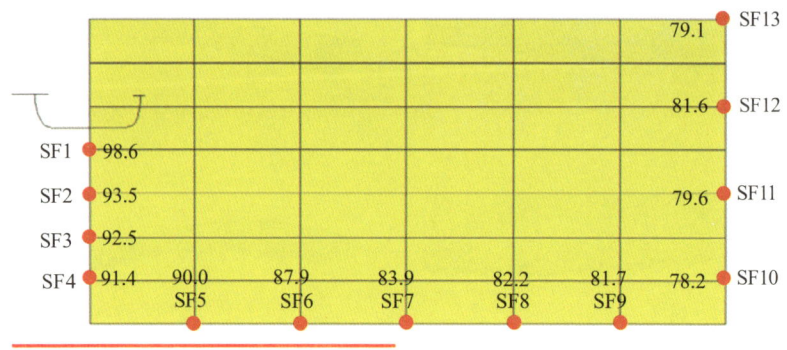

图 6.34 U 梁考察场点示意图(单位：dB)

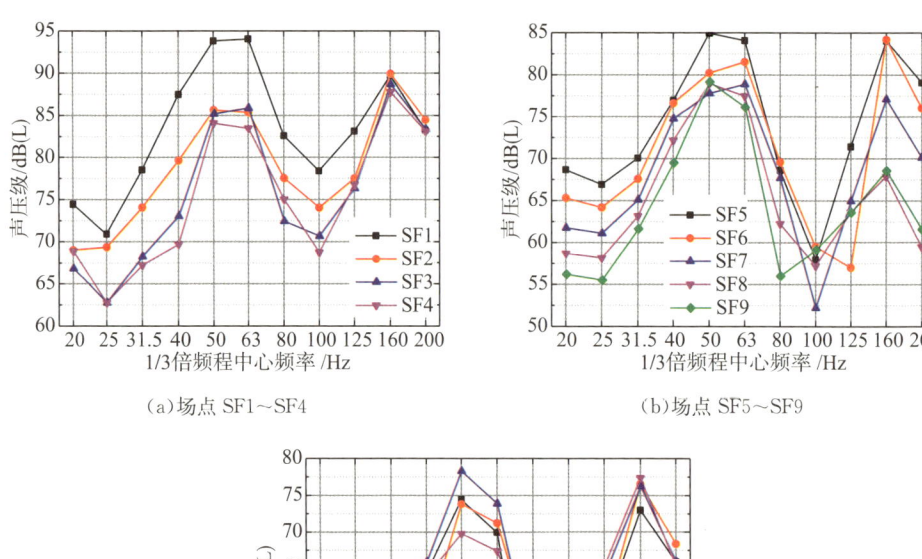

(a)场点 SF1~SF4

(b)场点 SF5~SF9

(c)场点 SF10~SF13

图 6.35 场点结构噪声级频谱曲线

6.4 U 梁对轮轨噪声的遮蔽效应[7]

U 梁两侧腹板相当于两个低矮的声屏障，当轮轨噪声遇到 U 梁腹板的遮挡时，声波会沿着 3 条路径传播，如图 6.36 所示。一部分声波遇到障碍发生反射，一部分声波透过障碍（由于 U 梁腹板为实心混凝土结构，从 U 梁腹板透射出去的声波可以忽略不计），还有一部分通过绕射到达受声点。对于绕射声场，可以分为声影区和声亮区。声影区的大小与噪声源频率有关，轮轨噪声为高频噪声，波长短，因此声影区面积较小。

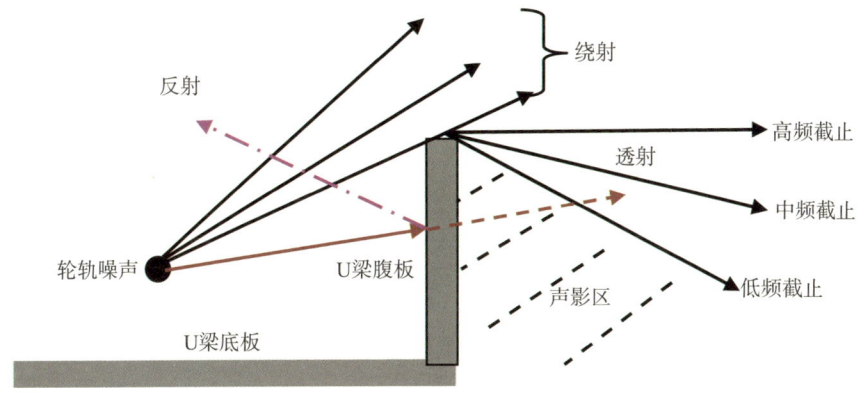

图 6.36　U 梁遮蔽效应示意图

6.4.1　算法验证

本研究中拟采用边界元法分析 U 梁对轮轨噪声的遮蔽效应，这里首先采用经典的几何绕射方法对边界元法的有效性进行验证。建立如图 6.37 所示的二维声屏障计算模型，模型中声屏障高 3m，声源位于声屏障前方 3.5m，距地面 0.5m，两个受声点位于声屏障后 7.5m，分别距地面 1.2m、3.5m，地面为刚性全反射。计算频率为 20～5000Hz，计算步长取 10Hz，边界元模型中单元长度为 0.005m。

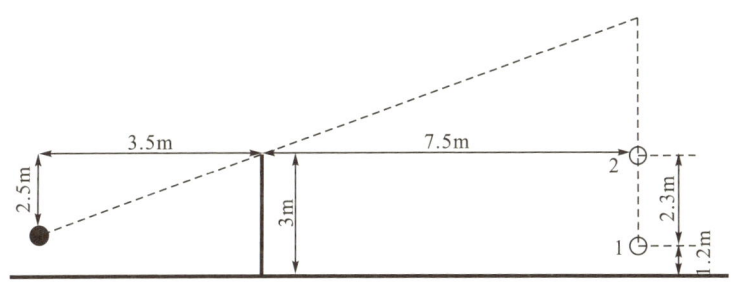

图 6.37　二维声屏障计算模型

图 6.38 给出了受声点 1、2 的插入损失计算结果对比。结果表明，边界元模型和几何绕射模型的计算结果几乎完全一致，仅在插入损失的峰值频率处略有差别，主要原因是边界元法为数值解，而几何绕射法为解析解。边界元法根据精度

要求划分对应大小的网格,并且能够计算任意形状声屏障对任意受声点的插入损失,但如果计算频率过高,需要大量的存储空间,且耗时巨大。

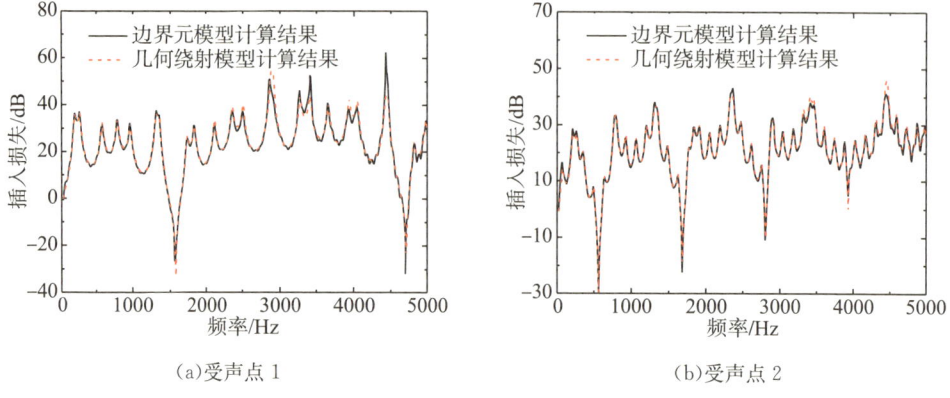

图 6.38　声屏障插入损失计算结果对比

6.4.2　U 梁遮蔽效应数值仿真

仍以图 6.30 中的单线 U 梁为研究对象,由于轮轨噪声分析频段高,数值计算工作量大,这里采用二维边界元模型进行分析,考察场点与图 6.34 相同。轮轨噪声声源位于 U 梁底板中心上方 1.1m 处,假定 U 梁距地面的高度为 10m,地面为刚性全反射。

1. 等效线声源

噪声源采取实测的单轴轮轨噪声,详见表 6.6。单轴轮轨噪声需要转换为等效线声源,根据 U 梁跨度,考虑 U 梁上有 6 个轮对。以线声源进行模拟,则单位长度线声源的声源能量为 6 倍单轴轮轨噪声能量除以梁长,再转化为等效声压级。

表 6.6　单轴轮轨噪声实测数据与等效线声源换算

中心频率/Hz	声压级/dB(L)	等效线声源声压/Pa	等效线声源声压级/dB(L)
50	32.581	3.8071×10^{-4}	25.591
63	52.419	3.7368×10^{-3}	45.429
80	55.964	5.6201×10^{-3}	48.974
100	57.799	6.9422×10^{-3}	50.809
125	60.697	9.6916×10^{-3}	53.707
160	68.173	2.2919×10^{-2}	61.183

续表

中心频率/Hz	声压级/dB(L)	等效线声源声压/Pa	等效线声源声压级/dB(L)
200	74.832	4.9334×10⁻²	67.842
250	81.019	1.0058×10⁻¹	74.029
315	95.523	5.3419×10⁻¹	88.533
400	96.386	5.8999×10⁻¹	89.396
500	106.001	1.7848	99.011
630	111.834	3.4934	104.844
800	116.415	5.9196	109.425
1000	120.373	9.3367	113.383
1250	106.447	1.8789	99.457
1600	110.532	3.0071	103.542
2000	111.969	3.5481	104.979
2500	106.274	1.8418	99.284
3150	108.768	2.4544	101.778
4000	112.435	3.7436	105.445
5000	108.726	2.4426	101.736

2. 声场分析

图6.39给出了场点SF1~SF13的轮轨噪声频谱曲线；图6.40给出了各场点轮轨噪声总声级。可以看出，U梁腹板对轮轨噪声中630Hz以上的高频部分降噪效果更好，在中频段的降噪效果稍差；梁下场点在63Hz处出现声压级稍微增大的现象，这可能是绕射出去的低频噪声受到地面声反射的影响；随着到轨道中心的水平距离增大，轮轨噪声衰减速率逐渐增大；对于距轨道中心30m处的场点，与U梁等高的场点SF12的总体声压级最大。

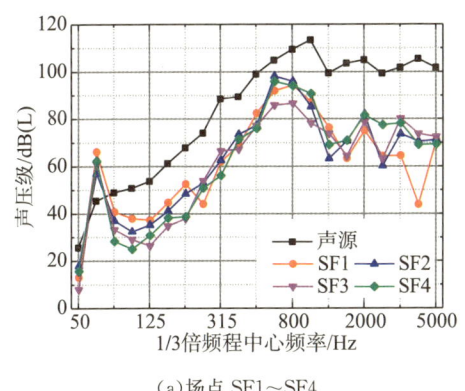

(a) 场点 SF1~SF4   (b) 场点 SF5~SF9

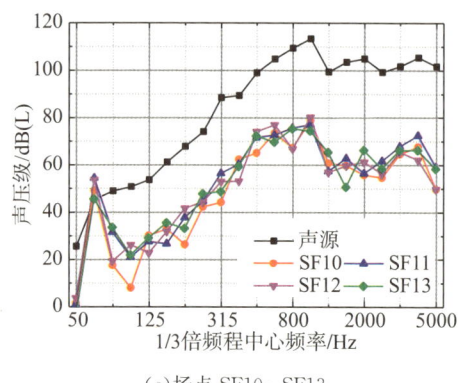

(c) 场点 SF10~SF13

图 6.39 场点轮轨噪声级频谱曲线

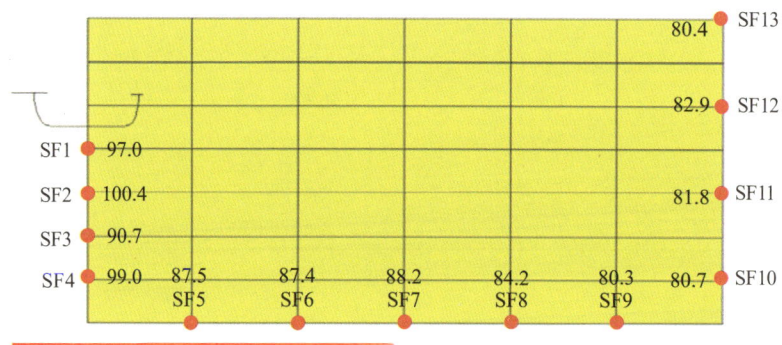

图 6.40 场点轮轨噪声总声级(单位：dB)

图 6.41 给出了不同中心频率处，跨中横断面的声场分布云图。可以看出，经过 U 梁腹板的遮蔽作用，轮轨噪声主要集中在梁体正上方及斜上方，梁侧斜下方噪声较小；由于地面对声波的反射作用，地面附近声压级有所增大；随着频率的增大，声场分布出现逐渐发散的情况。

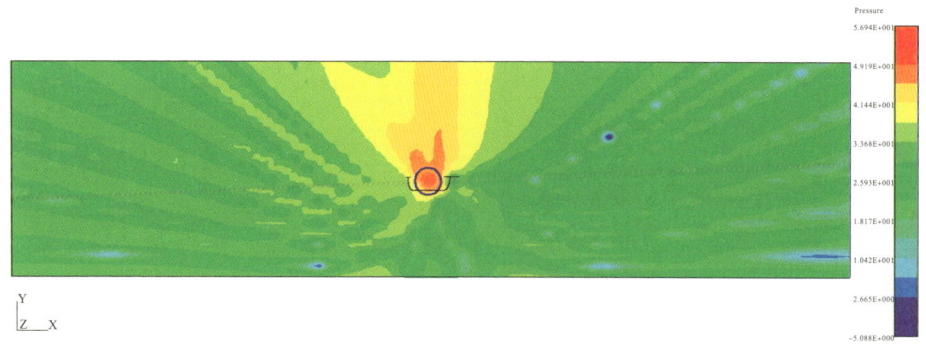

(a) $f=125Hz$

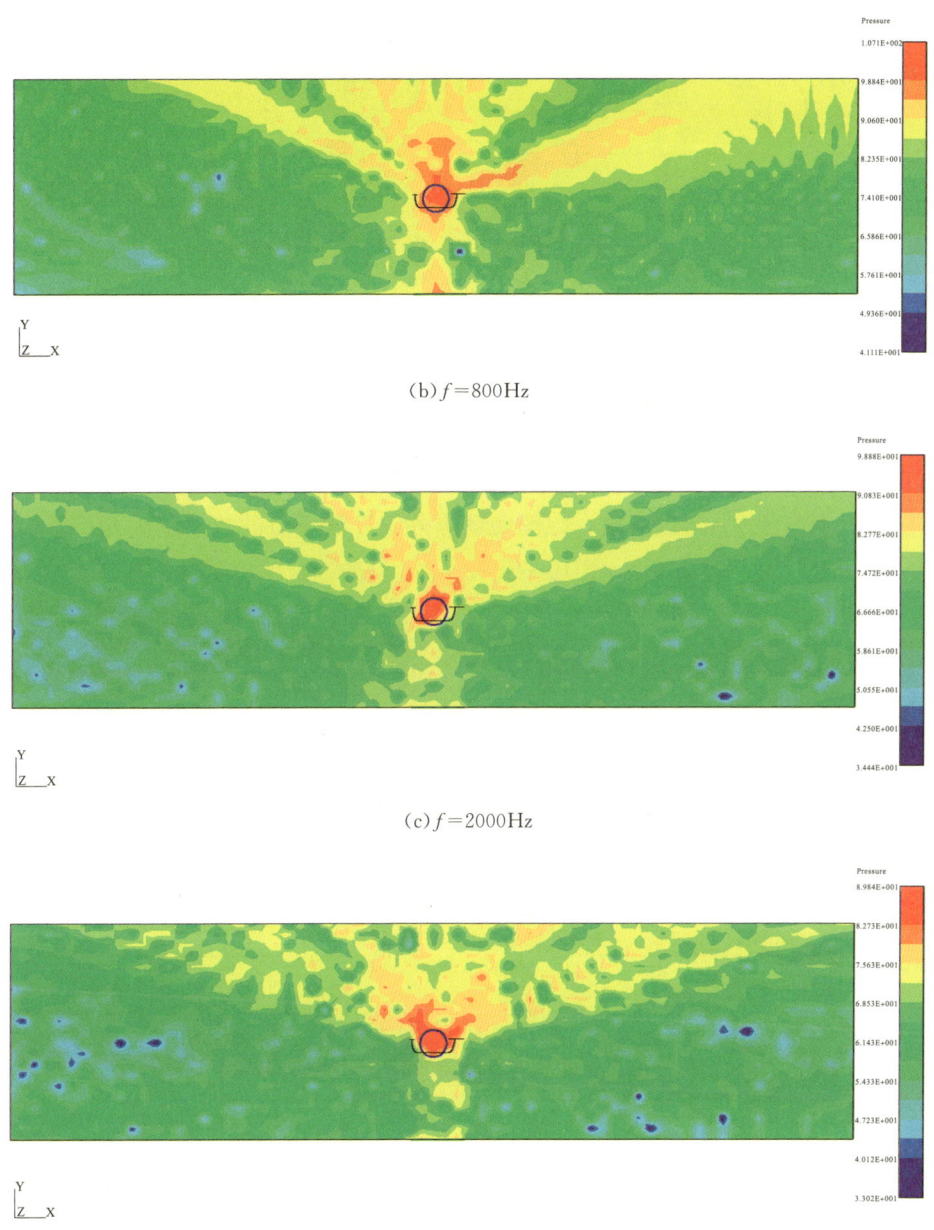

(b) $f=800$Hz

(c) $f=2000$Hz

(d) $f=5000$Hz

图 6.41 不同中心频率处的声场云图

3. U 梁与箱梁对比

以成灌铁路单线箱梁(图 5.21)为对比对象,研究 U 梁和箱梁对轮轨噪声遮蔽效应的差异性。在图 6.34 所示考察场点的基础上,增加 5 个场点(SF14~SF18),如图 6.42 所示。轮轨噪声声源位于箱梁顶板中心上方 1.1m 处。

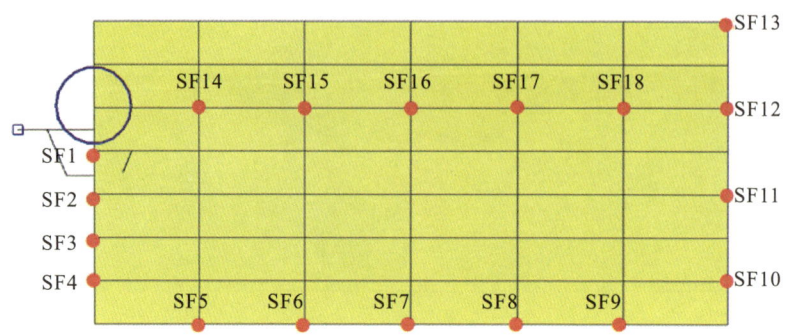

图 6.42 箱梁考察场点示意图

图 6.43 给出了场点 SF11、SF13、SF14 和 SF16 的声压级频谱曲线对比；图 6.44 给出了 U 梁和箱梁场点轮轨噪声总声级对比（图中黑色、红色数字分别代表箱梁和 U 梁）。可以看出，除梁底场点外，U 梁场点的总声压级要小于箱梁对应的场点；对于远场场点（SF10～SF13），U 梁的遮蔽效应明显，其降噪效果要好 5～6dB(L)；对于与声源等高的场点（SF14～SF18），U 梁的遮蔽效应同样明显。

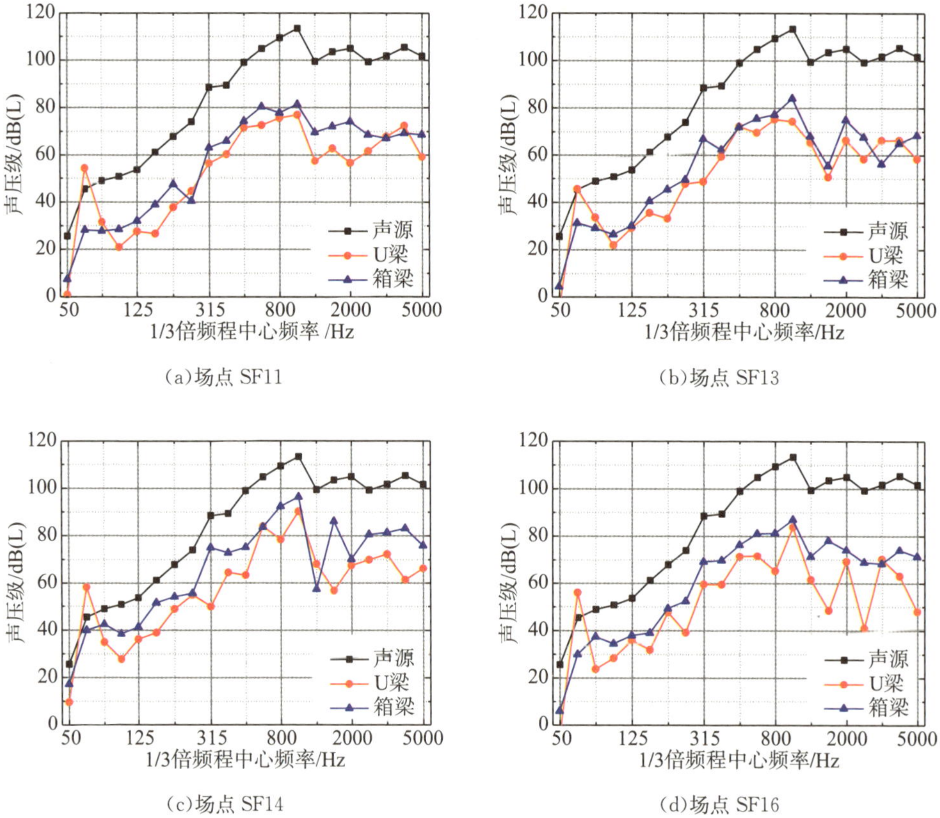

(a) 场点 SF11

(b) 场点 SF13

(c) 场点 SF14

(d) 场点 SF16

图 6.43 U 梁与箱梁场点声压级频谱曲线对比

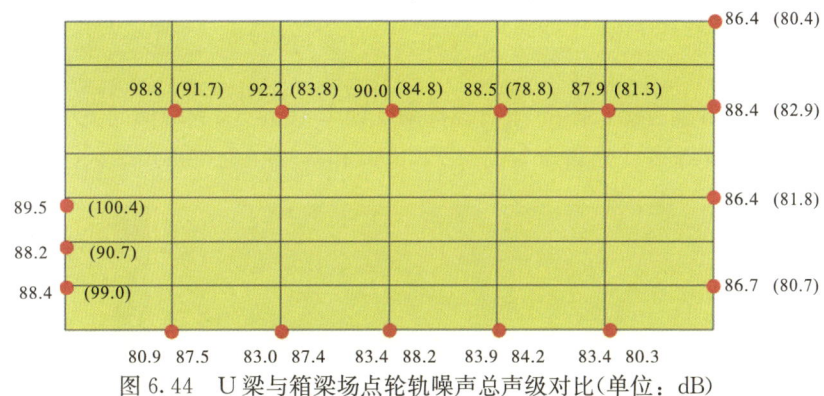

图 6.44 U 梁与箱梁场点轮轨噪声总声级对比(单位: dB)

进一步地,图 6.45 给出了 U 梁与箱梁总声级云图对比。对比可以发现,轮轨噪声在箱梁上的辐射方向基本为水平向,而由于 U 梁腹板的遮蔽效应,其在 U 梁上的辐射方向为斜向上方;箱梁横向更宽,其斜下方出现了一个噪声较低的区域,而 U 梁横向要窄,在相同区域的噪声要大,这主要是由于从 U 梁腹板绕射下来的低频噪声受到地面声反射的影响;在远场区域(至轨道中心的距离大于 15m),U 梁场点的噪声级要远小于箱梁场点。

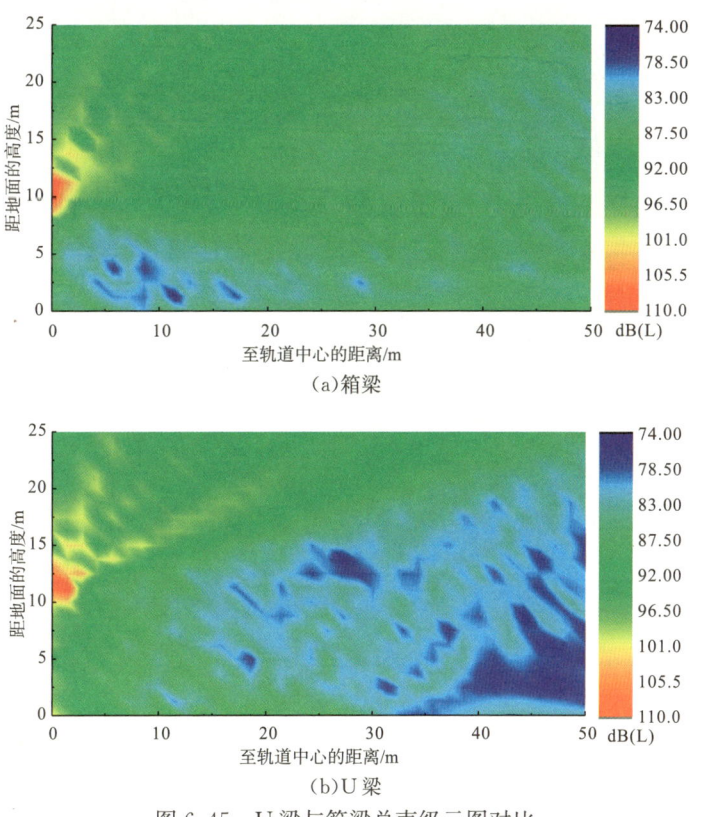

图 6.45 U 梁与箱梁总声级云图对比

4.参数分析

从图 6.30 可以看出，该 U 梁右腹板高度为 1.45m，右翼缘横向宽度为 0.55m。图 6.46 给出了翼缘宽度分别为 1.85m、1.05m 和 0.05m 时的总声级云图对比。

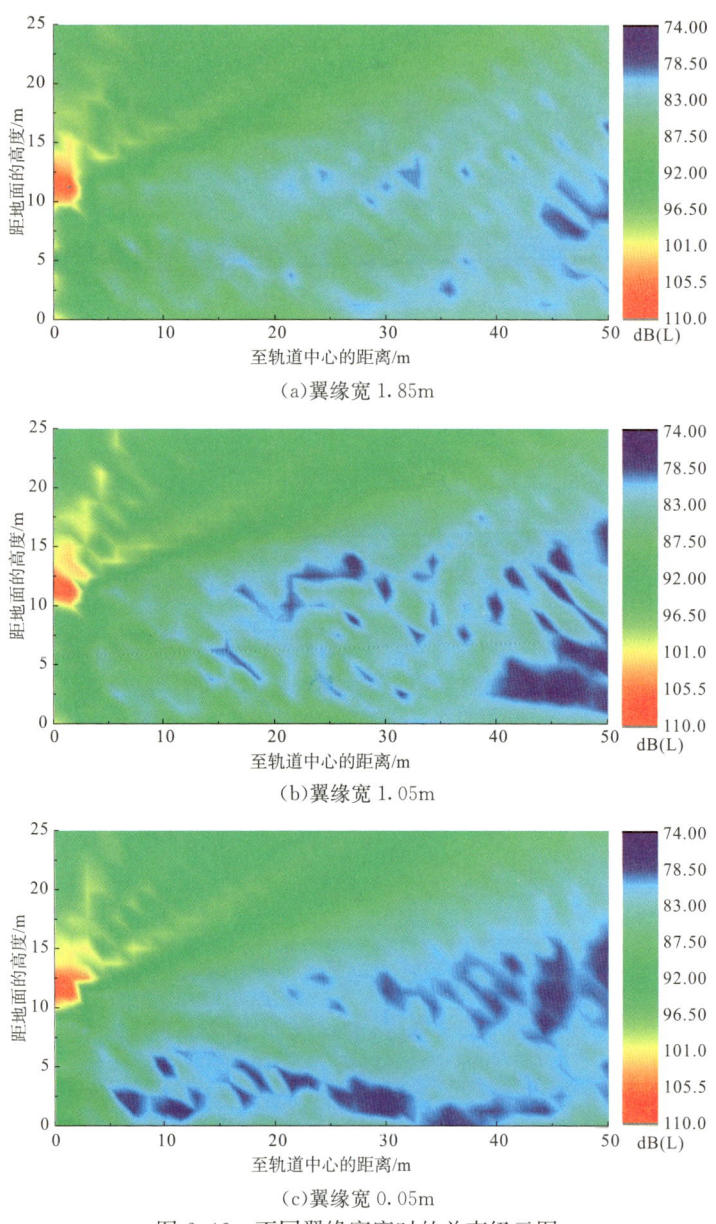

(a)翼缘宽 1.85m

(b)翼缘宽 1.05m

(c)翼缘宽 0.05m

图 6.46 不同翼缘宽度时的总声级云图

结合图 6.45(b)和图 6.46 可以看出，翼缘宽度增大时，轮轨噪声逐渐被遮挡在 U 梁的正上方，在 U 梁斜上方的传播范围变小，即翼缘宽度可以调整噪声源在梁侧的主要传播方向。但是，翼缘宽度增大时，远场斜下方区域的噪声级有少量增大，这主要是由于声波在 U 梁内部的反射得以加剧，从而使得绕射到远场的噪声级有所增大。

图 6.47 给出了腹板高度分别为 2.95m、2.05m 和 1.05m 时的总声级云图对比。结合图 6.45(b)可以看出，腹板高度增大时，轮轨噪声逐渐被遮挡在 U 梁的

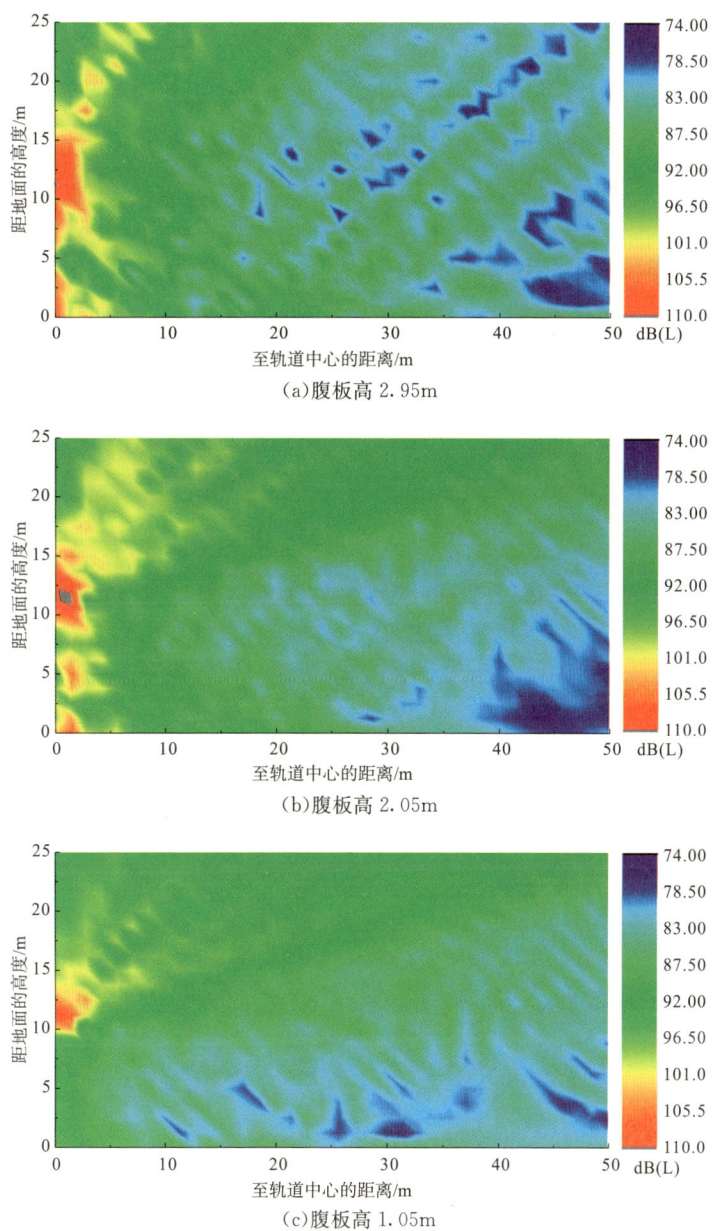

图 6.47 不同腹板高度时的总声级云图

正上方,在 U 梁斜上方的传播范围变小,即腹板高度也可以调整噪声源在梁侧的主要传播方向。但是,腹板高度增大时,近场斜下方区域的噪声级有所增大,并且由于地面声反射的影响,梁底出现多个噪声"热点"区域。

6.5　混凝土箱梁空腔共鸣特性[8]

为了从理论上对箱梁空腔共鸣噪声进行解释,以 5.3 节津秦客运专线混凝土箱梁为研究对象,结合前述试验成果,本节从三维空腔声模态、板的局部振动模态两个方面阐述箱梁的声振特性,并采用边界元法模拟箱梁空腔共鸣噪声,最后提出针对性的工程降噪措施。

6.5.1　空腔声模态

图 6.48 给出了箱梁内部空腔及顶板受力状态示意图。对于箱形结构,空腔声模态影响板件直接辐射的结构噪声,如果噪声频率与空腔声模态吻合,发生空腔共鸣现象并显著增大该噪声。三维规则空腔结构的声模态计算公式如下:

$$f_{\text{cavity}}^n = \frac{c}{2}\sqrt{\left(\frac{n_x}{l_x}\right)^2 + \left(\frac{n_y}{l_y}\right)^2 + \left(\frac{n_z}{l_z}\right)^2} \qquad (6.1)$$

式中,n_x、n_y 和 n_z 分别为 x、y 和 z 方向的模态序数;l_x、l_y 和 l_z 分别为 x、y 和 z 方向的尺寸;c 为空气中的声速。

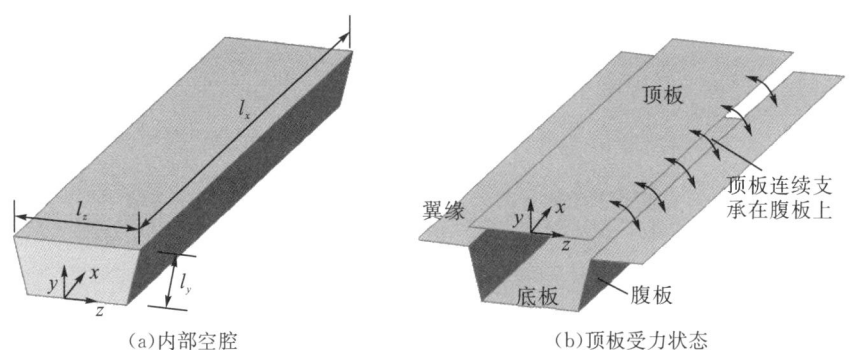

(a) 内部空腔　　　　　　　　(b) 顶板受力状态

图 6.48　箱梁示意图

空腔声模态依赖于 n_x、n_y 和 n_z 的任意组合,一个空腔声模态可以划分为 3 类:轴向模态(即 2 个方向的模态序数为 0)、切向模态(即 1 个方向的模态序数为 0)、倾斜模态(即 3 个方向的模态序数均不为 0)。从式(6.1)可以看出,任意方向的轴向模态与该方向的尺寸成反比。对于常见的混凝土简支箱梁,y 方向的尺寸通常最短[图 6.48(a)],因此,y 方向的轴向模态将最后出现。

由于实际箱梁结构的内部空腔并不是一个规则的箱形,这里采用三维声学有限元法分析津秦客运专线混凝土箱梁的空腔声模态。图 6.49 给出了典型声模态。

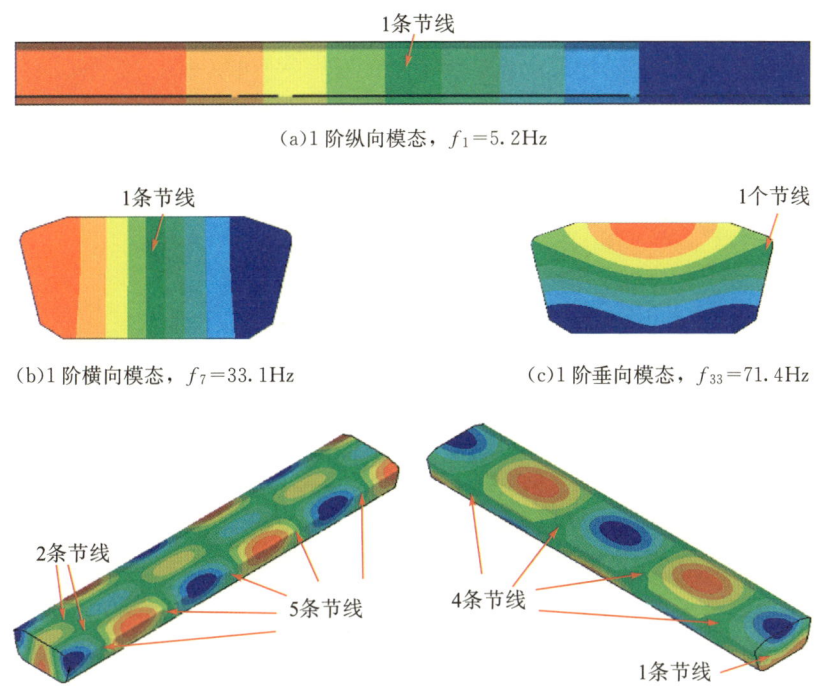

图 6.49 空腔声模态

从图 6.49 可以看出,箱梁的空腔声模态由 3 种典型模态组成,即纵向、横向和垂向声模态,这里分别记作 LG_m、LT_m 和 VT_m。一阶纵向、横向和垂向声模态频率分别为 5.2Hz、33.1Hz 和 71.4Hz,因此,根据式(6.1)可以计算出空腔等效三维尺寸分别为 $l_x=32.6m$,$l_y=2.38m$,$l_z=5.13m$。图 6.49(a)~(c)对应一阶声模态,则声模态形状中出现 1 条节线;图 6.49(d)、(e)对应高阶声模态,声模态形状中在各个方向分别出现对应的节线数。

表 6.7 给出了典型声模态及其频率。可以看出,1 阶垂向声模态分量在 34 阶、36 阶、37 阶、39 阶和 42 阶声模态中均有出现,并分别伴随着 1~5 阶纵向声模态分量。此外,随着频率增大,垂向声模态密集出现,并集中在箱内峰值噪声频率 75.0Hz 附近。因此,箱梁内部由顶板直接辐射的噪声由于空腔共鸣效应将被显著放大,并且顶板在 75.1Hz 处由于超谐波共振产生的峰值振动进一步加大了声辐射。

表 6.7 声模态及其频率

模态阶次	频率/Hz	模态描述	模态阶次	频率/Hz	模态描述
1	5.2	$1LG_m$	34	71.6	$1LG_m+1VT_m$
6	31.3	$6LG_m$	35	72.2	$6LG_m+2LT_m$
7	33.1	$1LT_m$	36	72.2	$2LG_m+1VT_m$
8	33.5	$1LG_m+1LT_m$	37	73.1	$3LG_m+1VT_m$
23	62.9	$12LG_m$	38	73.6	$14LG_m$
24	65.0	$2LT_m$	39	74.4	$4LG_m+1VT_m$
25	65.2	$1LG_m+2LT_m$	40	74.6	$7LG_m+2LT_m$
31	70.1	$5LG_m+2LT_m$	41	75.9	$13LG_m+1LT_m$
32	71.1	$12LG_m+1LT_m$	42	76.0	$5LG_m+1VT_m$
33	71.4	$1VT_m$	43	77.3	$8LG_m+2LT_m$

6.5.2 结构振动模态

箱梁结构噪声来源于板件的高频局部振动响应，箱梁顶板辐射的噪声占主导地位，为了计算顶板的局部振动模态，将顶板视作沿 x 方向连续弹性支承在腹板上的结构，该支承刚度介于固定支承和简支支承之间[图 6.48(b)]。由于顶板在 x 方向的尺寸要大于 z 方向，因此 x 方向的半波振动模态将会先出现。顶板的振动模态可写为

$$f_{\text{plate}}^n = \frac{\beta_n^2 h_b}{w_b^2} \sqrt{\frac{E_b}{12\rho_b(1-v_b^2)}} \tag{6.2}$$

式中，h_b、w_b 分别为顶板板厚和宽度；E_b、ρ_b 和 v_b 分别为弹性模量、密度和泊松比；β_n 为与边界条件相关的频率系数。

式(6.2)表明顶板的自振频率与顶板宽度的平方成反比，因此可以很容易地通过改变顶板宽度来调整其自振频率。

图 6.50 给出了箱梁典型振动模态；表 6.8 给出了顶板局部振动模态及其频率。

该箱梁的 1 阶竖向自振模态为梁的整体竖弯振型，频率为 5.1Hz，该频率的振动不能辐射可听声。随着模态阶数的增大，顶板的高阶局部振动模态开始出现。由于轮轨相互作用力包含了丰富的频率分量且顶板直接承受列车荷载，因此顶板的局部共振有可能会被激发并形成振动峰值。

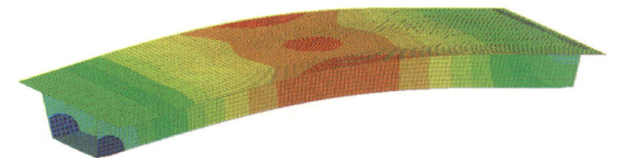

(a) 1 阶整体竖弯模态，$f_1=5.1\text{Hz}$

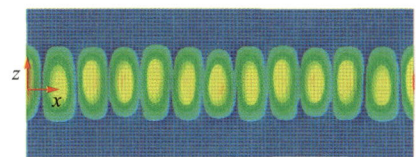

(b) 顶板局部模态，$f_{70}=78.3\text{Hz}$

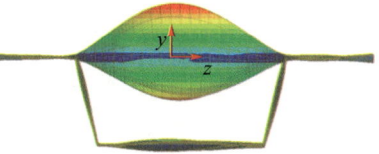

(c) 图(b)的侧视图

图 6.50　箱梁局部振动模态

表 6.8　箱梁顶板局部振动模态及其频率

模态阶次	频率/Hz	模态描述	模态阶次	频率/Hz	模态描述
6	15.5	1 个半波	38	45.6	9 个半波
8	18.4	2 个半波	45	52.6	10 个半波
14	23.0	3 个半波	52	60.3	11 个半波
18	27.1	4 个半波	60	74.6	12 个半波
22	30.7	5 个半波	70	78.3	13 个半波
25	34.1	6 个半波	92	99.1	14 个半波
26	36.1	7 个半波	108	111.1	15 个半波
32	39.8	8 个半波	126	124.3	16 个半波

从表 6.8 可以看出，随着模态阶数的增大，顶板在 x 方向局部振动的半波数逐渐增加，每阶局部振动模态均有可能会产生局部共振。图 5.49(b) 中标示出的峰值振动频率 37.8Hz、75.1Hz 和 112.9Hz 对应于顶板的 26 阶、60 阶和 108 阶局部振动，而 78.7Hz 处相对较小的峰值振动则与顶板的 70 阶自振频率吻合良好。

6.5.3　数值模拟

严格来说，箱梁内部空腔并不是一个封闭空间，在梁端有开口。但是，由于简支箱梁桥的梁缝宽度大多是 0.1～0.2m，相对于相邻两跨的梁长(32.6m)来说要小得多。此外，梁端支承在桥墩垫石上，顶部伸缩缝装置和桥墩顶面都是良好的声反射面，因此，可以将箱梁视作一个"半封闭"结构(图 6.51)。

为了模拟空腔共鸣现象，首先通过车-线-桥耦合振动分析得到轮轨相互作用力，轨道不平顺谱为 ISO 3095：2005 规定的轨道谱，车型为 CRH380A，车速为

340km/h。图 6.52 给出了不同扣件刚度情况下的轮轨力窄带谱曲线，并给出了幅值为 10kN 的白噪声激励。随着扣件刚度降低，轮轨力峰值频率逐渐降低，并且轮轨力也逐渐降低；75.0Hz 处的轮轨力也逐渐降低。

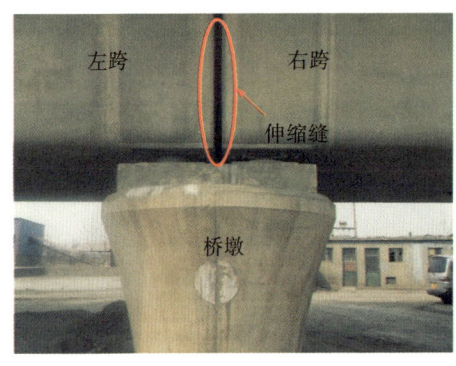

图 6.51 梁端伸缩缝处照片

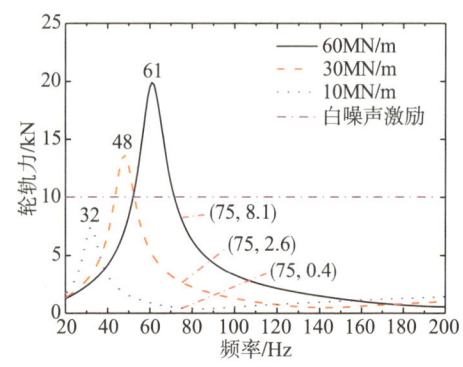

图 6.52 轮轨力频谱曲线

如图 6.53 所示，分别建立了两种计算模型，其一为两端封闭箱梁模型，采用直接边界元法进行分析；其二为两端开口箱梁模型，采用间接边界元法进行分析。封闭箱梁模型考虑箱内空腔共鸣效应，而开口箱梁模型仅考虑箱梁板件直接辐射的噪声。

(a) 直接边界元，两端封闭

(b) 间接边界元，两端开口

图 6.53 两种计算模型

图 6.54(a) 给出了计入/不计入空腔效应时的箱内噪声对比。可以看出，计入空腔效应时，箱内噪声要高出许多；计入空腔效应时，箱内噪声在 73Hz 处达到最大值，与箱内 1 阶垂向声模态频率吻合，且与图 5.48 实测的箱内峰值噪声频率吻合较好。

图 6.54(b) 给出了不同扣件刚度下的箱内噪声对比，结合图 6.54(a) 可以看出，不管是白噪声激励还是实际的轮轨力激励，箱内噪声的峰值频率并不发生变化，且即使扣件刚度发生变化，箱内噪声的峰值频率始终在 1 阶垂向声模态频率处出现，即空腔共鸣现象并不受轮轨力的影响；随着扣件刚度降低，箱内噪声也随之降低，这是由于顶板的振动响应因轮轨力降低而变小。

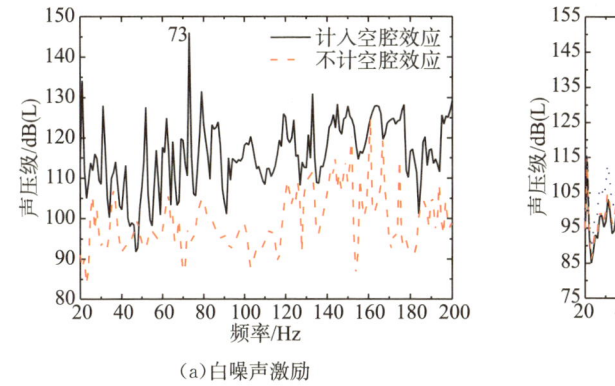 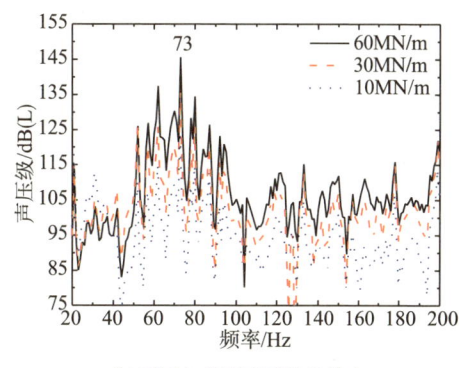

(a)白噪声激励　　　　　　　　　　(b)不同扣件刚度下的轮轨力

图 6.54　箱内噪声模拟结果

6.5.4　控制措施

鉴于以上分析，可以从 3 个方面进行空腔共鸣噪声的处理，即改变垂向声模态频率、改变顶板局部振动模态和减小轮轨相互作用力。

从式(6.1)可知，改变箱内空腔的垂向尺寸是一种有效的改变空腔共鸣效应的方法。我国铁路上常见 32m 混凝土简支箱梁的梁高在 2.3~3m(随设计荷载变化)，因此箱内垂向声模态频率要比本案例箱梁稍高。实际工程中，箱梁通常采用较大的刚度以保证行车安全，而箱梁的竖向刚度与梁高的 3 次方成正比，因此，试图通过改变梁高来调整垂向声模态频率是不可取的，也是不经济的。然而，通过增加如图 6.55(a)所示的水平障板更加有效且经济。理论上说，通过在空腔内部 1/2 高度处设置水平障板可以将 1 阶垂向声模态频率提高 2 倍，并可避免空腔共鸣噪声出现在振动响应较高的频率附近。从实际工程上说，水平障板可以设置为临时结构，并方便拆卸以利于箱梁维修。

从式(6.2)可知，改变顶板的宽度可以非常有效地调整其局部振动频率，如可通过改变腹板的倾角并调整横截面布置来改变顶板的宽度。本书 6.3.1 节的研究表明，减小腹板倾角(相对于垂向的角度)可以降低箱梁结构噪声，而腹板倾角减小到一定程度后，对结构噪声的影响将会减弱。因此，通过减小腹板倾角而减小顶板宽度可以避免出现显著的空腔共鸣噪声，并能减小箱梁结构噪声[图 6.55(b)]。

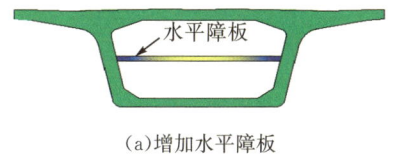 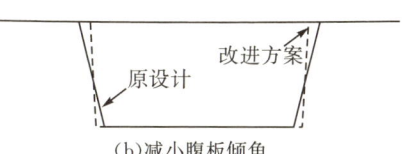

(a)增加水平障板　　　　　　　　　(b)减小腹板倾角

图 6.55　两种降噪措施

减小扣件刚度是第 3 种降噪措施,这一方法的原理是减小传递到箱梁上的振动能量。此外,减小扣件刚度还可以降低轮轨力峰值频率,如果能避开顶板的局部振动模态,这样将会进一步避免显著的空腔共鸣效应。从本书 6.2.2 节可知,减小扣件刚度还可以降低箱梁结构噪声,因此该方法非常可取。

6.6 钢桥声振特性

6.6.1 (32+40+32)m 钢板结合梁[9]

本节以秦沈客运专线钢板结合梁为研究对象(图 5.50),研究该类型桥梁的三维声场分布规律和声贡献量。

1. 三维声场分布规律

以主跨跨中为 X 轴原点,以近轨中心线为 Y 轴原点,以地面为 Z 轴原点,建立空间直角坐标系,通过计算主跨跨中横断面和距近轨中心线 25m 纵断面内的场点声压级,由线性插值得到钢桥三维声场分布,计算场点示意图如图 6.56 所示。

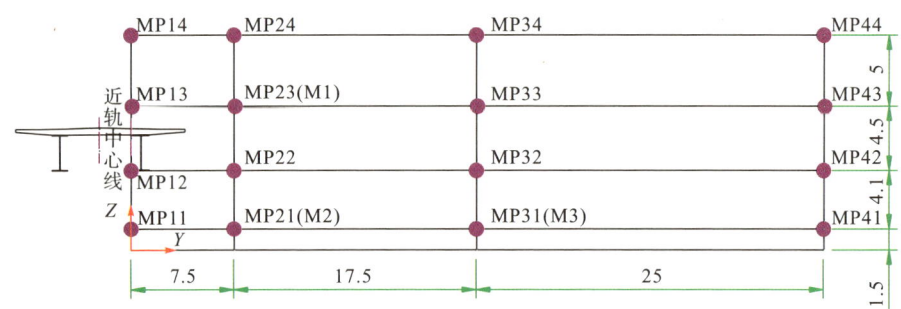

(a) 主跨跨中断面

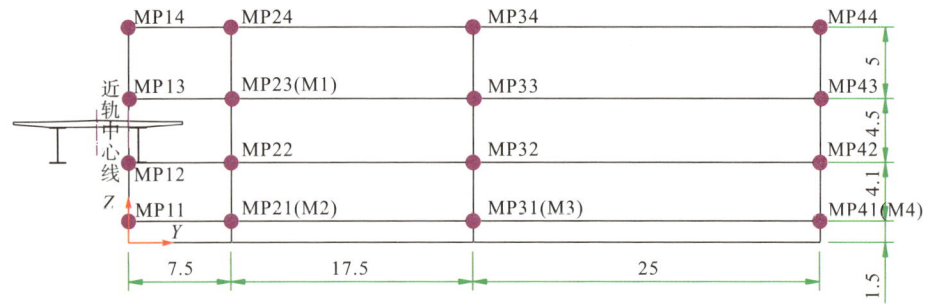

(b) 距近轨中心线 25m 纵断面

图 6.56 (32+40+32)m 钢板结合梁场点布置

当列车以 200km/h 的速度通过该桥梁时，以图 6.56 中所示坐标系绘制桥梁结构噪声声场分布云图，如图 6.57 所示。

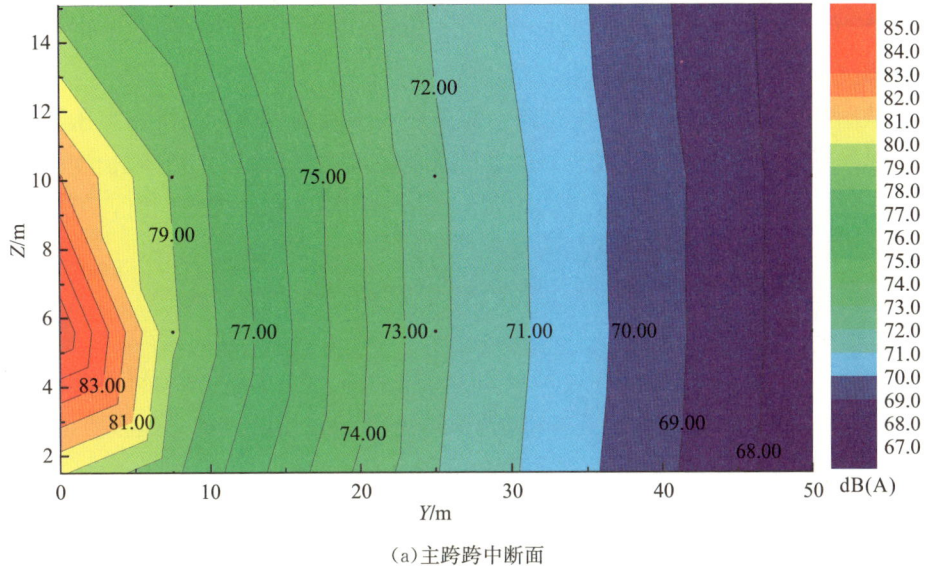

(a) 主跨跨中断面

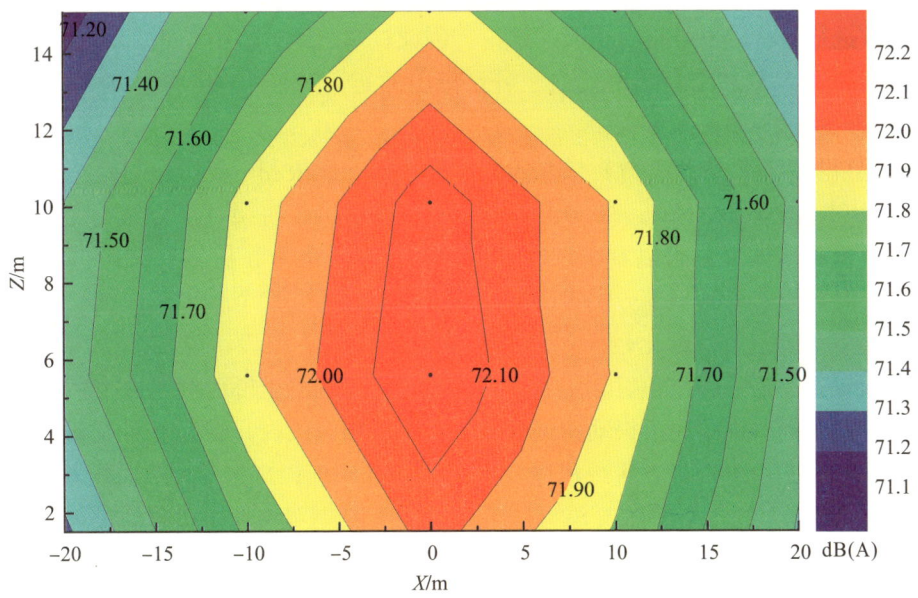

(b) 距近轨中心线 25m 纵断面

图 6.57 (32+40+32)m 钢板结合梁声场分布云图

参照 ISO 3095：2005 建议的噪声考察点，距近轨中心线 7.5m、轨面以上 1.2m 处（场点 MP23）的结构噪声达到 78.9dB(A)；距近轨中心线 25m、轨面以上 1.2m 处(场点 MP33)的结构噪声达到 72.2dB(A)。

从图 6.57(a)可以看出,距近轨中心线 0~7.5m 时,结构噪声衰减速率为 0.90dB(A)/m;距近轨中心线 7.5~25m 时,结构噪声平均衰减速率为 0.40dB(A)/m;距近轨中心线 25~50m 时,结构噪声平均衰减速率为 0.19dB(A)/m。可见近场声压梯度大于远场,即近场声压衰减速度比远场快。

从图 6.57(b)可以看出,主跨跨中噪声略大于两侧桥墩,该桥的声压波阵面为略显纺锤形的柱面波,而线声源的波阵面为柱面波,所以对于有限长度的桥梁结构来说,当场点到桥梁中心线的距离位于桥梁的高度和跨度之间时,可将其简化为有限长线声源来计算桥梁结构噪声。

2. 声贡献量分析

声贡献量分析中的考察点为 M1~M4(详见图 6.56),均位于桥梁主跨跨中横断面。其中,M1 距近轨中心 7.5m、轨面以上 1.2m;M2~M4 距地面的高度为 1.5m,到近轨中心的距离分别为 7.5m、25m 和 50m。

根据计算结果,以场点 M2 为例,桥梁结构噪声总体值为 90.3dB(L),其中左边跨辐射噪声为 77.9dB(L),主跨辐射噪声为 89.8dB(L),右边跨辐射噪声为 77.8dB(L),可见两边跨对主跨跨中断面场点 M2 的贡献可以忽略。此外,对场点 M3 进行分析后也可得出相同的结论。因此,对于距近轨中心线 25m 以内的场点,可以只考虑主跨的噪声贡献。需要指出的是,对于距离近轨中心越远的场点,邻跨的噪声贡献量越大。

仍以场点 M2 为例,分析结果表明,桥面板、腹板和下翼缘辐射噪声依次为 87.1dB(L)、86.2dB(L)、81.7dB(L)。图 6.58 给出了桥梁各部分对场点 M2 的声贡献量频谱曲线。可以看出,315Hz 以上频段,钢梁腹板辐射噪声占主导地位,并且可以忽略其他部分的噪声贡献量,这是因为在这个频率范围钢梁腹板的振动速度和辐射效率都比较大(图 6.59);315Hz 以下频段,混凝土桥面板和钢梁腹板辐射噪声的噪声辐射起主要作用,这是由于混凝土桥面板在这个频段的辐射效率高,同时钢梁腹板振动速度较大;整个分析频段内,钢梁下翼缘辐射噪声均很小,这是由于钢梁下翼缘板厚较大,辐射效率低;场点 S2 的实测噪声很大[图 5.53(a)],这是由于场点 S2 实测噪声不仅包括钢梁下翼缘辐射的噪声,还包括钢梁腹板辐射的噪声。

表 6.9 给出了考察点 M1~M4 的辐射声压级,括号外数字为声压级,括号内数字为所在的比例。可以看出,该桥各部分辐射到考察点 M1~M4 的声压级大小规律为腹板>桥面板>翼缘板,故应重点关注钢纵梁腹板的声辐射。

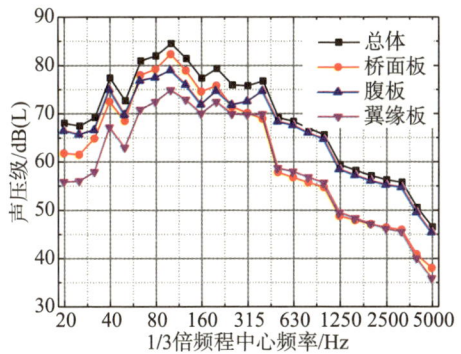

图 6.58 场点 M2 的声贡献量频谱曲线

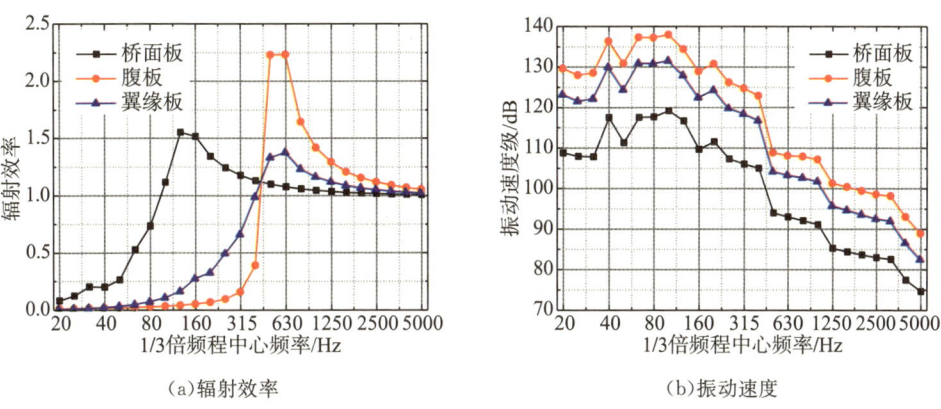

(a) 辐射效率　　　　　　　　　　(b) 振动速度

图 6.59 边跨各部分的振动速度和辐射效率

表 6.9 各部分对场点 M1~M4 的辐射噪声

场点	总体	腹板	翼缘板	桥面板
M1	78.9	76.3(55%)	70.6(14.6%)	73.8(30.4%)
M2	78.2	75.8(57.2%)	70.7(17.5%)	72.3(25.3%)
M3	72.1	69.6(57.3%)	64.3(16.6%)	66.2(26.1%)
M4	62.0	59.7(58.2%)	54.3(16.8%)	56.0(25%)

6.6.2　64m 下承式钢桁结合梁[10]

1. 桥梁概况

下承式钢桁结合梁是桥面系纵、横梁与混凝土板结合的一种新型桥梁结构形式，具有建筑高度低、刚度大、行车噪声和振动较小等优点。随着我国高速铁路

图 6.60 64m下承式钢桁结合梁照片

的大力建设和既有线路的提速，这类桥型将有广泛的应用前景。64m下承式简支钢桁结合梁在合宁城际、石太客运专线、遂渝二线等线路上均有所应用（图 6.60）。

本节研究对象为石太直通线跨青银高速大桥，主桥上部结构为有砟轨道64m双线简支钢桁结合梁。该桥设计速度为250km/h，线间距为4.6m，设计活载为ZK活载。主桁采用整体式节点，桁高12.3m，主桁中心距为11m，节间长度两端为12m，中间节间为10m。上、下弦杆采用箱形截面，上弦杆高约1.1m，下弦杆高约1.5m。斜腹杆采用箱形截面和H形截面，杆件高0.76~0.86m。桥梁设4片纵梁，在下弦节点处及节点中部设置横梁。除端横梁为箱形截面外，其余纵、横梁均为工字形截面。纵梁及下弦杆上翼缘焊有剪力钉与混凝土桥面连接。混凝土桥面板在跨中厚23cm，在纵梁及下弦杆顶部厚28~34.6cm。

2. 自振特性

采用通用有限元程序ANSYS建立全桥板单元模型，单元尺寸为0.2m，共有96564个单元。不计桥墩影响，不考虑剪力钉的滑移，将桥面节点与对应纵梁节点一一耦合。在各杆件相交处，按刚性连接处理。图 6.61给出了桥梁1阶横弯、竖弯振型图。可以看出，低阶振动为桥梁的整体振动，难以辐射噪声。图 6.62给出了第500阶振型，其反映出杆件板面的局部振动，$f_{500}=44.861$Hz，即第500阶自振频率仍然较低。

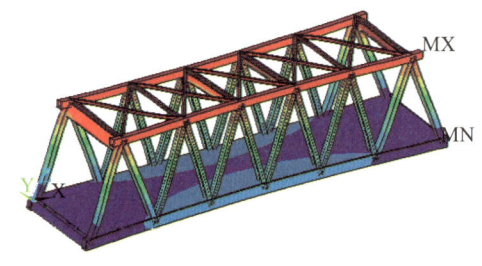
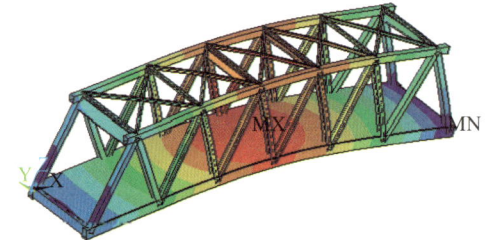

(a) $f_1=2.624$Hz，1阶横弯　　　　　　(b) $f_2=2.844$Hz，1阶竖弯

图 6.61 64m钢桁结合梁前两阶振型

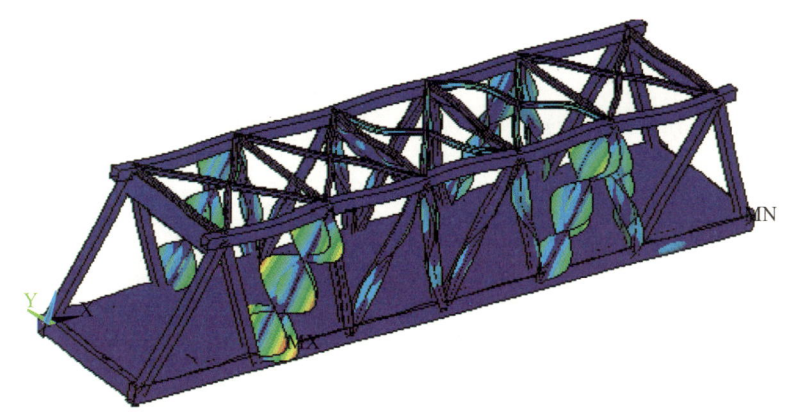

图 6.62 64m 钢桁结合梁第 500 阶振型

根据车-线-桥耦合振动分析理论，采用空间板-梁混合有限元模型进行车致振动响应分析，即除混凝土桥面板采用 4 节点板单元模拟外，其余杆件均采用梁单元模拟。表 6.10 给出的是通用有限元程序 ANSYS 全板单元模型和车-线-桥软件板-梁混合模型计算得到的桥梁基频对比，1 阶横向和 1 阶竖向振型的频率计算误差分别为 3.24% 和 2.01%，验证了板-梁混合模型的正确性。

表 6.10 64m 钢桁结合梁基频计算结果对比

振型描述	全板模型/Hz	板-梁混合模型/Hz	误差/%
1 阶横弯	2.624	2.709	3.24
1 阶竖弯	2.844	2.901	2.01

3. 车致振动响应

在车-线-桥耦合振动分析中，考虑单侧行车，采用 ICE3 动力分散式车组，8 节编组，运行速度为 250km/h。计算时，车-线-桥动力响应均不滤波，时间积分步长取 0.0001s。桥梁结构采用 Rayleigh 阻尼，计入 1 阶和 2 阶竖向自振频率，结构阻尼比取 0.01。

对车-线-桥耦合振动分析得到的每一块桥面板的速度响应时程进行快速傅里叶变换和空间平均，得到频域内的速度响应，作为后续桥梁结构噪声分析模型的能量输入。桥面板共分为 60 个子系统，对每个子系统内的节点速度响应在频域里进行空间平均作为该子系统的振动能量。

限于篇幅，这里仅给出跨中桥面板 5 个典型节点处的振动速度结果，图 6.63(a) 给出了输出节点示意图，图 6.63(b) 为跨中桥面板节点速度响应时程，图 6.63(c) 为相应的速度频谱图。可以看出，随着频率增大，桥面板的振动速度减小；虽然桥面板在高频段的振动幅值减小，但是辐射效率却随频率增大而增大，故高频振动是结构辐射噪声的重要因素之一。

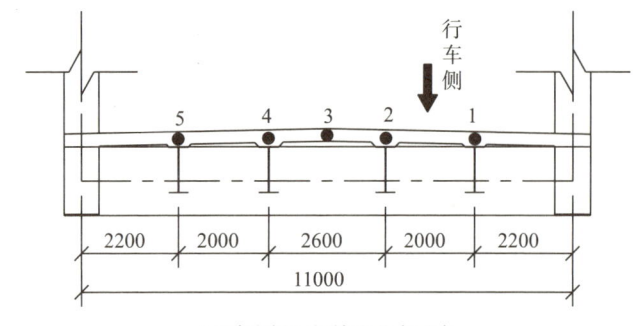

(a) 跨中桥面板输出节点示意

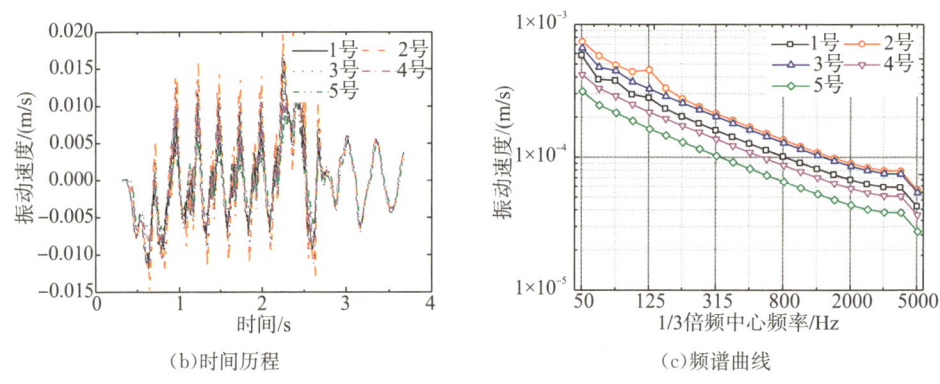

(b) 时间历程   (c) 频谱曲线

图 6.63   跨中桥面板节点速度响应

4. 桥梁结构噪声分析模型

采用统计能量分析建立该桥的声辐射计算模型,如图 6.64 所示。一般情况下,近场的声辐射较大,但由于桥梁跨度较大,远场更能反映整座桥的声辐射状况,因此近场和远场的噪声考察点都是必要的。参照 ISO 3095:2005 规范,确定的噪声考察点有 4 个,编号为 T1~T4,均位于桥梁跨中截面,其与右线中心(行车侧)的相对位置如图 6.65 所示。由于纵梁的上翼缘和下弦顶板均与混凝土桥面板通过剪力键连接,故不再考虑它们的声辐射。

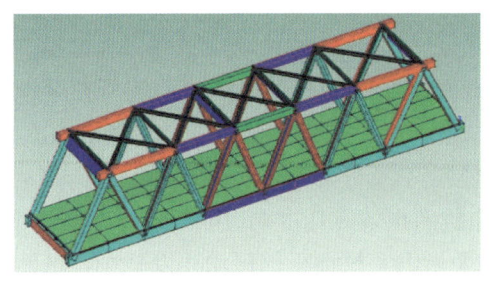

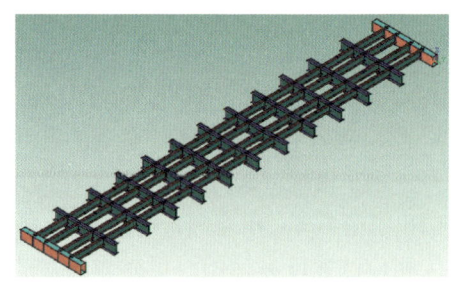

(a) 全桥   (b) 纵横梁

图 6.64   64m 钢桁结合梁声辐射分析模型

第6章 典型桥梁的声辐射特性研究

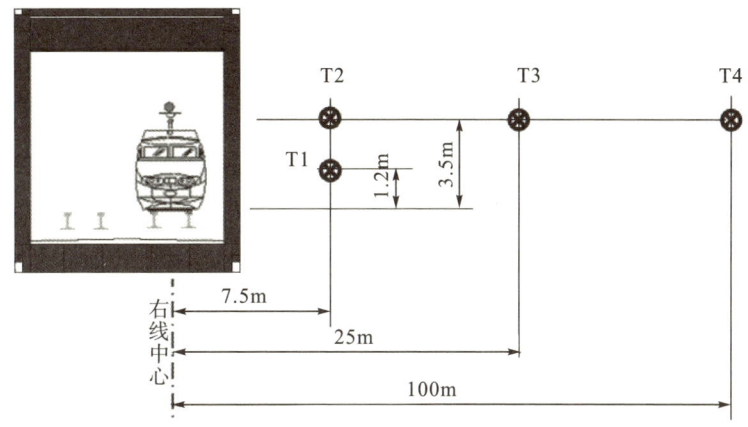

图 6.65　64m 钢桁结合梁场点布置

桥梁结构全部采用板子系统建模,图 6.66(a)给出了该桥典型子系统的弯曲模态数。因为桥面板为混凝土材料,板的纵向波速较低,且板厚较大,所以子系统的模态数较低。对于钢结构部分而言,在 233Hz 以上,桥梁各子系统的弯曲模态数均大于 5;在 50Hz 以上,各子系统的弯曲模态数均大于 1。由于钢桥噪声频段主要为中、高频,模态密度符合统计能量分析的假设条件。全桥噪声以钢结构部分为主,所以统计能量分析频率范围取 50~4000Hz。

该桥主要构件中,工字形纵、横梁腹板最薄,厚度为 16mm;跨中下弦腹板最厚,厚度为 32mm,计算得到临界频率范围为 400~801Hz。采用 Leppington 提出的辐射效率计算理论,该桥典型子系统辐射效率如图 6.66(b)所示。可以看出,在低频时,桥梁各子系统的辐射效率远小于 1;随着频率的增大,各子系统的辐射效率不断增大。在各子系统的临界频率处,各子系统的辐射效率达到最大值。

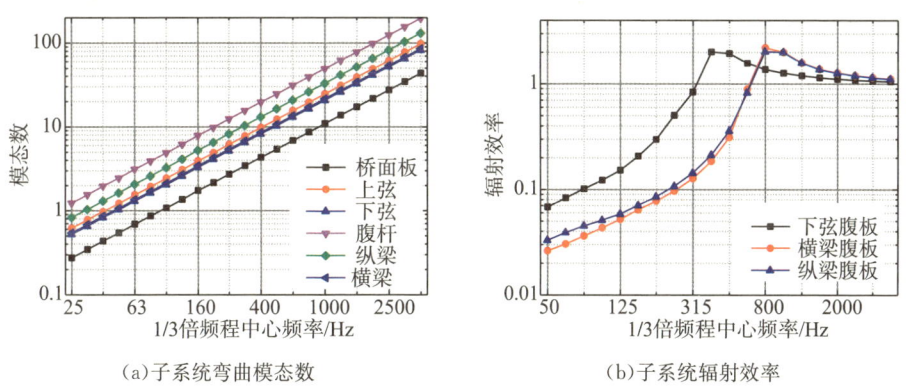

(a) 子系统弯曲模态数　　(b) 子系统辐射效率

图 6.66　统计能量分析模型参数

5. 三维声场分布规律

通过对比桥梁各子系统的法向振动速度可知，全桥以纵、横梁和下弦的振动最为突出，其中又以行车侧下弦腹板的振动为最大。

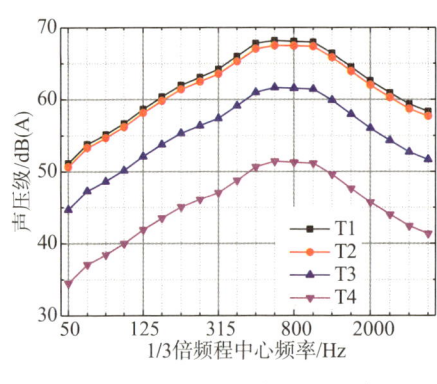

图 6.67 各场点声压级频谱图

图 6.67 给出了各场点声压级频谱，通过合计得到场点 T1~T4 的 A 计权声压级分别为 77.0dB(A)、76.4dB(A)、70.4dB(A)、60.1dB(A)，可见在 250km/h 的高速列车通过时，钢桥结构辐射噪声突出。从图 6.67 可以看出，钢桥结构噪声主要位于 315~1600Hz。随着至线路中心线的距离增大，桥梁结构噪声在全频段内都得到快速衰减。距近轨中心线 7.5~25m 时，结构噪声衰减速率为 0.34dB(A)/m；距近轨中心线 25~100m 时，钢桥结构噪声平均衰减速率为 0.14dB(A)/m。可见近场声压梯度大于远场，即近场衰减速率比远场快。

以端横梁中心为 X 轴原点，以近轨中心线为 Y 轴原点，以轨顶为 Z 轴原点，建立空间直角坐标系，通过计算跨中横断面和距近轨中心线 25m 纵断面内的场点声压级，由线性插值得到该桥的三维声场分布，如图 6.68 所示。可以看出，该桥的声压波阵面为略显纺锤形的柱面波，而线声源的波阵面为柱面波，所以对于有限长度的桥梁结构来说，当场点到桥梁中心线的距离位于桥梁的高度和跨度之间时，可将其简化为有限长线声源来计算桥梁结构噪声。

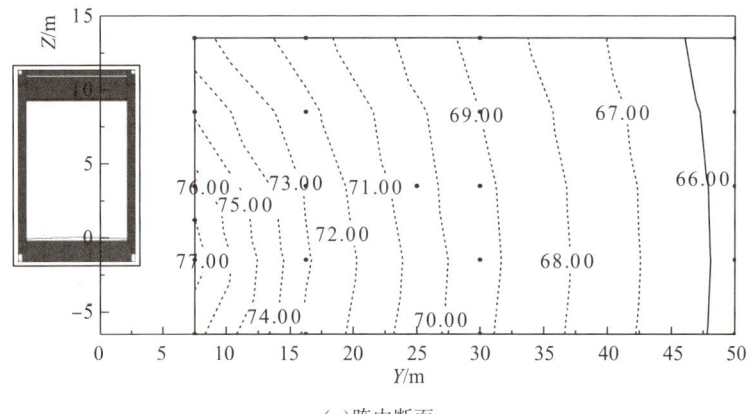

(a) 跨中断面

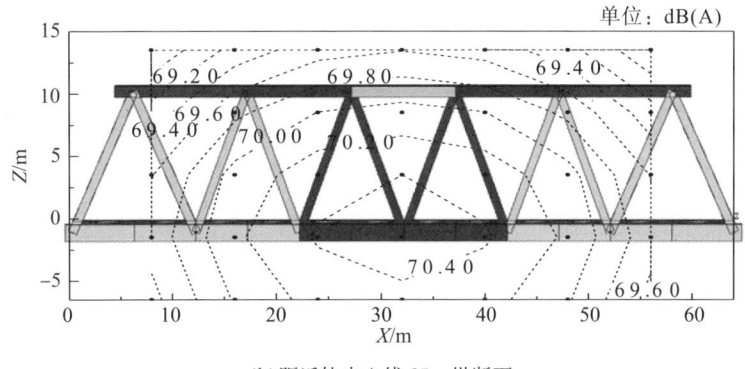

(b) 距近轨中心线 25m 纵断面

图 6.68 64m 钢桁结合梁声场分布等值线图

6. 声贡献量分析

为考察钢桁结合梁各部分辐射噪声的能力,将钢桁结合梁分为纵梁、横梁、近主桁、远主桁、桥面板、上平联 6 部分,分别计算它们在场点 T1~T4 辐射的噪声,其中上平联包含桥门架和中间横联。

表 6.11 给出了场点 T1~T4 的辐射声压级。可以看出,近主桁辐射结构噪声衰减最快。钢桥各部分辐射到近场场点 T1、T2 的声压级大小规律为近主桁>纵梁>横梁>远主桁>桥面板≫上平联;对于场点 T3,远主桁辐射噪声略大于横梁辐射噪声;在场点 T4,近主桁、远主桁和纵横梁辐射的噪声较为接近。

表 6.11 各部分对场点 T1~T4 的辐射噪声　　　　单位:dB(A)

场点	总体	近主桁	纵梁	横梁	远主桁	桥面板	上平联
T1	77.0	73.1	71.3	68.5	67.6	64.4	57.3
T2	76.4	72.3	70.7	67.9	67.5	63.7	58.0
T3	70.4	65.5	64.9	62.3	62.9	57.2	52.3
T4	60.1	54.5	54.6	52.2	53.6	46.8	42.1

图 6.69 给出了在场点 T3 处,桥梁各部分辐射噪声所占的比例。近主桁辐射的噪声比例最高,达到 32.26%;其次是纵梁辐射的噪声,比例为 28.38%;横梁和远主桁辐射的噪声比例接近,分别为 15.36%、17.62%;桥面板和上平联辐射的噪声比例最低,分别为 4.84% 和 1.55%。相对于钢桁梁其他部分而言,上平联的辐射声压级最小,可以忽略不计,应重点关注纵横梁和主桁的声辐射。

图 6.70 给出了在场点 T3 各部分辐射噪声的频谱图。纵梁、横梁辐射噪声的峰值频率为 1000Hz,主桁辐射的噪声峰值频率为 630Hz。主桁下弦钢板的厚度大于纵、横梁,可见板件较薄的纵、横梁辐射噪声的峰值频率更高。混凝土桥面

板辐射噪声以200Hz附近的中低频为主，与钢结构部分相比，其辐射的结构噪声可略去不计。

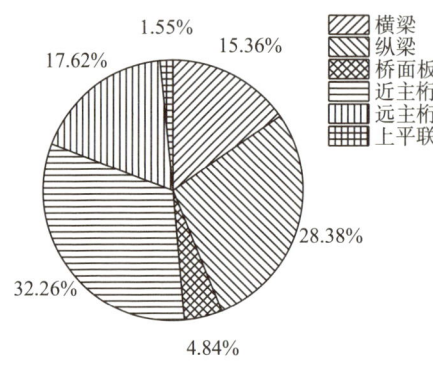

图6.69 场点T3声贡献量

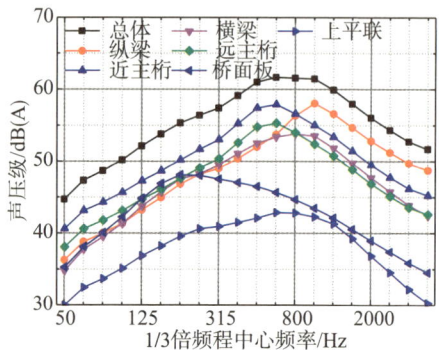

图6.70 场点T3声压级频谱曲线

参 考 文 献

[1] 张迅. 轨道交通桥梁结构噪声预测与控制研究[D]. 成都：西南交通大学，2012.

[2] Zhang X，Li X Z，Li Y D，et al. Train-induced vibration and noise radiation of a prestressed concrete box-girder[J]. Noise Control Engineering Journal，2013，61(4)：425-435.

[3] Zhang X，Li X Z，Liu Q M，et al. Theoretical and experimental investigation on bridge-borne noise under moving high-speed train[J]. Science China Technological Sciences，2013，56(4)：917-924.

[4] 李小珍，张迅，李亚东. 高速铁路桥梁结构噪声研究的边界元法[J]. 土木工程学报，2011，44(S1)：95-101，185.

[5] 张迅，李小珍，刘全民，等. 混凝土箱梁的结构噪声及其影响因素[J]. 西南交通大学学报，2013，48(3)：409-414.

[6] 张迅，李小珍，刘德军，等. 高速铁路32m简支箱梁声辐射特性研究[J]. 铁道学报，2012，34(7)：96-102.

[7] 尹航. U型梁结构噪声及梁体对轮轨噪声的遮蔽效应研究[D]. 成都：西南交通大学，2014.

[8] 张迅，王党雄，李小珍. 铁路混凝土箱梁箱内空腔共鸣噪声及其影响研究[J]. 铁道学报，2015，37(7)：107-111.

[9] 刘全民. 高速铁路钢桥结构噪声预测及约束阻尼层控制研究[D]. 成都：西南交通大学，2015.

[10] 李小珍，刘全民，宋立忠，等. 高速铁路钢桁结合梁桥结构噪声预测研究[J]. 铁道学报，2014，36(12)：97-103.

第 7 章 桥梁结构噪声的辨识技术

列车通过桥梁结构时的噪声源复杂，需要采用适当的噪声源识别技术对桥梁结构噪声进行精细化分析。列车荷载作用下，桥梁结构不同部位的振动特性不一致，不同部件的噪声辐射特性也不同，利用这一特点可以采用信号处理方法对采集到的振动、噪声信号进行处理，获得桥梁结构各部位的振动特性和声辐射特性，从而识别出各部件的噪声辐射特性和主要噪声源，得出桥梁结构辐射噪声的特点。本章将选取成灌铁路典型箱梁的振动与噪声试验结果，采用噪声源识别技术对桥梁结构的声辐射特性进行进一步探讨。

7.1 噪声源辨识方法

轨道交通包含多个噪声源，在进行噪声测试时，如何有效实现桥梁结构噪声的分离或识别是一大难题，此即为噪声源识别（noise source identification，NSI）问题。噪声源识别的方法比较多，主要有频谱分析法、相干分析法、声强测量法、声全息法和波束形成法等[1]。

7.1.1 频谱分析法

实践中，测得的噪声多为时域信号，将这一随时间变化的波形进行傅里叶变换，可将其分解为若干简谐分量，从而可以获得信号的频率成分及各简谐声波的幅值和相位信息。噪声频谱图中的峰值与主要的噪声源密切相关，频谱曲线上的一个峰值可能来自几个不同的噪声源，这就需要辅以其他的测试来剔除对该噪声峰值作用不明显的噪声源。

根据噪声叠加原理[2]，两个相同声压级的噪声源叠加后，总声压级增加3dB；两个相差10dB以上的噪声源叠加后，主要是声压级较高的噪声源起作用，而声压级较低的声源对总体声级的贡献可以忽略不计，即声音的"掩蔽"特性。例如，沈锐利等[3]采用的就是频谱分析法，同时在室内专门测量了轮轨滚动噪声，由此判断1600Hz的噪声峰值主要是由车轮引起的。

7.1.2 相干分析法

相干函数(又称凝聚函数)是描述两随机振动信号在频域内相关程度的指标。桥梁结构噪声的测试中通常包含两类信号的测试：一类是桥梁结构的振动信号；另一类是噪声信号。应用相干分析，可以探寻实测的噪声频谱中有多少是来自桥梁结构的振动，具有很强的可操作性。例如，Ngai 和 Ng[4]对箱梁的振动与噪声进行相干分析后指出，40~157Hz 频率范围的噪声几乎均是由桥梁结构辐射产生的。

  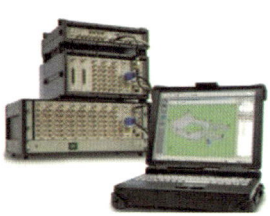

(a)加速度传感器[5]　　(b)自由场型传声器[6]　　(c)噪声、振动采集系统[7]

图 7.1　振动、噪声测试仪器

需要指出的是，如果要对桥梁结构的振动与噪声进行相干(偏相干)分析，在实测过程中对传感器(振动传感器、传声器)的安装需特别注意。如图 7.2 所示，梁底面 P_1 处粘贴有振动传感器，附近 S 处放置有传声器(P_1 和 S 之间的距离通常为 20~30cm)，S 处的噪声来源除了有距离最近的 P_1 处的结构振动，还有邻近的 P_2、P_3 等处的结构振动(因为桥梁结构噪声为低频噪声，声波波长较长，极易传播到 P_1 处)，同时，不可避免地，背景噪声也会混杂进来。在这种情况下，S 处的噪声为一多输入系统，各输入之间不独立(P_1、P_2、P_3 等的振动响应不独立)，此时必须采用偏相干分析来探讨振动与噪声之间的关系。为了使得相干分析具有可操作性，可采用特殊的隔声罩，将 P_1 处振动传感器和 S 处传声器一起隔离，以此来切断其他输入的影响。

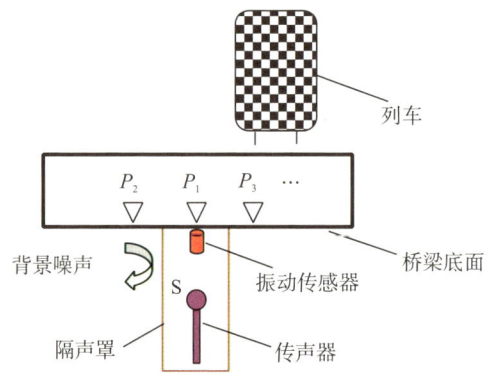

图 7.2　进行相干(偏相干)分析时传感器的安装方法

7.1.3 声强测量法

在声场中的某一点处,垂直于声传播方向单位面积上、单位时间内通过的平均声能量称为声强。由此可知,声强为一矢量,它既具有大小,又有方向,因此可以确定声源的方向和位置。目前,双传声器互谱测量法是声强测量中应用最多的方法(图 7.3)。

图 7.3 并列式声强传感器[8]

在进行声强测量时,不需要特殊的声学环境(如消声室等),甚至在有干扰的现场环境中也可准确测量声源的声强。对于桥梁结构噪声,其为静止声源,特别适合于声强测量法,但目前还没有在桥梁结构噪声中使用声强测量的相关文献。以混凝土箱梁为例,可以用声强传感器测出箱梁各表面上(如腹板、翼板、底板等)的声强,求和计算就可得到各表面的辐射声功率,不仅可以得出桥梁各部件对总噪声的独立贡献量,以利于减振、降噪的区别性处理,还能使用声功率这一指标描述具体某一座桥的声辐射能力。此外,还可以在桥梁结构上加密测量网格,在网格节点上同时测量声强,得到任意时刻桥梁整体的三维声强云图,更加直观、有效。

7.1.4 声全息法和波束形成法

声全息技术不仅利用了声音的强度信息,还充分利用了声音的相位信息,具有更强的识别功能,可分为远场声全息(far-field acoustic holography,FAH)和近场声全息(near-field acoustic holography,NAH)。远场声全息多用于对火车、汽车等物体进行噪声声源定位,由于受到分辨率的限制,不能重构振动物体的振速、声强等物理量。近场声全息技术通过靠近噪声源,测量噪声源表面上的复声压或质点振速,利用声场变换算法重构出声源的表面声压、法向振速和整个声场中任意点处的声压、质点速度、声强等声学量[图 7.4(a)]。

采用由一组在空间固定位置上分布的传声器组成的阵列对空间声场进行测量,通过对每个阵元测得的信号进行特殊的处理(加权、延时、求和等),就可以获得详细的声源信息,这一信号处理算法被称为波束形成。同时,传声器阵列的形状也不是唯一不变的,可以通过优化设计,取得良好的测试效果。波束形成法是一种有效的声源识别技术,可在中远距离识别大型结构物的噪声源[图 7.4(b)],对于汽车、火车、飞机这样运动中的声辐射物体的声源识别尤其有用。张曙光[11]在京津城际铁路上,通过安装基于波束形成声源识别原理的多通道阵列式噪声数据采集分析系统,测试了 CRH3 高速列车以 394km/h 运行时车外辐射的噪声,并对轮轨噪声、受电弓噪声及车辆连接处的气动噪声实现了有效识别。

上述两种测量技术中,波束形成法适合于中高频、中远距离的噪声源识别,近场声全息法适用于中低频、近距离的噪声源识别。对于轨道交通噪声的测试,可以综合使用两种技术,以实现各噪声源的精细识别及声场重构。

(a)手持式声全息测量　　　　　　　　(b)波束形成轮辐式阵列

图 7.4　声全息法和波束形成法[9]

7.2　噪声源辨识的常相干方法

基于相干函数分析方法识别噪声源是用频域内的相干函数描述被测构件的振动或噪声信号在输出噪声信号中的相关比例大小,根据结果判断噪声是否主要由该部件产生,从而得出输出噪声信号的主要噪声源及各自的贡献[12]。

7.2.1　功率谱密度函数

功率谱密度函数简称功率谱,可以分为自功率谱密度函数和互功率谱密度函数,分别简称自谱和互谱。利用平稳过程 $X(t)$ 的自相关函数 $R_{xx}(\tau)$,自功率谱密度函数可按式(7.1)定义,其傅里叶逆变换即为自相关函数,即

$$S_{xx}(f) = \int_{-\infty}^{+\infty} R_{xx}(\tau) e^{-j2\pi f\tau} d\tau \tag{7.1}$$

$$R_{xx}(\tau) = \int_{-\infty}^{+\infty} S_{xx}(f) e^{j2\pi f\tau} df \qquad (7.2)$$

式(7.1)和式(7.2)称为维纳-欣钦关系,即平稳过程 $X(t)$ 在时间域的统计量 $R_{xx}(\tau)$ 可通过傅里叶变换表示为频率域的统计量 $S_{xx}(f)$,二者构成傅里叶变换对。

工程信号处理中,主要采用直接傅里叶变换方法从原始数据的有限离散傅里叶变换计算功率谱密度函数,称 Cooley-Tukey 方法。

$$S(f) = \frac{1}{N} |X(f)|^2 \qquad (7.3)$$

相应地,两个信号的互功率谱密度函数可定义为

$$S_{xy}(f) = \int_{-\infty}^{+\infty} R_{xy}(\tau) e^{-j2\pi f\tau} d\tau \qquad (7.4)$$

$$R_{xy}(\tau) = \int_{-\infty}^{+\infty} S_{xy}(f) e^{j2\pi f\tau} df \qquad (7.5)$$

式中,$S_{xy}(f)$ 是两个信号的互功率谱密度函数。

式(7.1)的定义范围是 $-\infty \sim +\infty$,称为双边谱。工程上常用单边谱表示功率谱密度函数,因为负频率没有实际的物理意义,为此又定义了单边谱,单边谱由以下各式得到:

$$S_{xy}(f) = \int_{-\infty}^{+\infty} R_{xy}(\tau) e^{-j2\pi f\tau} d\tau \qquad (7.6)$$

$$G_{xx}(f) = 2S_{xx}(f) \qquad (7.7)$$

$$G_{yy}(f) = 2S_{yy}(f) \qquad (7.8)$$

$$G_{xy}(f) = 2S_{xy}(f) \qquad (7.9)$$

单边谱 $G(f)$ 的定义范围是 $f \geqslant 0$,但在 $f=0$ 点上,$G(f) = S(f)$。

功率谱分析法将信号经窗处理得到的离散时域序列做快速傅里叶变换,在频率域内分析其频率分布和分布范围,还可得到信号各个频率成分的幅值分布及能量分布,这是一种振动和噪声信号分析的重要方法。

7.2.2 相干函数

对于各态历经平稳的输入信号 $x(t)$、输出信号 $y(t)$,其自功率谱密度函数分别为

$$S_{xx}(f) = \int_{-\infty}^{+\infty} R_{xx}(\tau) e^{-j2\pi f\tau} d\tau \qquad (7.10)$$

$$S_{yy}(f) = \int_{-\infty}^{+\infty} R_{yy}(\tau) e^{-j2\pi f\tau} d\tau \qquad (7.11)$$

其互功率谱密度函数为

$$S_{xy}(f) = \int_{-\infty}^{+\infty} R_{xy}(\tau) e^{-j2\pi f\tau} d\tau \tag{7.12}$$

输入信号与输出信号的相干函数 $\gamma_{xy}^2(f)$ 定义为

$$\gamma_{xy}^2(f) = \frac{|S_{xy}(f)|^2}{S_{xx}(f)S_{yy}(f)} \quad (0 \leqslant \gamma_{xy}^2(f) \leqslant 1) \tag{7.13}$$

对于理想单输入单输出线性系统(图 7.5)，如果输入 $x(t)$ 和输出 $y(t)$ 不相关，则 $\gamma_{xy}^2(f)=0$；如果输出 $y(t)$ 完全由 $x(t)$ 产生，不包含任何干扰，则 $\gamma_{xy}^2(f)=1$。

图 7.5 理想单输入单输出线性系统

输入信号和输出信号的频域关系可由下式表示：

$$Y(f) = H(f)X(f) \tag{7.14}$$

其功率谱形式为

$$S_{yy}(f) = |H(f)|^2 S_{xx}(f) \tag{7.15}$$

式中，$S_{xx}(f)$ 为输入信号的自功率谱密度函数；$S_{yy}(f)$ 为输出信号的自功率谱密度函数；$H(f)$ 为系统频响函数。

$$\gamma_{xy}^2(f) = \frac{|H(f)|^2 S_{xx}(f)}{S_{yy}(f)} \tag{7.16}$$

式(7.16)表示相干函数等于所考虑噪声源在观察点产生的自功率谱密度函数和观察点总声功率的自功率谱密度函数之比。相干函数的数值越大，说明该噪声源对观察点声场的影响越大。

实际的单输入单输出系统常常会有一些与输入 $x(t)$ 无关的干扰噪声 $n(t)$ 加到系统的输出端，如图 7.6 所示。此处假定 $n(t)$ 与 $x(t)$ 不相关，$y_1(t)$ 为理想状态下的真实输出，实际测得的输出为 $y(t)$，则有

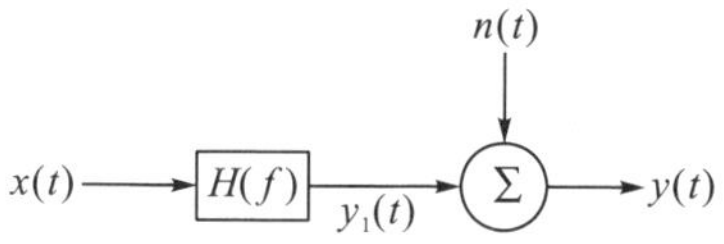

图 7.6 输出端有噪声的单输入/单输出系统

$$y(t) = y_1(t) + n(t) \tag{7.17}$$

$$Y(f) = Y_1(f) + N(f) = H(f)X(f) + N(f) \tag{7.18}$$

$$S_{yy}(f) = |H(f)|^2 S_{xx}(f) + H(f)S_{nx}(f) + H(f)S_{xn}(f) + S_{nn}(f) \tag{7.19}$$

若噪声信号 $n(t)$ 与输入 $x(t)$ 不相干，则互谱 $S_{nx}(f)$、$S_{xn}(f)$ 的极限为零，有

$$S_{yy}(f) = |H(f)|^2 S_{xx}(f) + S_{nn}(f) \tag{7.20}$$

$$S_{xy}(f) = H(f)S_{xx}(f) \tag{7.21}$$

式中，$S_{nn}(f)$ 称为噪声谱。

相干函数为

$$\gamma_{xy}^2(f) = \frac{S_{xy}^2(f)}{S_{xx}(f)S_{yy}(f)} = \frac{|H(f)|^2 S_{xx}^2(f)}{S_{xx}(f)S_{yy}(f)} = |H(f)|^2 \frac{S_{xx}(f)}{S_{yy}(f)}$$
(7.22)

式(7.22)表明,相干函数正好等于所考虑噪声源在测量点产生的自功率谱密度函数与测量点总自功率谱密度函数之比。相干函数越大,说明该声源对测量点噪声的影响越大。分别求出各个噪声源与测量点声信号之间的相干函数,通过比较就可以确定影响测量点噪声场的主要噪声源。

由式(7.22)可得

$$\gamma_{xy}^2(f) = 1 - \frac{S_{nn}(f)}{S_{yy}(f)}$$
(7.23)

由此可看出,相干函数即表示由 $x(t)$ 引起的输出在总输出 $y(t)$ 中所占的比例。

相干函数说明了输入信号与实际输出信号的相关关系。当 $\gamma_{xy}^2(f)=1$ 时,表示输出完全由输入引起,测量点的噪声完全由该噪声源产生,二者完全相关。在这种情况下,测试分析所得的频响函数是安全可信的。当 $\gamma_{xy}^2(f)=0$ 时,表示实际输出与输入完全不相干,测量点的声音不是由该噪声源引起的。$\gamma_{xy}^2(f)$ 越小,表明输入 $x(t)$ 与实际输出 $y(t)$ 之间的关系越小,即越不相关。

7.2.3 案例分析

以5.2节中的成灌铁路箱梁为研究对象,图7.7给出了双线、单线简支箱梁在不同频段的振动与噪声对比。图7.7(a)~图7.7(d)为双线箱梁的实测结果对比。可以看出,相比车速为198km/h的工况,车速为162km/h时双线箱梁在50Hz频段的振动加速度级要高出10dB以上,噪声级也相应地高出10dB(L)以上;车速为162km/h时,双线箱梁在50Hz频段的振动加速度级要比63Hz、40Hz、80Hz及200Hz频段高出许多,噪声级在各频段的大小关系与振动加速度级的大小关系相似。图7.7(e)和图7.7(f)给出了单线箱梁的实测结果。可以看出,在中心频率63Hz频段,单线箱梁的振动加速度要比其他频段高出10dB以上,噪声级也一样。

从式(3.40)可以计算得到,双线、单线箱梁的吻合频率分别为59.8Hz和60.3Hz。一方面,中心频率为50Hz和63Hz时,双线、单线箱梁的振动响应分别最大;另一方面,这两个峰值振动频段的声辐射效率相对较高。因此,双线箱梁和单线箱梁分别在中心频率50Hz和63Hz处出现了峰值噪声级。

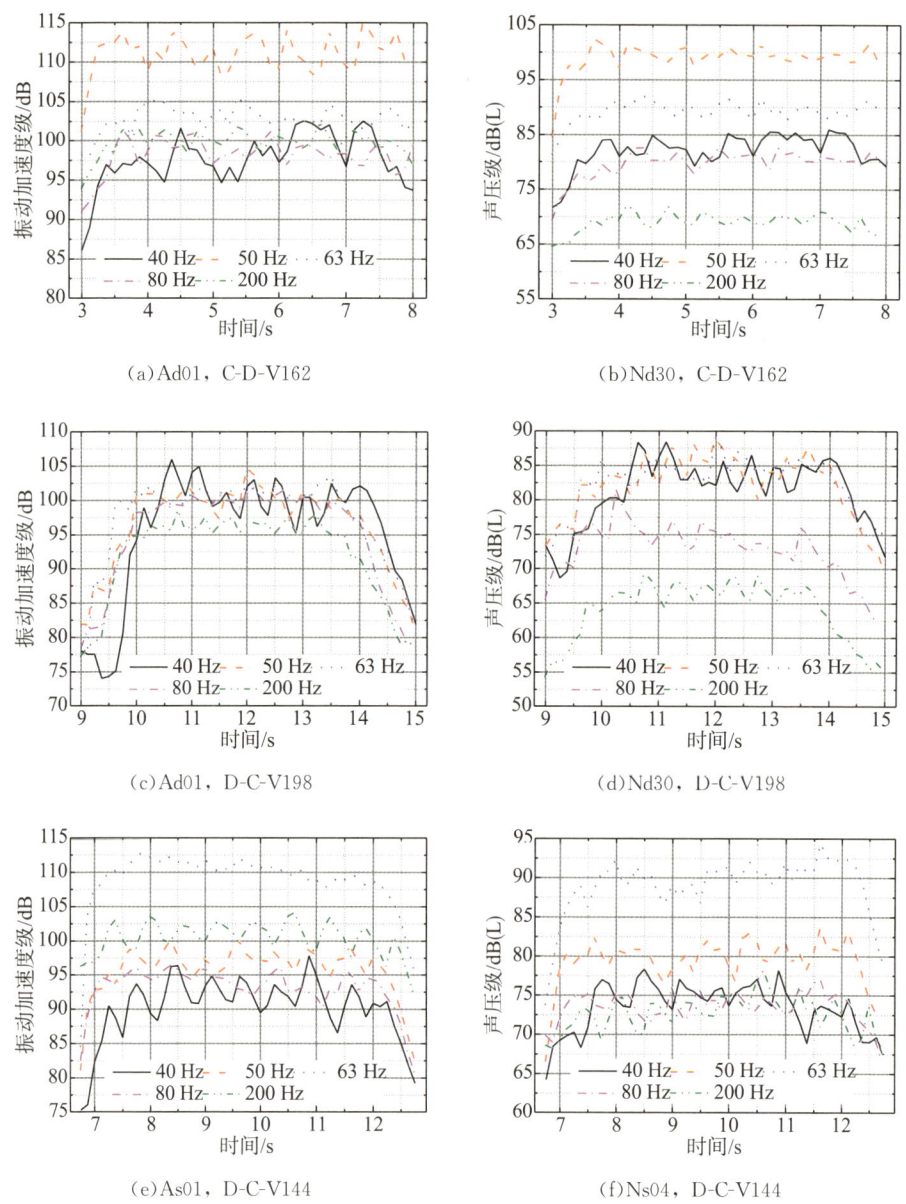

图 7.7 成灌铁路箱梁在不同频段的振动与噪声对比

列车在桥上通过时,实测振动与噪声之间的关系可经验性地按下式计算:

$$L_p = L_a - 20\lg f + 36 \tag{7.24}$$

式中,L_p 为声压级,dB;L_a 为板面的均方振动加速度级,dB(参考加速度为 10^{-5}m/s^2);f 为频率,Hz。

图 7.8 分别给出了双线、单线箱梁声辐射的经验公式预测值与实测值的对比。其中,双线箱梁实测值为 Nd30,预测值采用 Ad01 计算;单线箱梁实测值

第7章 桥梁结构噪声的辨识技术

为 Ns04，预测值采用 As01 计算。可以看出，不管是双线箱梁还是单线箱梁，底板附近测点的实测声压级与理论声压级均吻合良好，声压级频谱曲线变化规律也一致。由于结构噪声的"有调性"，峰值频率处的声压级对噪声的总体大小具有决定意义。图 7.8 表明，理论计算得到的峰值频率处声压级与实测值非常接近，最大误差在 5% 以内。这不仅说明实测振动、噪声信号准确可靠，也说明基于结构振动加速度推测结构辐射噪声的方法具有可行性。

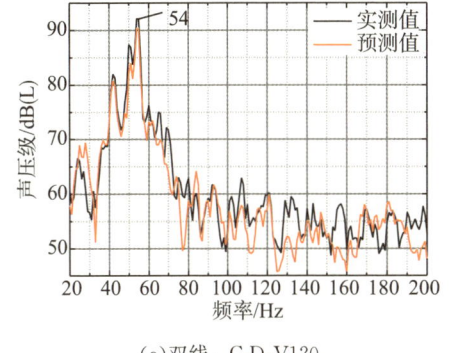
(a) 双线，C-D-V120

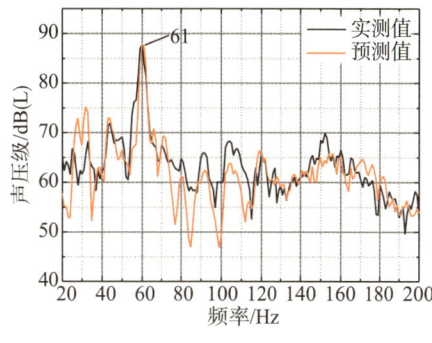
(b) 单线，D-C-V144

图 7.8 箱梁振动声辐射的经验公式预测值验证

以上分别从两个角度说明了箱梁振动与噪声辐射之间的关联性。接下来，通过常相干分析研究箱梁振动声辐射特性。

图 7.9 给出了双线、单线箱梁的振动-噪声传递函数和相干系数窄带谱曲线。可以看出，在 50Hz、54Hz 处，双线、单线箱梁的传递函数出现局部峰值，相干系数分别为 0.85、0.83；50Hz、54Hz 分别对应着两个箱梁的吻合频率，前述计算值分别为 59.8Hz、60.3Hz，此处实测值要偏小；54Hz、61Hz 分别为两个箱梁的振动共振频率，并且在此频率处的噪声级要大于吻合频率处的噪声级。表 7.1 给出了振动-噪声传递函数和相干系数汇总。

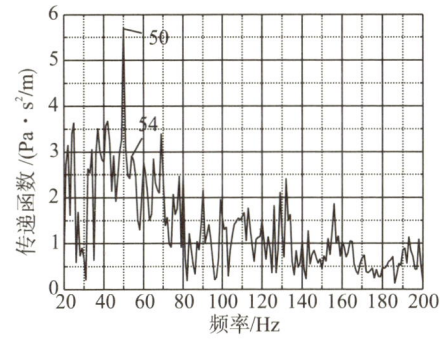
(a) Nd30-Ad01，C-D-V120，传递函数

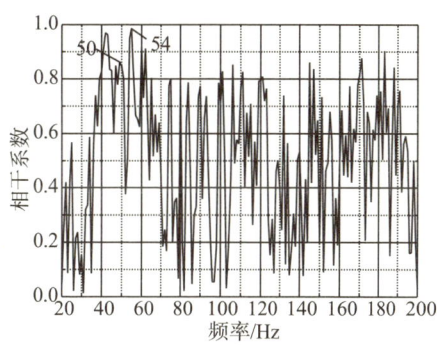
(b) Nd30-Ad01，C-D-V120，相干系数

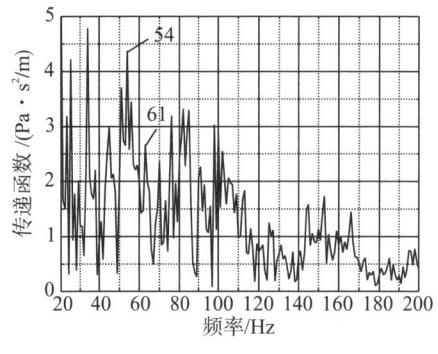
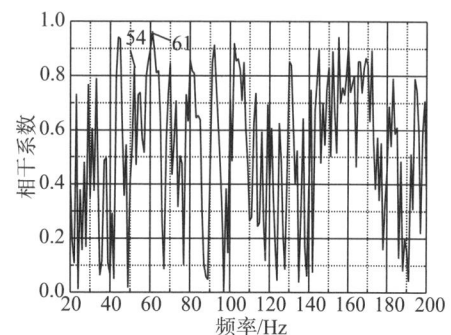

(c)Ns04-As01,D-C-V144,传递函数　　　　(d)Ns04-As01,D-C-V144,相干系数

图7.9　振动-噪声传递函数和相干系数

表 7.1　振动-噪声传递函数和相干系数汇总

桥型	测试工况	频率/Hz	加速度	传递函数/(Pa·s²/m)	相干系数	备注
双线箱梁	C-D-V120	50	—	5.71	0.85	声吻合
	C-D-V120	54	峰值	2.92	0.98	振动共振
单线箱梁	D-C-V144	54	—	4.37	0.83	声吻合
	D-C-V144	61	峰值	2.67	0.96	振动共振

7.3　噪声源辨识的偏相干方法[11]

在实际噪声测量中,常常是复杂的多输入单输出系统,而且输入噪声源又可能是相互依赖的,此时求出单输入和输出间的常相干函数并不能获得此输入源对输出信号的贡献,还要求出该输入与输出间在去除其他影响后的偏相干函数,以正确判断主要噪声源。

偏相干分析理论的主要思路是按照一定的输入次序将某个输入信号中与其他所有信号的相干部分的影响去除,然后计算残余信号(即此信号的独立贡献成分)对输出信号的影响。通过变换输入次序,可以得到每个输入信号对输出信号的独立贡献值。

7.3.1　最优频率响应函数和重相干函数

图7.10所示为输出端有噪声干扰的多输入单输出系统。对于这样的系统,假设:①所有信号都是各态历经平稳信号,输入信号之间可以是相干的;②任何两个输入信号之间的互相干函数都不等于1,输出信号与任何一个输入信号之间的偏相干函数都不等于1。

第 7 章 桥梁结构噪声的辨识技术

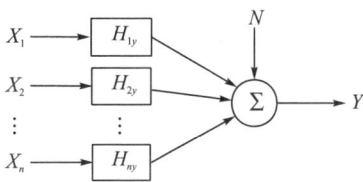

图 7.10 输出端有噪声干扰的多输入单输出系统

图 7.10 中 X_i 为输入信号 $x_i(t)$ 的傅里叶变换，Y 和 N 分别是输出信号 $y(t)$ 和输出端噪声项 $n(t)$ 的傅里叶变换，此处略去了频率符号。图示系统可表示为

$$Y = \sum_{i=1}^{n} H_i X_i + N \qquad (7.25)$$

用 Y^* 乘 Y 可得

$$Y^* Y = \sum_{i=1}^{n}\sum_{i=1}^{n} H_i^* H_i X_i^* X_i + N^* N \qquad (7.26)$$

式中，上标"*"表示复数共轭，其中两项由于噪声项与输入项不相关，故消去。取式(7.26)的期望值，根据功率谱定义，可得

$$S_{yy} = \sum_{i=1}^{n} H_i S_{iy} + S_{nn} \qquad (7.27)$$

根据式(7.25)，噪声项可写成

$$N = Y - \sum_{i=1}^{n} H_i X_i \qquad (7.28)$$

由噪声项的复共轭 N^* 乘以 N，得

$$N^* N = Y^* Y - \sum_{i=1}^{n} H_i Y^* X_i - \sum_{j=1}^{n} H_j^* X_j^* Y + \sum_{j=1}^{n}\sum_{i=1}^{n} H_j^* H_i X_j^* X_i \qquad (7.29)$$

可得

$$S_{nn} = S_{yy} - \sum_{i=1}^{n} H_i S_{iy} - \sum_{j=1}^{n} H_j^* S_{jy} + \sum_{j=1}^{n}\sum_{i=1}^{n} H_j^* H_i S_{ji} \qquad (7.30)$$

式(7.30)为任意选择的、用 H_i 描述的常参数线性系统给出的 S_{nn} 的形式。现在定义最优系统 $H(f)$ 为这样的系统：在 $H(f)$ 的所有可能选择中，能使 S_{nn} 最小的系统称为最优系统，也称为最小二乘估计。

$$\frac{\partial S_{nn}}{\partial H_j} = 0 \ \text{或} \ \frac{\partial S_{nn}}{\partial H_j^*} = 0 \qquad (7.31)$$

将式(7.30)代入式(7.31)中，得

$$\frac{\partial S_{nn}}{\partial H_j^*} = -S_{jy} + \sum_{i=1}^{n} H_j S_{ji} = 0 \qquad (7.32)$$

于是有

$$S_{jy} = \sum_{i=1}^{n} H_j S_{ji} \quad (j = 1, 2, \cdots, n) \qquad (7.33)$$

如果输入记 $x_i(t)$ 和 $x_j(t)$ 是两两相互独立不相干的，即 $S_{ji}=0$，$j\neq i$，则有

$$H_j = \frac{S_{jy}}{S_{jj}} \quad (j=1,2,\cdots,n) \tag{7.34}$$

对于图 7.10 所示的多输入单输出系统，定义重相干函数为预计的理想线性输出谱 S_{vv} 与总测量输出谱 S_{yy} 之比。若

$$S_{yy} = S_{vv} + S_{nn} \tag{7.35}$$

则有

$$\gamma_{y:x}^2 = \frac{S_{vv}}{S_{yy}} = 1 - \frac{S_{nn}}{S_{yy}} \tag{7.36}$$

式中，S_{nn} 是噪声谱；记号 $y:x$ 表示 $y(t)$ 因 $x_1(t)$，$x_2(t)$，$\cdots$，$x_n(t)$ 引起的部分，由其定义可知：

$$0 \leqslant \gamma_{y:x}^2 \leqslant 1 \tag{7.37}$$

当输入信号两两不相关时，重相干函数是各个输入信号和输出信号的常相干函数之和。

7.3.2 条件谱函数和偏相干函数

按图 7.10 的原始模型，为方便理解，考虑双输入单输出系统，如图 7.11 所示。图中，$L_{1y}(f)$ 和 $L_{2y}(f)$ 分别是 X_1、X_2 和 Y 的最优条件输入系统，其中，$L_{1y}(f)=S_{1y}(f)/S_{11}(f)$。$L_{2y}$ 与图 7.10 中的 H_{2y} 是不同的。其证明如下。

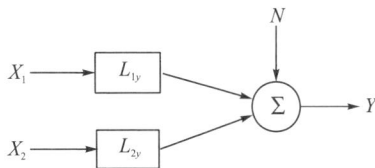

图 7.11 双输入单输出系统的最优条件输入系统

由图 7.11 得

$$N(f) = Y_{y\cdot 1,2}(f) - \frac{L_{2y}(f)}{S_{2\cdot 1}(f)} \tag{7.38}$$

噪声项的功率谱为

$$S_{nn}(f) = S_{y\cdot 1,2}(f) = \frac{1}{T}E[Y_{y\cdot 1,2}^*(f)Y_{y\cdot 1,2}(f)]$$
$$= S_{yy\cdot 1}(f) - L_{2y}(f)S_{2y\cdot 1}(f) - L_{2y}^*(f)S_{2y\cdot 1}(f) + L_{2y}^*(f)L_{2y}(f)S_{22\cdot 1}(f) \tag{7.39}$$

式(7.39)反映了由 $L_{2y}(f)$ 引起的均方误差。

最优条件输入系统定义为最小均方误差线性系统。对 $L_{2y}^*(f)$ 取偏导数，然

后令其为 0，得到 $L_{2y}(f)$ 的表达式为

$$L_{2y}(f) = \frac{S_{2y\cdot 1}(f)}{S_{22\cdot 1}(f)} \tag{7.40}$$

下面推导双输入单输出系统的最优条件输入系统模型的条件谱。

$$X_{2\cdot 1}(f) = X_2(f) - L_{12}(f)X_1(f) = X_2(f) - \frac{S_{12}(f)}{S_{11}(f)}X_1(f) \tag{7.41}$$

$$Y_{y\cdot 1}(f) = Y(f) - L_{1y}(f)X_1(f) = Y(f) - \frac{S_{1y}(f)}{S_{11}(f)}X_1(f) \tag{7.42}$$

式中，$S_{11}(f)$、$S_{22}(f)$ 和 $S_{12}(f)$ 分别为 $x_1(t)$、$x_2(t)$ 的自功率谱和互功率谱。由此可得到排除 $x_1(t)$ 影响后的模型，如图 7.12 所示。$L_{2y}(f)$ 是联系 $X_{2\cdot 1}$ 和 $Y_{y\cdot 1}$ 的线性系统，$N=Y_{y\cdot 1,2}$ 表示排除掉 $x_1(t)$ 和 $x_2(t)$ 以后在输出端得到的噪声项。

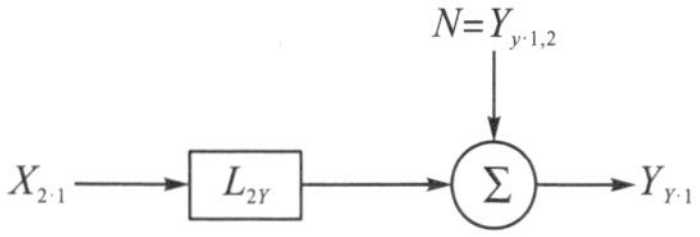

图 7.12 去除 $x_1(t)$ 影响后的模型

去掉 $x_1(t)$ 影响后的条件功率谱可定义为

$$S_{22\cdot 1}(f) = \frac{1}{T}E[X_{2\cdot 1}^*(f)X_{2\cdot 1}(f)] \tag{7.43}$$

$$S_{yy\cdot 1}(f) = \frac{1}{T}E[Y_{y\cdot 1}^*(f)Y_{y\cdot 1}(f)] \tag{7.44}$$

$$S_{2y\cdot 1}(f) = \frac{1}{T}E[X_{2\cdot 1}^*(f)Y_{y\cdot 1}(f)] \tag{7.45}$$

式中，T 为有限傅里叶变换的记录长度；$S_{22\cdot 1}(f)$ 和 $S_{yy\cdot 1}(f)$ 分别为去掉 $x_1(t)$ 影响以后 $x_2(t)$ 和 $y(t)$ 的条件自功率谱；$S_{2y\cdot 1}(f)$ 为 $x_2(t)$ 和 $y(t)$ 的条件互功率谱。

可得条件功率谱：

$$S_{22\cdot 1}(f) = S_{22}(f) - |L_{12}(f)|^2 S_{11}(f) \tag{7.46}$$

$$S_{yy\cdot 1}(f) = S_{yy}(f) - |L_{1y}(f)|^2 S_{11}(f) \tag{7.47}$$

$$S_{2y\cdot 1}(f) = S_{2y}(f) - |L_{1y}(f)|^2 S_{21}(f) \tag{7.48}$$

$x_2(t)$ 与 $y(t)$ 之间的偏相干函数定义为它们条件数据的常相干函数：

$$\gamma_{2y\cdot 1}^2(f) = \frac{|S_{2y\cdot 1}(f)|^2}{S_{22\cdot 1}(f)S_{yy\cdot 1}(f)} \tag{7.49}$$

$\gamma_{2y\cdot 1}^2(f)$ 称为 $x_2(t)$ 与 $y(t)$ 的偏相干函数，$x_1(t)$ 的影响已排除，它也是频率的函数，且满足不等式：

$$0 \leqslant \gamma_{2y\cdot 1}^2(f) \leqslant 1 \tag{7.50}$$

不难得出，若 $x_1(t)$ 与 $x_2(t)$ 均不相干，则有

$$\gamma_{2y\cdot 1}^2(f) = \gamma_{2y}^2(f) \tag{7.51}$$

式中，

$$\gamma_{2y}^2(f) = \frac{|S_{2y}(f)|^2}{S_{22}(f)S_{yy}(f)} \qquad (7.52)$$

由上述可知，条件功率谱和偏相干函数具有排除输入信号之间的相干性的特点，并且不改变真源与输出之间的相干性。

对于一个多输入单输出系统，各输入源之间存在相干关系，当以一定的输入顺序依次排列输入信号时，由相干函数定义，多输入单输出系统偏相干函数可定义为条件互功率谱与对应条件自功率谱之比：

$$\gamma_{iy\cdot(i-1)!}^2(f) = \frac{|S_{iy\cdot(i-1)!}(f)|^2}{S_{ii\cdot(i-1)!}(f)S_{yy\cdot(i-1)!}(f)} \qquad (7.53)$$

它反映了在去掉前 $i-1$ 个输入信号的影响后，$x_i(t)$ 与 $y(t)$ 在频域内的相关程度。

7.3.3 算例分析

以三输入单输出模型为模型，基于 MATLAB 软件进行仿真计算，以验证偏相干函数在多源输入互相关情况下，噪声源辨识问题中的应用价值。

仿真条件：仿真模型如图 7.13 所示，$x_1(t)$、$x_2(t)$、$x_3(t)$ 分别作为输入信号，输出信号为 $Y-y(t)$，$n(t)$ 以高斯白噪声 $n(t)-\text{randn}(1,\text{length}(t))$ 的形式出现，采样频率为 32768Hz，时间长度为 1s。

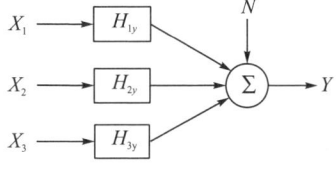

图 7.13 三输入单输出模型

$$x_1(t) = 1.8\sin(2\pi f_1 t + \theta_1) + 1.4\sin(2\pi f_2 t + \theta_2) \\ + 1.4\sin(2\pi f_3 t + \theta_3) + 0.2\text{randn} \qquad (7.54)$$

$$x_2(t) = 1.2\sin(2\pi f_2 t + \theta_4) + 1.5\sin(2\pi f_3 t + \theta_5) \\ + 1.8\sin(2\pi f_4 t + \theta_6) + 0.5\text{randn} \qquad (7.55)$$

$$x_3(t) = 1.3\sin(2\pi f_3 t + \theta_7) + 1.1\sin(2\pi f_4 t + \theta_8) \\ + 1.9\sin(2\pi f_5 t + \theta_9) + 0.3\text{randn} \qquad (7.56)$$

$$\gamma_{2y\cdot 1}^2(f) = \gamma_{2y}^2(f)y(t) = x_1(t) + x_2(t) + x_3(t) + 3n(t) \qquad (7.57)$$

式中，$f_1=100\text{Hz}$，$f_2=200\text{Hz}$，$f_3=350\text{Hz}$，$f_4=650\text{Hz}$，$f_5=1000\text{Hz}$；$\theta_1 \sim \theta_9$ 以 $\theta=\text{randn}(1,\text{length}(t))$ 的随机相位出现。

从输入信号 $x_1(t)$、$x_2(t)$、$x_3(t)$ 可以看出，每两个输入信号之间都有相同的频率成分，以模拟各输入信号源之间可能存在的相关关系。每个输入信号源均引入一定量的背景噪声，输出信号假定为各输入信号源的线性叠加，并引入高斯白噪声作为背景噪声。

为了得到输入信号和输出信号的相关关系及各输入信号对输出信号的贡献值,可以借助功率谱分析和偏相干函数计算,得到输入输出信号的因果联系及各输入信号在输出信号中所占的比例。

首先确定输入信号的输入次序 X_1、X_2、X_3,由偏相干迭代算法得到输出的功率谱和条件自功率谱,并将单位转化为 dB,如图 7.14 所示。从输出信号 Y 自功率谱曲线中可以看出,输出信号包含 5 个主要的频率成分,分别为 100 Hz、200 Hz、350 Hz、650 Hz 和 1000 Hz,这与输入信号 X_1、X_2、X_3 所包含的频率成分是一致的。其中,350 Hz 处有最大峰值,与输入信号中所包含的 350 Hz 频率成分最多也是相符的。去除 X_1 后输出信号 Y 的条件自功率谱主要包含 650 Hz、1000 Hz 处的峰值频率成分,而 100 Hz、200 Hz、350 Hz 处的频率成分已经从输出信号中滤除掉。同理,去除 X_1、X_2 后输出信号 Y 的条件自功率谱中只包含 1000 Hz 处峰值频率成分。去除所有输入信号后输出信号在 0 值附近波动,没有明显的峰值频率成分。

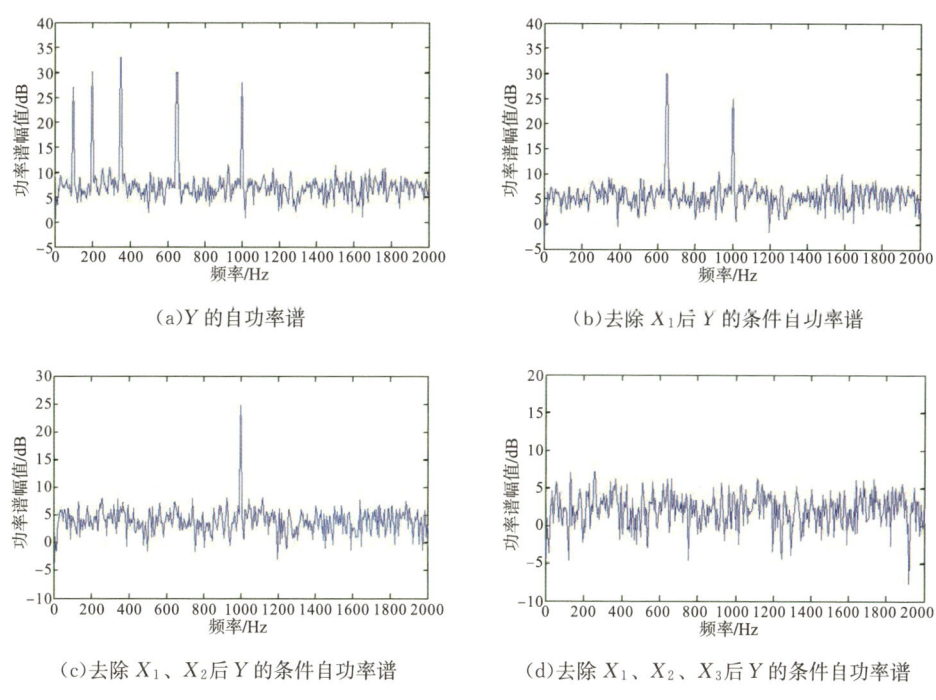

图 7.14 输出功率谱及条件自功率谱

各输入信号与输出信号的偏相干曲线如图 7.15 所示。从输入信号 X_1 与输出信号 Y 的偏相干函数 γ_{1y}^2 中可以看到,在 100 Hz、200 Hz、350 Hz 处的偏相干函数值接近 1,说明输入信号 X_1 对输出信号 Y 的主要贡献是位于 100 Hz、200 Hz、350 Hz 处的频率成分。

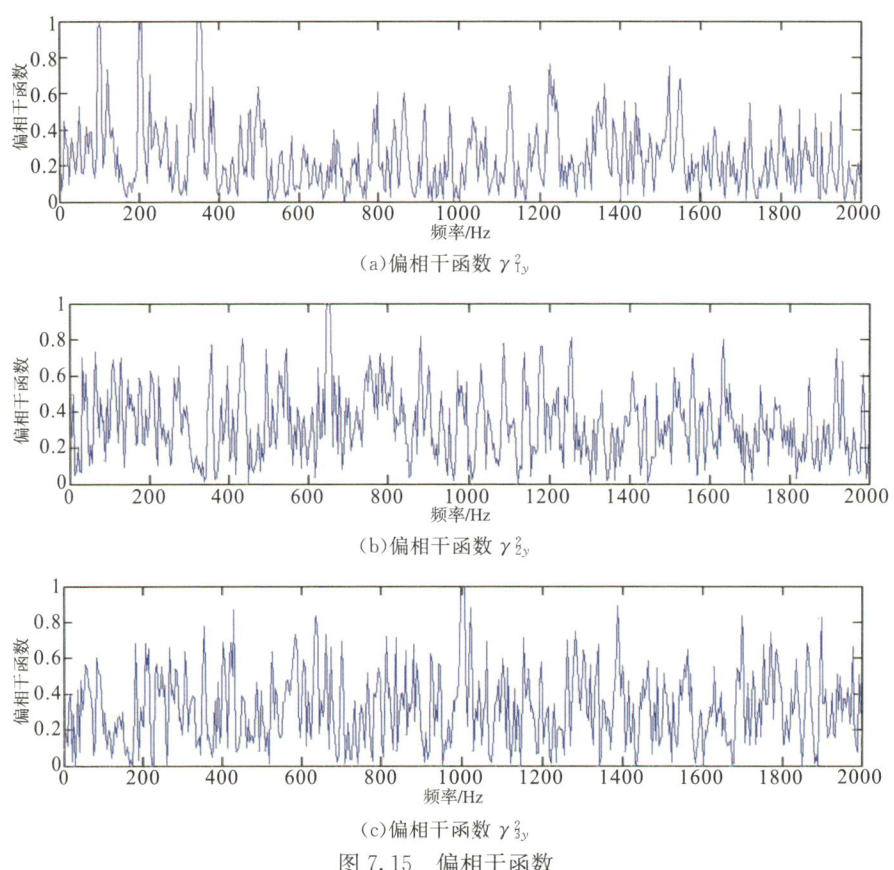

图 7.15 偏相干函数

同理，从偏相干函数 γ_{3y}^2 可以看出，排除输入信号 X_1 和输入信号 X_2 的影响之后，输入信号 X_3 对输出信号 Y 的偏相干函数在 1000Hz 处的贡献值达到 99.7%，在 350Hz 和 650Hz 处的影响可能是由其他信号传递产生的。通过改变各输入信号的排序，可以计算出每一个输入信号对输出信号的单独贡献值，这里不再一一给出。

通过以上的仿真计算和分析，可以说明基于偏相干函数理论形成的计算方法可以有效地分析多输入单输出噪声源识别问题。

7.4 基于偏相干分析的桥梁噪声辨识方法

7.4.1 计算模型

以图 5.28 所示的成灌铁路 32m 双线混凝土简支箱梁噪声试验为背景，基于偏相干分析进行噪声源辨识。

选取跨中横截面测点进行分析，将 Ad01、Ad02、Ad03、Ad04 和 Ad05 共 5 个位置的振动作为输入信号。测点 Nd24 位于梁体斜下方处，可以认为此处主要受结构噪声影响。将测点 Nd24 的噪声信号分别作为输出，构成图 7.16 所示的五输入单输出系统。

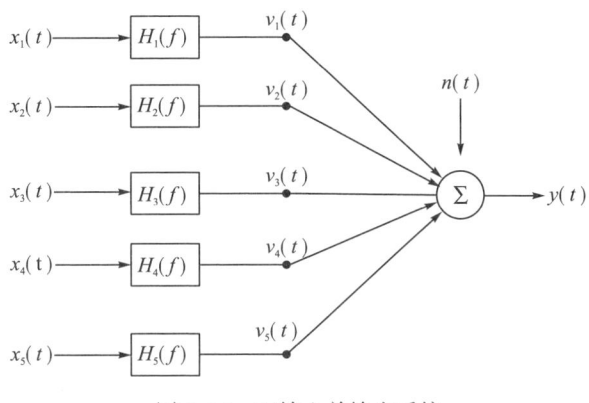

图 7.16　五输入单输出系统

利用前述偏相干函数理论部分的方法求解各信号的功率谱密度函数，对一定的输入次序建立最优线性输入系统，得到条件谱和最优线性频响函数，构成五输入单输出的条件分析系统，如图 7.17 所示。

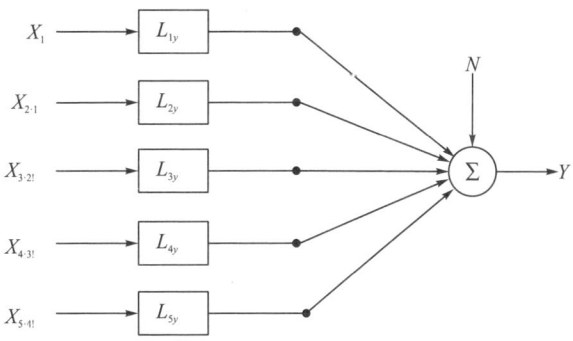

图 7.17　五输入单输出条件分析系统

变换输入次序，依次把每个输入信号作为最后一个输入信号，可以得到每一个输入信号的偏相干函数，即此输入信号在排除与其他信号相干的部分后对输出信号的独立贡献。

7.4.2 程序编制

基于 MATLAB 软件编制程序代码可以很方便地求解各个信号的自功率谱密度函数 P_{xx}、信号之间的互功率谱密度函数 P_{xy} 和常相干函数。下面重点介绍求解条件谱密度函数和最优线性频响函数的过程,并给出偏相干函数的求解方法[12,13]。

条件谱和最优线性频响函数的迭代求解在整个偏相干分析处理过程中是最为关键的,首先需要将图 7.16 所示的输入输出模型转化为条件分析模型,如图 7.17 所示。

原模型中的输入 $x_i(t)$, $i=1,2,\cdots,5$ 由条件输入 $X_{i\cdot(i-1)!}$, $i=1,2,\cdots,5$ 代替,输出信号 Y 保持不变,传递函数 $H_i(f)$ 由理想的最优线性频率响应函数 $L_{iy}(f)$ 代替。在新模型中偏离理想模型的所有可能偏差都计算在未知外界输出噪声 N 中,这里的 N 与原来模型中的外界噪声是不同的。

原模型中输入 $x_i(t)$, $i=1,2,\cdots,5$ 彼此之间是相关的,条件分析模型中各信号 $X_{i\cdot(i-1)!}$, $i=1,2,\cdots,5$ 之间是不相关的,并且假定把彼此相干部分保留给靠前的输入信号。

$X_{i\cdot(i-1)!}$ 的计算是个迭代过程:

$$\begin{cases} G_{ij\cdot r!} = G_{ij\cdot(r-1)!} - L_{rj}G_{ir\cdot(r-1)!} \\ L_{iy} = \dfrac{G_{iy\cdot(i-1)!}}{G_{ii\cdot(i-1)!}} \\ X_{j\cdot r!} = X_{j\cdot(r-1)!} - L_{ry}X_{r\cdot(r-1)!} \end{cases} \quad (7.58)$$

如图 7.18 所示,通过一步步迭代求解最优频率响应函数和条件谱密度函数可以得出最后输入信号的条件输入 $X_{i\cdot(i-1)!}$。根据偏相干函数的定义,最后输入信号与输出信号的偏相干函数单边谱形式为

$$\gamma^2_{y\cdot(i-1)!}(f) = \dfrac{|G_{iy\cdot(i-1)!}(f)|^2}{G_{ii\cdot(i-1)!}(f)G_{yy\cdot(i-1)!}(f)} \quad (7.59)$$

根据偏相干函数的定义,偏相干函数的计算需要满足下列条件:

(1)原输入模型中,任何一对输入记录之间的相干函数都不能为1。如果一对输入相干函数等于1,则两个输入都包含了重复的信息,有一个输入就应从模型中消去。这种规定就是把分布式输入作为离散输入来研究。

(2)任何一个输入和总输出之间的偏相干函数都不等于1。如果等于1,则其他输入对输出都没有作用,模型就应简单的作为单输入单输出模型处理。

(3)任何一个输入和其他输入的重相干函数不应等于1。如果等于1,则其中的输入可以用其他的输入的线性组合得到。也就是说,这个输入对输出不提供任

何新的信息,应该从模型中除去。

(4)输入与给定输入之间的重相干函数应该足够大,如果重相干函数很小,说明各个输入对输出的影响均不够大,对于输出的影响主要在外界噪声 N 里面。

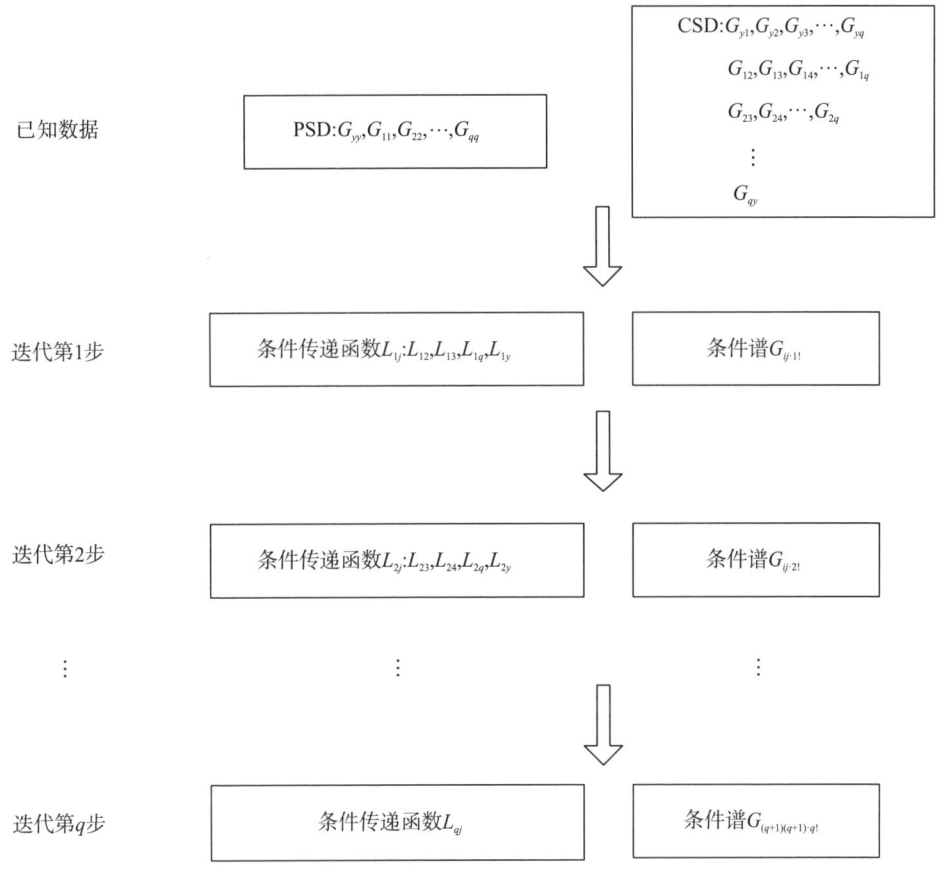

图 7.18 求解条件谱函数的迭代过程

将相干函数和偏相干函数的计算综合起来,其计算流程框图如图 7.19 所示。首先要对原始时域数据信号做初步处理,然后经过快速傅里叶变换进行功率谱估计,功率谱密度函数是相干函数和偏相干函数的基础,通过功率谱密度函数可以直接估计常相干函数,由常相干函数的数值验证输入信号的有效性,排除影响不大的输入信号,最后迭代求解最优线性条件输入系统,如图 7.18 所示,求得条件谱和条件传递函数,在此基础上变换输入次序求解各噪声源的偏相干函数,进行主要噪声源识别与评价,计算重相干函数和残差噪声谱,重相干函数数值要足够大才能说明构建的输入输出系统的有效性,由残差噪声谱说明背景噪声及线性输入系统与实际情况的偏差量。

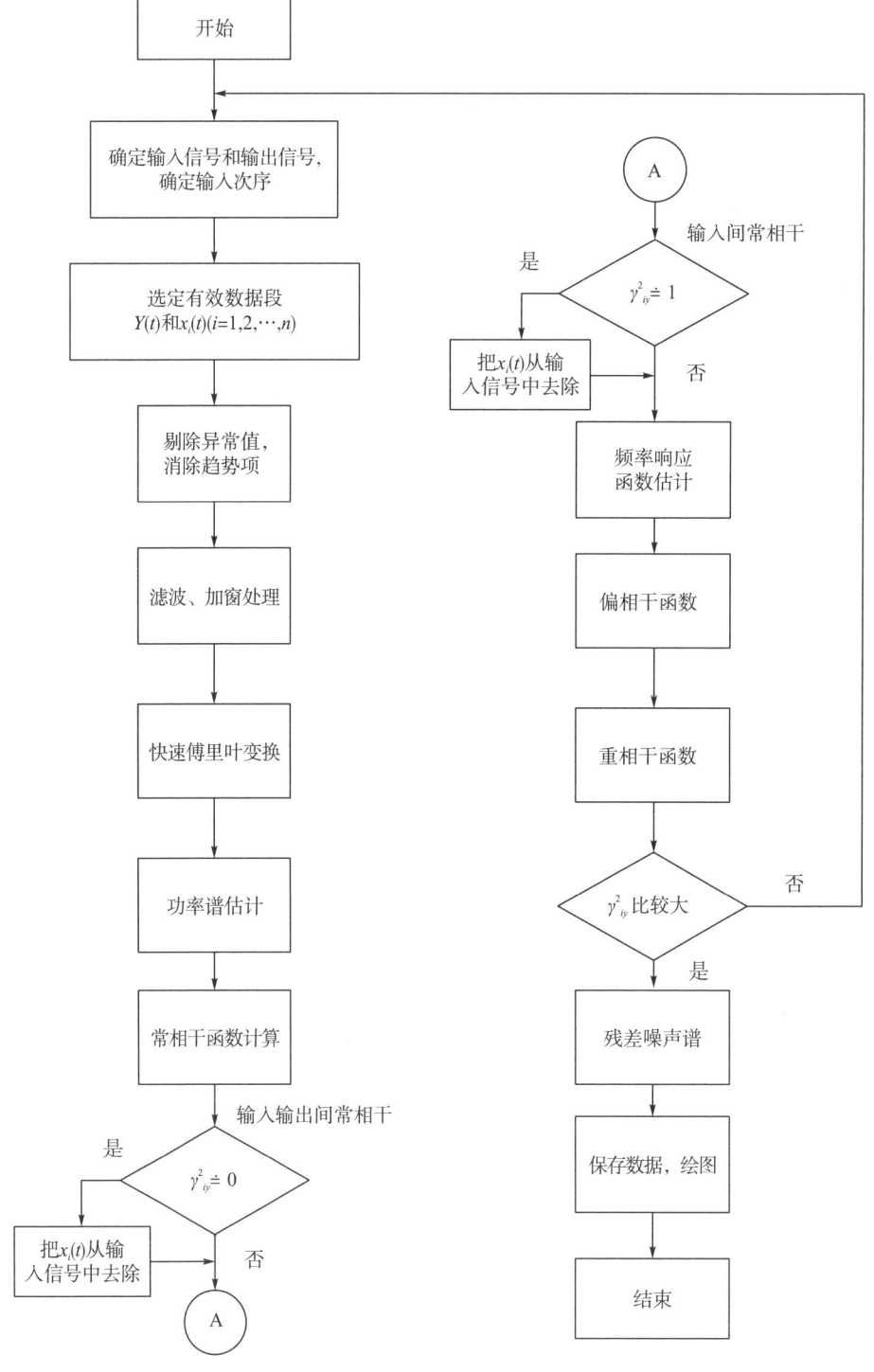

图 7.19 相干分析流程框图

7.4.3 偏相干分析

1. 条件谱分析

选取工况 C-D-V162 进行分析,图 7.20 所示为输出信号的自功率谱和输出信号对各输入信号的条件谱。从图中可知,输出噪声信号在 35Hz、50Hz、70Hz 处的能量集中,其中 50Hz 处的能量最强。各个条件谱函数在各频率点处的数值依次下降,但是下降幅度不尽相同。

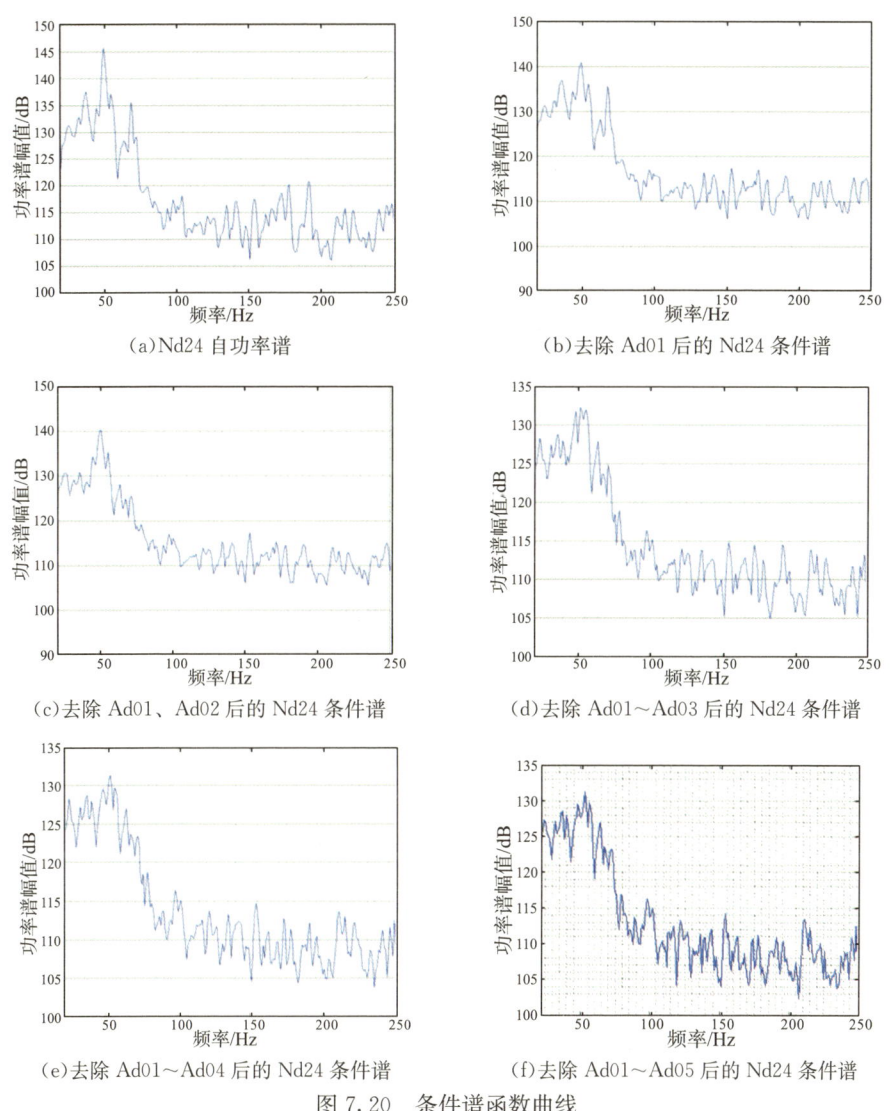

(a) Nd24 自功率谱

(b) 去除 Ad01 后的 Nd24 条件谱

(c) 去除 Ad01、Ad02 后的 Nd24 条件谱

(d) 去除 Ad01~Ad03 后的 Nd24 条件谱

(e) 去除 Ad01~Ad04 后的 Nd24 条件谱

(f) 去除 Ad01~Ad05 后的 Nd24 条件谱

图 7.20 条件谱函数曲线

为分析条件谱函数在频域内的变化趋势,将典型频率处的数值列于表 7.2。由 $G_{yy \cdot i!}$ 和 $G_{yy \cdot (i-1)!}$ 的差值可以得到第 i 个输入信号在总输出信号中的贡献,第 i 个输入信号在总输出信号中的贡献值 C_i 由下式求得

$$C_i = \frac{G_{yy \cdot i!} - G_{yy \cdot (i-1)!}}{G_{yy}} \tag{7.60}$$

从表 7.3 可以看出,35Hz 处的噪声主要由 Ad02 贡献;50Hz 处的噪声主要由 Ad01 贡献;70Hz 处的噪声主要由 Ad02 贡献。

表 7.2 典型频率处的条件谱函数值

频率/Hz	$10\lg\left(\frac{G_{yy}}{10^{-12}}\right)$	$10\lg\left(\frac{G_{yy \cdot 1!}}{10^{-12}}\right)$	$10\lg\left(\frac{G_{yy \cdot 2!}}{10^{-12}}\right)$	$10\lg\left(\frac{G_{yy \cdot 3!}}{10^{-12}}\right)$	$10\lg\left(\frac{G_{yy \cdot 4!}}{10^{-12}}\right)$	$101\lg\left(\frac{G_{yy \cdot 5!}}{10^{-12}}\right)$
35	137.5	137	131	127	127	127
50	146	141	140	134	133	131
70	136	135	125	124.5	123	123

表 7.3 典型频率处各噪声源在输出噪声中的贡献值

频率/Hz	Ad01/%	Ad02/%	Ad03/%	Ad04/%	Ad05/%
35	10.9	66.7	13.5	0.0	0.0
50	68.4	6.5	18.8	1.3	1.8
70	20.6	71.5	0.9	2.1	0.0

2. 偏相干函数分析

变换输入次序,可以分别得到每个输入源扣除其他输入源之间重叠的部分之后对输出的贡献,图 7.21 即各点的偏相干函数值。

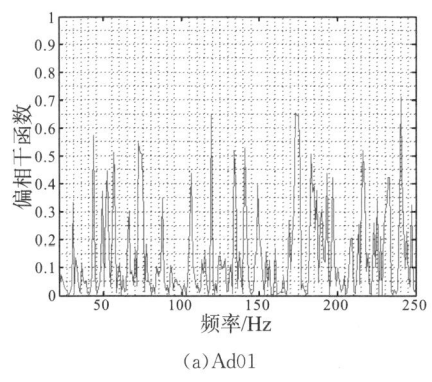

(a) Ad01

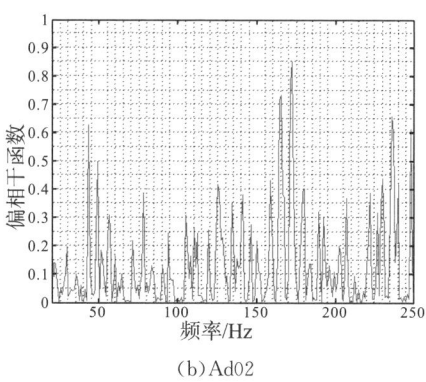

(b) Ad02

第 7 章 桥梁结构噪声的辨识技术

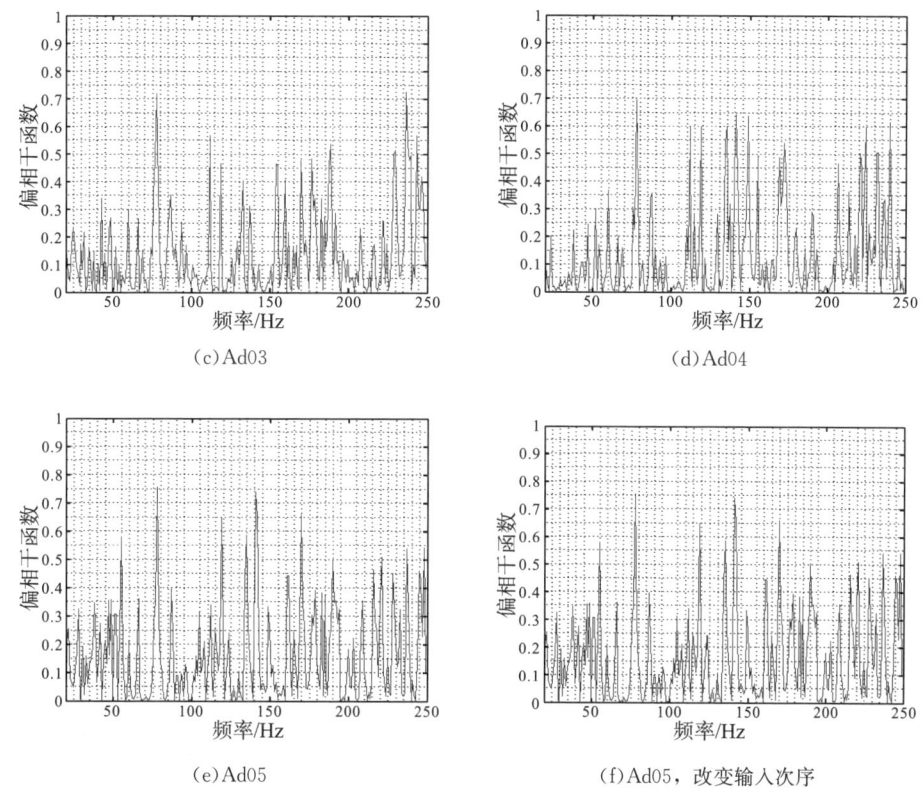

(c) Ad03　　　　　　　　　　　(d) Ad04

(e) Ad05　　　　　　　　(f) Ad05，改变输入次序

图 7.21　各测点处的偏相干函数

在去掉其他输入信号的相干影响部分后，测点 Ad01 振动与输出噪声的偏相干函数计算结果如图 7.21(a)所示。在频率 119Hz、174Hz、240Hz 处，偏相干函数值较大。由前所述，此处的偏相干函数已经排除其他噪声源的影响，所以测点 Ad01 振动对输出噪声的独立贡献主要分布于这 3 个频点上。

去掉其他输入信号的相干影响后，测点 Ad02 振动与输出噪声的偏相干函数计算结果如图 7.21(b)所示。在频率 43Hz、165Hz、172Hz 和 236Hz 处，偏相干函数值较大，所以测点 Ad02 振动对输出噪声的独立贡献主要分布于这 3 个频点上。在 165Hz、172Hz 处连续出现两个较高峰值，其中 172Hz 处的偏相干函数达到 0.849，说明底板测点 Ad02 在 165~172Hz 频段内对输出信号有较大的独立贡献。

去掉其他输入信号的相干影响后，测点 Ad03 振动与输出噪声的偏相干函数计算结果如图 7.21(c)所示。在频率 83Hz、237Hz 处，偏相干函数较大，所以测点 Ad03 振动对输出噪声的独立贡献主要分布于这两个频点上。

去掉其他输入信号的相干影响后，测点 Ad04 振动与输出噪声的偏相干函数计算结果如图 7.21(d)所示。在频率 78Hz 处，偏相干函数值最大，而在 135~153Hz 频段范围连续出现 3 个较大局部峰值，所以测点 Ad04 振动对输出噪声的独立贡献主要分布于 78Hz 和 135~153Hz 频段范围。

去掉其他输入信号的相干影响后,测点 Ad05 振动与输出噪声的偏相干函数计算结果如图 7.21(e)所示。在频率 78Hz、119Hz、141Hz 和 170Hz 处,偏相干函数值较大,所以测点 Ad05 振动对输出噪声的独立贡献主要分布于这 4 个频点附近。

改变测点 Ad05 之前 4 个输入信号的次序后,测点 Ad05 的偏相干函数如图 7.21(f)所示。比较图 7.21(e)和图 7.21(f)可知,更换输入次序对偏相干函数值没有影响。

各输入源在相干显著频率处的偏相干函数值可以从表 7.4 中得到,将各输入源在主要相干显著频率处偏相干函数绘制成分布柱状图。可以看出,振动与噪声能量分布于最集中的峰值频率 50Hz 处,Ad01 的贡献最大,达 0.37,其次为 Ad02 和 Ad03;在 35Hz 处,Ad01 点、Ad03 和 Ad05 的贡献较大;在 70Hz 处,Ad02 贡献最大,Ad05 的贡献较小;在 85Hz 处,Ad05 和 Ad03 的贡献较大;在 125Hz 处,Ad02 的贡献最大,Ad04 的贡献最小。

表 7.4 典型频率处偏相干函数值

测点	偏相干函数值				
	35Hz	50Hz	70Hz	85Hz	125Hz
Ad01	0.18	0.37	0.15	0.07	0.14
Ad02	0.10	0.31	0.22	0.08	0.41
Ad03	0.16	0.23	0.15	0.35	0.13
Ad04	0.04	0.01	0.16	0.03	0.01
Ad05	0.13	0.04	0.02	0.38	0.24
线性叠加	0.61	0.96	0.70	0.91	0.89

Ad01 在 50Hz 处偏相干函数值最大,在其他主要频率处的偏相干函数值比较平均,呈现 50Hz>35Hz>70Hz>125Hz>85Hz 的趋势;Ad02 在 50Hz、70Hz、125Hz 处偏相干函数值较大;Ad03 在 50Hz 和 85Hz 处偏相干函数值较大,而在 35Hz、70Hz、125Hz 处也有不小的贡献;Ad04 只在 70Hz 处有较大数值,说明其在其他频率处的贡献较小;Ad05 在 85Hz 和 125Hz 处有较大数值。

3. 重相干函数分析

各测点振动与梁侧下方噪声测点 Nd24 的重相干函数如图 7.22 所示。由前所述重相干函数值代表输入信号在输出信号中的综合贡献值,其值可以作为一个标准来判断该输入/输出系统的完备性。如果重相干函数值较小,则可以认为还有一些主要的噪声源没有纳入输入信号中,该模型是不完备的。由图 7.22 可知,重相干函数值大部分频率范围都超过 0.6，可以认为该多输入单输出模型是完备的。

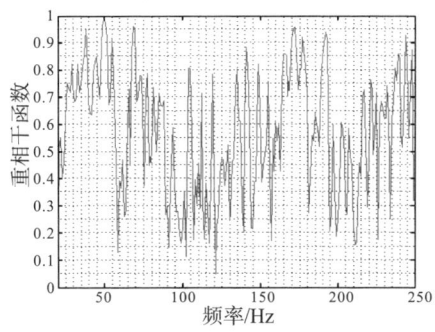

图 7.22　各振动测点与噪声测点 Nd24 的重相干函数

类似地，可以建立箱梁截面各测点振动信号与梁侧任意一点噪声的偏相干分析模型，利用重相干函数判断考察该噪声是否属于结构噪声区域，如果是，则由偏相干函数得出箱梁截面各测点的独立贡献值，辨别出主要噪声源。

参 考 文 献

[1] 陈心昭. 噪声源识别技术的进展[J]. 合肥工业大学学报(自然科学版). 2009，32(5)：609-614.
[2] 盛美萍. 噪声与振动控制技术基础[M]. 北京：科学出版社，2001.
[3] 沈锐利，高淑英，王重实. 高速铁路线桥降噪措施及设计方案研究[R]. 成都：西南交通大学，1998.
[4] Ngai K W, Ng C F. Structure-borne noise and vibration of concrete box structure and rail viaduct[J]. Journal of Sound and Vibration，2002，255(2)：281-297.
[5] 江苏联能电子技术有限公司. 产品手册[Z]. 扬州：江苏联能电子技术有限公司，2010.
[6] 北京声望声电技术有限公司. 产品手册[Z]. 北京：北京声望声电技术有限公司，2010.
[7] Brüel & Kjær. PULSE 系统手册[Z]. 1996.
[8] 并列式声强传感器. http：//www. coinv. com. cn/_d268976461. htm.
[9] Brüel & Kjær Sound & Vibration Measurement A/S. Noise source identification[Z]. Danmark：Brüel & Kj?r Sound & Vibration Measurement A/S，2008.
[10] 张曙光. 350km/h 高速列车噪声机理、声源识别及控制[J]. 中国铁道科学，2009，30(1)：86-90.
[11] Bendat J S, Piersol A G. 相关分析和谱分析的工程应用[M]. 北京：国防工业出版社，1983.
[12] 万永革. 数字信号处理的 MATLAB 实现[M]. 北京：科学出版社，2007.
[13] 王济，胡晓. MATLAB 在振动信号处理中的应用[M]. 北京：中国水利水电出版社，2006.